『図説　日本服飾史事典』正誤表

		（誤）	（正）
p 4	図1-1-6 ②	結歯式（晩期）	結歯式（後期）
p93	図5-1-17	菊綴のつく水干を着用する	菊綴のつく直垂を着用する
p163	図6-1-23	打掛（19世紀中期）	打掛姿（19世紀中期）
p163	図6-1-23	備前福山藩	備後福山藩
p164	上から26行目	特別な式目に着用され	特別な式日に着用され
p179	図6-2-25	女性の帯は、図6-2-29より	女性の帯は、図6-2-23より
p211	図7-1-11　11行目	（文化学園大学蔵）	（文化学園服飾博物館蔵）
p302	左段下から14行目		
p211	図7-1-12　15行目	（文化学園大学蔵）	（文化学園服飾博物館蔵）
p302	左段下から13行目		
p216	上から18行目	に洋風調剤薬局として創業した資生堂薬局が	に民間洋風調剤薬局として創業した資生堂が
p216	図7-1-17　①	明治31年(1898)発売	明治21年(1888)発売
p224	上から20行目	明治37年(1904)、三井呉服店から改名した	創業延宝元年(1673)の越後屋は、明治26年(1893)に三井呉服店となり、その2年後の明治28年(1895)には座売りから陳列棚に移行しました。明治37年(1904)に三越呉服店と改め、
p224	上から23行目	雑誌などに掲載し、デパートメントストア宣言を行い	雑誌などに、我が国の百貨店のはじまりとして「デパートメントストア宣言」を行い
p224	上から26行目	同店意匠部は	同店意匠係は
p230	下から5行目	発売の香水	発売の練香油
p230	下から3行目	福原水白粉（③右）、同オーデネージ水おしろい（③左）の	福原水白粉、同オーデネージ水おしろいの
p231	図7-2-9	（大正15年〈1926〉）	（大正15年〈1926〉頃）
p276	図8-2-5	カップル（昭和41年〈1976〉）	カップル（昭和41年〈1966〉）
p276	図8-2-6	若者（昭和41年〈1976〉）	若者（昭和41年〈1966〉）
p277	図8-2-7	ゆき族」（昭和41年〈1976〉）	ゆき族」（昭和41年〈1966〉）
p296	図8-2-26	京都服飾文化財団の巡回展覧会（「Japonism et mode」パリ市立パレガレエラ衣裳美術館、1996）	京都服飾文化研究財団の巡回展覧会（「Japonisme et mode」展、Musée de la Mode et du Costume, Palais Galliera, 1996）©京都服飾文化研究財団、畠山直哉撮影）
p303	右段下から6行目		
p297	図8-2-27	岩見美術館	石見美術館
p303	右段下から4行目		
p305	■図録	『大名から侯爵へ―鍋島家の華―』	p304【第6章】(梅谷担当)へ移動
p305	■図録	『西のみやこ東のみやこ：描かれた中・近世都市』	p304【第6章】(梅谷担当)へ移動

以上、訂正してお詫び申し上げます。

株式会社 東京堂出版 編集部

Illustrated Encyclopedia of History of Japanese Costume

図説 日本服飾史事典

増田美子◎編

東京堂出版

『図説　日本服飾史事典』正誤表

		（誤）	（正）
p 4	図1-1-6 ②	結歯式（晩期）	結歯式（後期）
p93	図5-1-17	菊綴のつく水干を着用する	菊綴のつく直垂を着用する
p163	図6-1-23	打掛（19世紀中期）	打掛姿（19世紀中期）
p163	図6-1-23	備前福山藩	備後福山藩
p164	上から26行目	特別な式目に着用され	特別な式日に着用され
p179	図6-2-25	女性の帯は、図6-2-29より	女性の帯は、図6-2-23より
p211	図7-1-11　11行目	（文化学園大学蔵）	（文化学園服飾博物館蔵）
p302	左段下から14行目		
p211	図7-1-12　15行目	（文化学園大学蔵）	（文化学園服飾博物館蔵）
p302	左段下から13行目		
p216	上から18行目	に洋風調剤薬局として創業した資生堂薬局が	に民間洋風調剤薬局として創業した資生堂が
p216	図7-1-17　①	明治31年（1898）発売	明治21年（1888）発売
p224	上から20行目	明治37年（1904）、三井呉服店から改名した	創業延宝元年（1673）の越後屋は、明治26年（1893）に三井呉服店となり、その2年後の明治28年（1895）には座売りから陳列棚に移行しました。明治37年（1904）に三越呉服店と改め、
p224	上から23行目	雑誌などに掲載し、デパートメントストア宣言を行い	雑誌などに、我が国の百貨店のはじまりとして「デパートメントストア宣言」を行い
p224	上から26行目	同店意匠部は	同店意匠係は
p230	下から5行目	発売の香水	発売の練香油
p230	下から3行目	福原水白粉（③右）、同オーデネージ水おしろい（③左）の	福原水白粉、同オーデネージ水おしろいの
p231	図7-2-9	（大正15年〈1926〉）	（大正15年〈1926〉頃）
p276	図8-2-5	カップル（昭和41年〈1976〉）	カップル（昭和41年〈1966〉）
p276	図8-2-6	若者（昭和41年〈1976〉）	若者（昭和41年〈1966〉）
p277	図8-2-7	ゆき族」（昭和41年〈1976〉）	ゆき族」（昭和41年〈1966〉）
p296	図8-2-26	京都服飾文化財団の巡回展覧会（「Japonism et mode」パリ市立パレガレエラ衣裳美術館、1996）	京都服飾文化研究財団の巡回展覧会（「Japonisme et mode」展、Musée de la Mode et du Costume, Palais Galliera, 1996、©京都服飾文化研究財団、畠山直哉撮影）
p303	右段下から6行目		
p297	図8-2-27	岩見美術館	石見美術館
p303	右段下から4行目		
p305	■図録	『大名から侯爵へ――鍋島家の華―』	p304【第6章】（梅谷担当）へ移動
p305	■図録	『西のみやこ東のみやこ：描かれた中・近世都市』	p304【第6章】（梅谷担当）へ移動

以上、訂正してお詫び申し上げます。

株式会社 東京堂出版 編集部

図説 日本服飾史事典

［編］
増田美子

［執筆］
梅谷知世　　大久保尚子
能澤慧子　　増田美子
山岸裕美子

まえがき

　日本の服飾文化には、1万年以上もの長い歴史があると考えられます。この長い歴史の中で、さまざまなファッションが誕生し、そして消えていきました。服飾の歴史の時代区分は、政治史の時代区分とは一致しません。従って本書では、日本の服飾の歴史を、第1期　原始衣服の時代（縄文〜弥生時代）、第2期　胡服の時代（古墳〜飛鳥時代）、第3期　唐風服飾の時代（白鳳〜平安時代前期）、第4期　国風化の時代（平安中期〜後期）、第5期　武家服飾の成立と発展の時代（鎌倉〜室町時代）、第6期　庶民服飾文化の開花の時代（戦国・安土桃山〜江戸時代）、第7期　洋装化の時代（明治〜昭和前期）、第8期　ファッションの国際化の時代（昭和後期〜現代）と8期に時代区分して概観しています。

　これらの期の区分は服飾の変化を目安としたものですが、中でもファッションが特に大きく変化した時期が3期あります。それは、第2期から第3期、第4期から第5期、第6期から第7期への変化です。第2期から第3期への変化は、東アジアで巨大勢力を誇っていた中国の唐の文化の影響を受けて、我が国も生活全般にわたって文明開化を推進した結果によるものです。第4期から第5期への変化は、貴族政権から武家政権に移行したため、武家の服飾が正装になっていくことに起因するものです。第6期から第7期への変化は、強力な欧米文化との接触により、我が国の後進性を認識した為政者によって西欧化が推進された結果です。残りの時期の服飾の変化は、日本人が自らの生活様式や美意識に合った形へと変えていったことによるものです。

　現在でも地球上には女性が外出する際に、一様に黒いマントやチャドルで頭から全身をすっぽり覆った姿が求められる世界があります。2017年にイランに行ったのですが、イランでは女性は厳重に、髪の毛と体の線を隠すことが要求されます。これは旅行者も例外ではありません。テヘランあたりでは、カラフルなスカーフも見られましたが、大半は黒のマントもしくはチャドルで頭から足首まですっぽりと覆っています。つまり街を行く女性はほとんどが同じ装いなのです。チャドルの下には、美しい衣服を着てアクセサリーをつけているという話ですが、個人の美意識とか地位や貴賤とかは外見からは全くわかりません。チャドルは、砂漠地帯の強い日差しから身体を保護し、砂埃からも守ってくれるという実用的な役割は十分果たしていますが、自己表現の具としての服飾ではないのです。

　衣服の実用的な機能からだけ考えますと、砂漠地帯で暮らす人々は、ずっとチャドルだけを装っていてもよいようにも思えます。しかし私たちが服飾により味わっている自己表現の楽しみはありません。しかもチャドルを着ているのは女性だけで、男性には何の規制もないのです。西アジアの地域では古く紀元前15〜13世紀のアッシリアで、上流階級の女性は外出の際にはヴェールを被って顔や身体を隠すことが求められ、その後のイスラームの長い歴史の中で育まれて現在まで継承され

てきたのがこの規制です。

　女性が顔や髪を隠すという規制は、歴史的に見ると、イスラーム世界に限られたものではありませんでした。古代ギリシャ・ローマでも、古代中国でも存在していたものです。しかしその後の歴史の中で、古代ギリシャ・ローマや中国の女性が顔や髪を隠すという風習は消えていきました。そして、これらの国々ではさまざまなファッションが生まれ、豊かな服飾の歴史を形作ってきました。

　日本に目を向けると、女性が顔や髪を隠すという風習は、古代には存在しませんでした。奈良時代までは女性も儀式に参列するなど表舞台で活躍していましたが、平安に都が遷る頃から中国の文化の影響が濃厚になり、平安前期になると女性は表に出ることはほとんどなくなります。この頃から儒教の教えに基づいて、上流女性はみだりに他人に顔を見せないことがマナーとなり、外出の際には、被衣（一枚の衣を頭からすっぽり被る）や市女笠から麻布を垂らして、顔や身体が見えないようにしました。

　すなわち、現在イスラーム世界で女性に求められている外出の際に顔や身体の線を隠すという風習は、日本では平安中期に始まり、鎌倉時代・室町時代を経て江戸時代中期頃まで続いていたのです。ただ、イスラーム世界と違いその色が黒一色というのではなく、さまざまな色や文様の衣でしたので、多少ですが貴賤や身分や美意識を表現する場が残されていました。江戸時代以降庶民の経済力が増すとともに、文化のリーダーが支配者から庶民に移行したことにも起因して、女性への顔隠し等の規制は見られなくなりました。そして、華やかな小袖（着物）文化が花開き、男女とも自由にオシャレを楽しむようになって今日に及んでいます。彼らは美意識を発揮して、服飾に変化を持たせ、豊かな服飾文化を育んできました。

　本書は、日本人が発揮し続けてきた美意識の表現の具としての服飾、そしてその装いの姿を通して、そこに生きた人々の様子が一目で分かるように、先に私たちが著した『日本服飾史』に準拠して図を中心に記述したものです。事典として索引で用語を引くと、その形態や装いが分かるようになっています。一方で、日本人の服飾の歴史の概観を知りたい方も理解しやすいように、時代を追って解説文を記し、これを豊富な図版で補うべく工夫もしました。

　今回『図説　日本服飾史事典』を編集し、服飾を「図」で示すことの大変さを思い知らされました。すべての図版1つ1つについて、所蔵権や版権をクリアする必要があり、この為の東京堂出版編集部の方々のご努力は並大抵のものではありませんでした。本書はその成果が結実したものです。

　堀川隆部長・太田基樹課長以下東京堂出版の編集者の皆様方には心よりお礼を申し上げます。また、快く掲載を許可してくださった博物館、美術館、寺社等々の方々にも深謝申し上げます。

2017年8月　　　　　　　　　　　　増田　美子

目　次

○第6章執筆分担
1	武家服飾の変容と武家服制の確立		（梅谷）
2	小袖の開花	1、2、6	（梅谷）
		3～5	（大久保）
3	衣生活のさまざまな側面		（大久保）
4	装いの美意識と流行	1、2、4、5	（大久保）
		3	（梅谷）
5	染織技術の発達	1	（梅谷）
		2	（大久保）

＊図版トレース／小野寺美恵

第 1 章
原始衣服の時代
〈縄文〜弥生時代〉

1 毛皮から編物・織物の衣服へ

旧石器時代（〜 B.C.10000年頃）〜縄文時代（B.C.10000年頃〜 B.C.300年頃）

　日本人の祖先がこの地に住み始めたのは、今から5万年ほど前のことです。当時の日本一帯の気温は低く、彼らは寒さから身を守るために、動物の毛皮などを身に着けていたのではないかと推測されています。日本が大陸から離れて現在のような列島になったのは、今から1万5000年ほど前の地球温暖化によるものでした。

　1万2000年くらい前になると、土器で煮炊きをすることを知り、縄目を特徴とする土器も作られました。彼らは竪穴住居に居住し、打製石器に代わって磨製石器を道具として使用していました。縄文時代は1万年以上もの長い期間にわたるので、その土器の特徴から一般的に草創期、早期、前期、中期、後期、晩期と六期に区分されています。

　日本人が衣服を着ていたことをうかがわせてくれる最古の史料は、縄文草創期の愛媛県上黒岩岩陰遺跡から出土した小石です。下半分に腰蓑を思わせる線刻画が描かれています。

　その後、縄文早期（B.C.7500年〜 B.C.4000年頃）の遺跡からは蓆編の圧痕のある土器が、また、前期の遺跡からは麻の編布の断片が出土するようになり、毛皮とともに編物の衣服が着用された可能性が考えられます。

　後期（B.C.2000年〜 B.C.1000年頃）の愛媛県平城貝塚からは織布の断片が、また晩期（B.C.1000年〜 B.C.300年頃）になると九州各地の遺跡から織布断片が出土するようになります。織布は経糸を上下させる機が必要で、編布よりも高度な技術を要する衣料ですが、我が国では縄文後期には織布の衣服が着られるようになっていたことがわかります。

図1-1-1　縄文草創期の小石（高さ4.5cm）

愛媛県の縄文草創期（B.C.10000 〜 B.C.7500年頃）の遺跡から出土した小石には、下半分に腰蓑（草製のスカート）のようなものが線で彫られており、上半分は乳房を描いているとも見える。もし、これが腰蓑であるとすれば、当時既に下半身を覆う衣服が存在していたことになる。（愛媛県上黒岩岩陰遺跡出土、久万高原町教育委員会蔵）

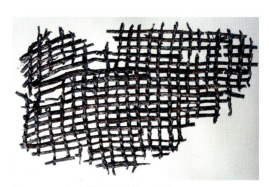

図1-1-2　縄文前期の編物の断片

福井県の縄文前期（B.C.4000 〜 B.C.3000年頃）の遺跡出土の編物は、もじり編によるもので、手の操作のみで編み出すことができるものである。（福井県鳥浜貝塚出土、福井県立若狭歴史博物館蔵）

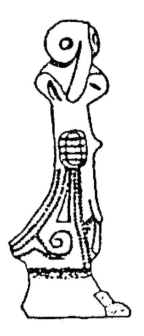

① 横姿

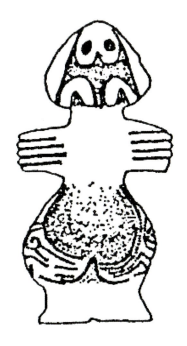

② 後ろ姿

図1-1-3　縄文中期頃の女子土偶（高さ15cm）
　前から見ると下半身にはスカート状のものをはいて
いるように見えるが、後ろはヒップがすべて露出し
ており、スカートではないことが分かる。（山梨県坂
井遺跡出土、坂井考古館蔵。図は小林康男「出尻土偶」
〈雄山閣『季刊考古学』第30号〉より）

縄文時代の服飾をうかがう資料として土偶がありますが、土偶は呪術的な目的で製作されたものです。従って、土偶に刻まれた衣服のように見える線も、入れ墨やボディペインティングの可能性が高いと考えられますので、土偶から当時の衣服形態をみることは危険です。

縄文時代の人々は種々の装身具で身を飾っていました。縄文草創期の長崎県福井洞穴遺跡から出土の土器片を加工したペンダント状のものは、最古の装身具と考えられています。早期になると、動物の牙の首飾りや貝製の腕輪、玉石製ペンダント、角製のヘアピンなど装身具の種類も増加します。そして前期（B.C.4000年〜B.C.3000年頃）には、朱漆塗りの美しい櫛が各地から出土しています。これらの装身具類は、巫女やシャーマンなど特別な人たちが装ったものと推察されており、この時代の装身具類は呪術的な意味合いの濃いものだったのでしょう。

しかし、後期から晩期の北関東においては、ほぼ全員が耳飾りを装っていたようです。群馬県の茅野遺跡からは大小あわせて2000点以上もの耳飾りが出土しました。耳たぶに穴を開けて最初は小さいものをはめ、成長とともに次第に大きいものに替えていったことが考えられます。

抜歯も、縄文時代の人々全員がしていた装い（身体変工）の風習と考えられるものです。中期末から後期にかけて盛んになり、晩期になると西日本から東北地方まで成人男女のほぼ百パーセントが行うようになっていました。男性は成人儀礼として、女性は結婚儀礼として抜歯をしたとの説もありますが明らかではありません。また、愛知県と大阪府では叉状研歯が集団の1割弱の男女に見られます。巫術者にしてはその割合が高いので、エリート集団の存在の可能性を想定する学者もいます。

図1-1-4　みみずく土偶（縄文後期、高さ31.72cm）
顔がみみずく（フクロウ）に似ていることからこの名がある。この土偶の両耳には、土製耳飾りと思われる耳飾りがはめられており、当時の土製耳飾りの装着状態をうかがうことができる。
（埼玉県鴻巣市赤城遺跡出土、埼玉県教育委員会蔵）

図1-1-5　縄文晩期の土製耳飾り
群馬県千網谷遺跡出土の土製耳飾りは、直径1.3mmの小さいものから8cmを越える大型のものまでさまざまである。（群馬県桐生市教育委員会蔵）

図1-1-6　縄文時代の漆塗り櫛

① 挽歯式（前期）。
木を削って作成したもの。（福井県鳥浜貝塚出土、福井県立若狭歴史博物館蔵）

② 結歯式（晩期）。
（歯の部分は欠如）
竹等を細く削った歯を束ねて作成したもの。（北海道カリンバ遺跡出土、恵庭市郷土資料館蔵）

図1-1-7　縄文後期土偶（高さ41.5cm）
　北海道出土の土偶で、顎と腹部の文様が髭であれば男性の可能
性もある。下半身にズボンをはいているように見えるが、ズボ
ンは騎馬の風習から生まれたものであり、当時の北海道にはそ
の風習がないことから、ボディペインティングか入れ墨と考え
られる。（北海道著保内遺跡出土、函館市教育委員会提供）

2 絹の衣服と人工的装身具の発達
弥生時代（B.C.5世紀〜3世紀半ば）

縄文時代晩期の頃に、水稲耕作とともに金属器（青銅器・鉄器）の製作も伝わりました。食糧供給は安定し、人口は急増し，支配者を中心とした大規模集落が誕生していきます。これらの集落を統合した「国（くに）」が各地に生まれ、小国分立の時代となりました。

弥生時代末期（3世紀半ば頃）の日本の様子を記した中国の史書『魏志（ぎし）』倭人伝は、男女の衣服をそれぞれ「横幅衣（よこはばい）」「貫頭衣（かんとうい）」と記しています。男性の横幅衣については「横幅の布をただ結束して連ね、ほとんど縫っていない」と記していますので、腰巻状のものや東南アジアの僧服のような巻衣（まきぎぬ）が考えられます。しかし「ほとんど縫っていない」ということは「少しは縫ってある」ことだと考え、図1-2-1のような形を想定している人もいます。女性の貫頭衣は、図1-2-2のようなものでしょう。

539年頃に中国の梁（りょう）の元帝によって描かれたとされる「職貢図（しょくこうず）」の中に「倭国使」像があります（図1-2-4）。頭には布状のものを被り、丈の短い上衣の上にショール風のものを装い、下半身には腰布を着けています。我が国の6世紀の貴人服飾とは異なるため、空想上の姿とする人もいます。しかし傍らに『魏志』倭人伝の内容に近い文言が見えることから、3世紀頃の倭人の使者像を描いたものが伝わっていて、元帝はこれを模して描いたとも考えられます。従って、弥生時代の日本人の中にはこのような服装をしていた人々がいた可能性も否定はできません。男女とも赤土で化粧をしていましたが、男性は顔や身体に入れ墨もしていました。入れ墨は、それぞれの国で入れる場所が異なっており、身分で大小などの差があったようです。

図1-2-1　猪熊兼繁氏主張の横幅衣（模写）
猪熊氏は、二枚の布を並べて前後を縫い合わせ、肩の線で二つ折りにして、脇を縫った形を推定している。

図1-2-2　貫頭衣（模写）
広めの幅の布の丈を二つ折りにし、山の中央部分に穴をあけ、ここに頭を通して着用する。

図1-2-3　銅鐸に描かれた人物像
この時代の人物像は、図のように抽象化されたものしか伝わっていない。（神戸市桜ケ丘遺跡出土、神戸市立博物館蔵／DNPartcom）

図1-2-4　倭国使像
　頭に布状のものを装い、丈の短い上衣を着て肩からショール状のものを掛け、下半身には腰巻のように横幅の布を巻いている。（「職貢図」）

『魏志』倭人伝には、当時の日本は上等な苧麻布や錦・縑（固く織った絹織物）などの高級織物を生産していたことが記されています。貴人層の人々は苧麻布や絹織物の衣服を装ったことがうかがえます。一方庶民層は、大麻布や穀・科・藤などの樹皮の繊維で織った布の衣服を着ていたと考えられます。弥生前期頃の福岡県の遺跡からは、樹皮繊維の平織布断片が出土しています。

　縄文時代の装身具類は、いずれも天然素材のものでしたが、弥生時代中期になると、ガラスや金属などの人工素材の装身具類が見られるようになります。現代と異なって、当時のガラスは貴重な宝石でした。中期頃までは鉛バリュウムガラスの緑色系が中心でしたが、中期末から後期にかけて青色系のカリガラスが加わってきます。そして後期末にはソーダーガラスが普及し、黄色系や赤色系の玉も作られるようになりました。支配者層の人々は、多種多彩なガラス製装身具類で身を飾っていたと考えられます。

　また、青銅製の腕輪が大量に作られるようになりました。しかしその形態はいずれもゴホウラ貝やイモ貝製の腕輪を模倣したものでした。これらの青銅で作られた模倣品は、北九州から南関東地域まで広く分布しています。一方で、天然素材の貝製腕輪や翡翠・瑪瑙などの玉石製の首飾りも相変わらず好まれましたし、漆塗りの櫛も愛用されました。

　しかし、縄文時代晩期にはほぼ全員が装っていたとされるピアス状の耳飾りや抜歯は、弥生時代には見られなくなります。ピアスや抜歯といった身体的苦痛を伴う装身具類や身体変工の風習は、弥生文化の伝播とともに次第に姿を消していったのでしょう。

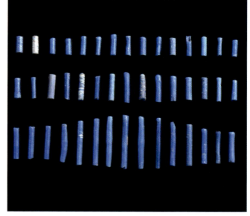

図1-2-5　吉野ヶ里遺跡出土の管玉
吉野ヶ里の弥生時代遺跡からは75個の青色ガラス製管玉が出土した。長いもの（6.8㎝）から短いもの（2㎝）まで大小ある。（佐賀県吉野ヶ里遺跡出土、佐賀県教育委員会提供）

図1-2-6　ガラス玉の首飾り
中期後半〜後期前半の小玉を連ねた首飾りである。当時のガラスの材料は中国などからの輸入品であった。（福岡県宝満尾遺跡出土、福岡市埋蔵文化財センター蔵）

図1-2-7　イモガイ製腕輪
　イモガイを縦に切ったもので男性用とされる。女性用は横に輪切りにした形のものである。（佐賀県吉野ヶ里遺跡出土、佐賀県教育委員会提供）

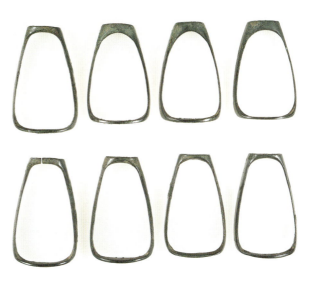

図1-2-8　青銅製の腕輪
　イモガイ製の腕輪を模して青銅で製作したもの。このような金属製の腕輪が大量に生産された。（佐賀県千々賀庚申山遺跡出土、大阪歴史博物館蔵）

図1-2-9　ゴホウラ貝製腕輪
　ゴホウラ貝を縦に切ったもので、その切る部分により形が異なる。いずれも男性用腕輪である。（佐賀県大友遺跡出土、佐賀県立博物館蔵）

図1-2-10　青銅製の腕輪
　ゴホウラ貝製腕輪を模して製作したものである。（佐賀県桜馬場遺跡出土、佐賀県立博物館蔵）

第**2**章
胡服の時代
〈古墳〜飛鳥時代〉

1 胡服の伝来
古墳時代（3世紀後半〜6世紀後半）

　大和を中心に畿内や北九州・瀬戸内などで巨大な前方後円墳が造られるようになる3世紀後半頃からが古墳時代です。広域な政治的連合がなされ、各地に大きな権力を持った王が出現しました。これらの王は大和政権の王を大王と仰いでその統率下に入っていきます。

　古墳は7世紀までつくられますが、6世紀末から7世紀前半は仏教の伝来などによりそれ以前とは異なった文化的特長が見られるようになりますので、古墳時代とは区別して飛鳥時代と呼んでいます。従って、この節で扱うのは6世紀後半までです。

　この時代の服飾をうかがう文献資料としては、『古事記』『日本書紀』がありますが、両書とも5世紀以前の記述については信憑性に問題があります。またこの時代には人物埴輪が作られましたが、これらの人物埴輪も5世紀以降の古墳からしか出土しません。従って、本節で記す古墳時代人の服飾は、5世紀以降の装いです。残念ながら資料がないため、古墳時代前期の服飾については、現時点では明らかにすることはできません。

　5世紀になると、髪型や服装により貴人層と庶民層の区別が明確になってきます。貴人層の基本的衣服構成は、男性は上衣とズボン状の脚衣で、女性は上衣とスカート状の下半身衣です。これに対して庶民層の服装は、弥生時代以来の貫頭衣形式が主流と思われます。

　貴人層の服装は、中国の北方から朝鮮半島にかけて活躍していた騎馬民族の衣服である胡服系統のものです。この形式の衣服がゲルマン人の大移動によってヨーロッパにもたらされ、現在の洋服の元となりました。

図2-1-1　帽子を被る男子立像埴輪（6世紀末）
大きな下げ美豆良の男性像であるが、帯が細いことから、恐らく家臣クラスであろう。（千葉県姫塚古墳出土、芝山はにわ博物館蔵）

図2-1-2　被り物をつけた男子立像（6世紀後半）
手先を覆い隠す長袖の上衣で、しかも右衽に衿を合わせている、当時では珍しい服装をした人物像である。（千葉県山倉1号墳出土、市原市教育委員会蔵）

図2-1-3　埴輪群像（6世紀前半）

椅子に座る貴人男性と、跪く男性を中心に、女性・馬子を配置した群像である。右端の最前列の女性は太刀を持ち、後ろの二人の女性は杯を持つ。いずれも島田風髷を結い勾玉（まがたま）の首飾りをつけ、耳飾りをしているものもいる。最前列の太刀を持つ女性は、肩から斜めに手繦（たすき）状の布をかけ、両腕にも手繦をかけている。中央の椅子に座る貴人男性と向かい合って跪く男性は、いずれも被り物を被っていない。左端の頭巾（ずきん）状の被り物に下げ美豆良（みずら）の男性は、馬子（まご）と思われる。（「上野塚廻り古墳群出土埴輪」群馬県太田市塚廻り4号墳出土、国〈文化庁保管〉、群馬県立歴史博物館提供）

貴人層の装い

　貴人層の男性像には冠や帽子を被ったものと何も被らないものがありますが、髪型はいずれも「下げ美豆良」です。長く伸ばした髪を3つに分け、両脇に垂らした髪は耳のあたりで縛り、後ろ中央の髪は縛らないでそのまま長く垂らす形式です。基本的に支配者層の人々は髪を切らないので髪が伸びるにつれて「下げ美豆良」も大きくなりました。被り物を被らない図2-1-5のような髪型は、「振り分け髪」と呼ばれています。頭頂部で2つに髪を分け、その下に下げ美豆良と後ろ中央の垂髪を伴うものです。『古事記』等に、貴人成人男性は冠を被っていた記述が見えますので、この被り物を被らない人物は未成年者ではないかと考えられています。

　当時の貴人男性の服装について『古事記』は、上衣を「衣」、脚衣を「褌」と記しています。「衣」は、筒袖・腰下丈の上衣で、「褌」は足首まで達するズボン状のものです。「褌」は、全体が太くなっているものと膝下辺りから細くなっているものがありますが、いずれも足結（膝下を紐で縛ること）をしています。しかし足結は戦や旅に出る時に装うものでした。男性埴輪像は貴賤を問わず帯を締めていますが、貴人層の帯は太く、帯が権力の象徴的存在であったことがうかがえます。また「褌」の上にスカート状の裳を着けた姿も見られました（図2-1-7）。

　貴人層の女性は、髪を頭上に上げて島田髷風に結い、鉢巻を巻いたり櫛を挿したりした姿も見られます。また女性の被り物は見当たらないので、庶民層を含めて被り物の風習はなかったのでしょう。衣服の基本的な構成は「衣」と「裳」でした。「衣」は男性と同形式の上衣で、裳は丈の長いロングスカートです。細かく襞をたたんだものも見られます。

図2-1-4　貴人男子立像埴輪（6世紀）
　下げ美豆良に冠を被り、太い帯を締めた姿は、恐らく首長層の人物であろう。左衽に重ねた上衣を2か所ほど紐結びでとめ、大玉の首飾りをつけている。（群馬県大泉町出土、相川考古館蔵）

図2-1-5　跪く男子像埴輪（6世紀前半）
　図2-1-3の群像の中央で跪いている男子像である。振り分け髪で後中央に垂髪を伴う。比較的太い帯を締めていることから、首長層の一族の可能性が高い。（「埴輪　正座する男子」群馬県太田市塚廻り四号墳出土、国〈文化庁保管〉、群馬県立歴史博物館提供）

図2-1-6　正座する貴人女子像埴輪（6世紀後半）
　島田髷風の髪に櫛を挿し、腰下丈の上衣に細かく襞をたたんだ裳をはく、大玉の首飾り、耳飾り、ブレスレットをつけた姿は、首長層の女性と考えられる。（「埴輪　正座する女子」群馬県綿貫観音山古墳出土、国〈文化庁保管〉、群馬県立歴史博物館提供）

庶民層の装い

　農夫など庶民層の男性の髪型は「上げ美豆良」で耳のあたりで小さくまとめて縛った髪型です。頭に笠のような被り物を被っている例も見られます。最下層の武人である盾持ち人の髪型は頭上結髪でした。庶民層の埴輪は粗雑な作りが多く衣服の形態をうかがうことは難しいのですが、中には弥生時代以来の貫頭衣風の衣服に細い帯を締めた像が見られます。力士埴輪像がフンドシを締めていることから、大半の庶民男性はフンドシ状の下穿きの上に貫頭衣形の衣服を着るという姿だったのではないでしょうか。

　庶民層女性の髪形は、貴人層女性と同様の島田風の髻ですが、頭上ではなく後頭部に結っている例を多く見受けます。当時は、頭上に物を載せて運搬するのが一般的だったので、髻も後頭部に結ったのでしょう。女性の服装は、貫頭衣形式の衣や簡単な上衣に裳をはいていたと考えられますが、明らかではありません。

手襁・領巾

　埴輪には手襁を掛けた像が見られます。手襁は両腕に掛ける形と、斜めに掛ける形があり、女性像が多いですが男性像にも見られます。手襁を掛けた人像は一般に巫術者とされていますが、『日本書紀』には、采女（身の回りの世話をする女性）や膳夫（食事の世話をする男性）など近習の装いでもあることが記されています。

　領巾も手襁と同様に膳夫や采女の装うものでした。しかし人物埴輪には領巾を掛けた姿が見当たりません。当時の文献によると、領巾は朝鮮半島から新たに伝わった服飾品である可能性が高いので、人物埴輪制作の時代にはまだ装われていなかったことも考えられます。

図2-1-7　裳を着けた椅座男子像埴輪（5世紀末）
振り分け髪で、上衣と細身の褌の間に裳を着けた姿である。帯は細いが、椅子に座っていることから、貴人層の未成年者と考えられる。（奈良県石見遺跡出土、奈良県立橿原考古学研究所附属博物館蔵）

図2-1-8　袈裟状に布を掛けた女子立像埴輪（6世紀前半）
継体天皇陵とされる古墳出土の像。袈裟状に掛けた布を「襲」と解釈する人もいるが、記録の襲の大きさとは符合しないので、「襲」ではない可能性が大きい。（大阪府今城塚古墳出土、高槻市教育委員会蔵）

図2-1-9　馬子とされる男子像埴輪（6世紀末）
　上げ美豆良に笠を被り、貫頭衣風の上衣に細帯を締めた姿である。（千葉県姫塚古墳出土、芝山はにわ博物館蔵）

図2-1-10　赤ん坊を抱く女子像埴輪（6世紀）
　庶民層と思われる女性である。後頭部に大きな島田風髷を結い、丸首上衣を着て、首飾りをつける。（茨城県黄金塚古墳出土、ひたちなか市教育委員会蔵）

図2-1-11　手襁をかけた女子像埴輪（6世紀前半）
　継体天皇陵とされる古墳出土の像。袈裟状に布を掛け、両腕には手襁を掛ける。（大阪府今城塚古墳出土、高槻市教育委員会蔵）

装身具とはきもの

　弥生時代に引き続き、この時代も玉石製の装身具類がみられますが、ガラス製のものが多用されるようになりました。これらの玉石やガラスを勾玉や丸玉・管玉などに加工して首飾りや腕飾り・足飾りなどにしましたが、勾玉は貴人層の一部にしか装われていないので、特殊な意味合いを持った装身具だったのでしょう。

　一方で、金細工の耳飾りや金銅製（銅に金メッキしたもの）冠、金製・銀製の腕輪など金属製の装身具類が増えてきます。また古墳からは、鍬形石や車輪石と称される大型の石製釧（腕輪）が出土しますが、これらの石製釧は大型化するにつれて装身具の用途から外れ、権威の象徴物となっていきました。この時代になると、従来からの挿櫛（髷に挿す縦長の櫛）とともに、髪を梳く用途のための横長の梳櫛が出土するようになります。しかし縄文・弥生時代の人々が髪を梳かさなかったというわけではありません。実用の梳櫛は簡素な作りのものだったので、残ってこなかった可能性が大だからです。

　古墳時代にはクツがはかれるようになりました。クツには浅クツと長クツがあり、また爪先が反り返った形と平らな形の2種類がみられます。藤ノ木古墳から出土した金銅製のクツは、40cm前後という大型のもので（図2-1-12②）、しかも裏まで歩揺（動きに伴ってヒラヒラ揺れる飾り）がついていることから、実用品ではなく埋葬用に作成されたものと推測されています。しかしその形態は、埴輪像や古墳壁画のクツと近似しており、当時貴人男女が一般的にはいていたクツはこのような形態のものだったのでしょう。クツが庶民層まで普及していたか否かについては、庶民層の埴輪は足元が作られていないので不明です。

図2-1-12　藤ノ木古墳出土の冠（復元）と藤ノ木古墳出土のクツ（復元）（6世紀後半）

①樹木に多数の鳥が止まっている姿の立飾りを伴った高さ35cmの金銅製冠。②金銅製の浅クツ。大きさが40cm前後と大型であることから、このクツは埋葬用と考えられる。（奈良県藤ノ木古墳出土、奈良県立橿原考古学研究所附属博物館蔵）

図2-1-13　朝鮮半島の男子像（4世紀末〜5世紀初）

筒袖垂領の腰下丈上衣と太い袴は、日本の貴人男子埴輪像のものと共通した装いである。（高句麗舞踊塚古墳壁画、朝鮮民主主義人民共和国）

図2-1-14　朝鮮半島の女子像（5世紀末）
　筒袖腰下丈の上衣と細かく襞をたたんだスカートという姿は、日本の貴人女子像埴輪の装いと酷似している。（高句麗雙楹塚古墳壁画、朝鮮民主主義人民共和国）

図2-1-15　中国の北朝の人物俑（6世紀）
　北朝の俑（埋葬用の人像）である。胡人像と思われる。やや緩めの筒袖上衣と太い袴に足結をしている。襟を閉じると日本の貴人層の服装とよく似た装いとなる。

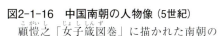

図2-1-16　中国南朝の人物像（5世紀）
　顧愷之「女子箴図巻」に描かれた南朝の男女像である。胡服と違って漢人の装いは図のようにゆったりとしており、当時の日本の貴人層の装いとは異なったものである。

2 服飾制度のはじまり
飛鳥時代〜白鳳時代前期（6世紀末〜7世紀前半）

　589年に中国を統一した隋が朝鮮半島への進出を始めたため東アジアは激動の時代を迎えます。日本も隋に使者を送るとともに、中央集権国家を目指して国家体制の整備に着手しました。『日本書紀』によれば、603年12月に冠位十二階が定められ、翌年正月に施行されました。有能な人材の登用とともに、諸豪族の官人化（中央政府の官吏とすること）を目指したものです。

　冠位十二階は、「徳・仁・礼・信・義・智」を大小の十二の位に分け、冠をそれぞれの位に相当する色の 絁（当時の普通の平絹）で作り、この冠の色で位階を明示しました。冠は、袋のような形で、縁飾りがついたものです。また元日などの儀式の際には冠に鬘花を挿し、華やかさを演出しました。鬘花は天然の鳥尾や植物の場合もありましたが、冠位制における鬘花は、金銀銅製の造花が多かったようです。

図2-2-1　動物の尾の鬘花を挿して狩猟する朝鮮半島の男子像（4世紀末〜5世紀初）

我が国の薬狩りの際に挿した豹尾の鬘花も、このようなものだったのではなかろうか。（高句麗舞踊塚古墳壁画、朝鮮民主主義人民共和国）

冠位十二階の当色

　冠位十二階の当色（位に相当する色）についての記録はないのですが、江戸時代に国学の発達に伴って種々の説が主張されるようになりました。中でも「徳−紫、仁−青、礼−赤、信−黄、義−白、智−黒」とする説は近年まで有力視されていました。この説は、冠位名である「仁・礼・信・義・智」が陰陽五行説の五常によるものとし、該当する色は五正色の「青・赤・黄・白・黒」としたものです。位階制度を定めるに当たって、「仁・礼・信・義・智」の位階名およびその位色は五行説によって定めたというのは蓋然性が高いと思われます。

図2-2-2　百済出土の鬘花を挿した姿（復元）（6世紀初頭）

百済武寧王陵出土の鬘花の着装姿を推定して作製したもの。（扶余武寧王陵博物館、編者撮影）

時期	区分											
推古11年(603)	冠位				大小 徳		大小 仁		大小 札	大小 信	大小 義	大小 智
	冠色				(緋)		(青)		(赤)	(黄)	(白)	(黒)
大化3年(647)	冠位	大小 織	大小 繍	大小 紫	大小 錦		大小 青		大小 黒		建武	
	服色	深紫	深紫	浅紫	真緋		紺		緑		不明	
大化5年(649)	冠位	大小 織	大小 繍	大小 紫	大花 上下	小花 上下	大山 上下	小山 上下	大乙 上下	小乙 上下	立身	
天智3年(664)	冠位	大小 織	大小 縫	大小 紫	大錦 上中下	小錦 上中下	大山 上中下	小山 上中下	大乙 上中下	小乙 上中下	大建	小建
天武14年(685)	爵位	明 壱弐	浄 壱弐参肆									
	服色	朱花	朱花									
	爵位			正 壱弐参肆	直 壱弐参肆		勤 壱弐参肆	務 壱弐参肆	追 壱弐参肆		進 壱弐参肆	
	服色			深紫	浅紫		深緑	浅緑	深葡萄		浅葡萄	
持統4年(690)	爵位	明 壱弐	浄 壱弐	参肆								
	服色	不明	黒紫	赤紫								
	爵位			正 壱弐参肆	直 壱弐参肆		勤 壱弐参肆	務 壱弐参肆	追 壱弐参肆		進 壱弐参肆	
	服色			赤紫	緋		深緑	浅緑	深縹		浅縹	
大宝元年(701)	位階	明 一二三四	浄 一	二三四五								
	服色	黒紫	黒紫	赤紫								
	位階		正 一	二三	直 四	五	勤 六	務 七	追 八		進 初	
	服色		黒紫	赤紫	深緋	浅緋	深緑	浅緑	深縹		浅縹	
養老2年(718)	位階	親王 一二三四	諸王 一	二三四五								
	服色	深紫	深紫	浅紫								
	位階		一	二三	四	五	六	七	八		初	
	服色		深紫	浅紫	深緋	浅緋	深緑	浅緑	深縹		浅縹	

(1)　天武、持統朝の大広および大宝令、養老令の正従、上下は省略。

(2)　（　）は推測を意味する。

表2-1　冠位十二階から養老令までの位階制変遷表
　紫は飛鳥時代には大臣の冠色であったが、その後も大臣の位色として真緋の上に存在し続け、大宝令・養老令になって、一位・二位・三位の位色として定着した。

しかし、最高位の徳の色を紫とするのは正しくありません。冠位十二階の施行当時、紫は大臣の冠色でした。しかも代々大臣位を継承していた蘇我氏は、天皇家と並ぶ勢力を誇っていた豪族です。一方で、冠位十二階の徳位を授与されたのは遣隋使・遣唐使などであり、大臣蘇我氏と冠の色が同じということはありえません。

647年に冠位十二階は改定され、七色十三階の冠位制度が成立しましたが、七色十三階の冠の材質や服色については、『日本書紀』に詳細に記されています。この記述によると、錦冠位の服色は真緋（あけ）です。冠位十二階・七色十三階など当時の冠位制においては、冠と衣服は同色でした。このことから、錦冠位の冠の色も真緋であったことは明らかです。

冠位十二階から七色十三階冠位制への移行とその後の大宝令・養老令への位階制の変遷に関しては、種々論争がありましたが、筆者の説である表2-1が通説となっています。この位階制の変遷表に当てはめてみると、七色十三階の錦冠位に移行した冠位十二階の位階は徳位です。位階制を変更した途端に位色を大きく変更すると大混乱になるので、位色は移行した位階に継承されるのが一般的です。従って、錦冠位の冠色が真緋であれば、前の位階である徳冠の位色も真緋であったことがうかがえます。

これらのことから、冠位十二階の当色は「徳－真緋、仁－青、礼－赤、信－黄、義－白、智－黒」と推定することができます。徳位の真緋と礼位の赤は同系統の色ですが、徳の位色は「真緋」と「真」の文字が冠されています。この「真緋」は新たに入ってきた茜（あかね）染めによる鮮やかな赤色であり、礼位の赤は従来からの赤土染めの赤色と考えられますので、両者の色相は相当に異なります。

新羅（法興王）

位	太大角干（伊伐飡）	伊尺飡	迊飡	波珍飡	大阿飡	阿飡	一吉飡	沙飡	級伐飡	大奈麻	奈麻	大舎	小舎	吉士	大烏	小烏	先沮知（造位）
服色	紫衣					緋衣				青衣		黄衣					

百済

位	佐平	達率	恩率	徳率	杆率	奈率	将徳	施徳	固徳	季徳	対徳	文督	武督	佐軍	振武	剋虞
帯色	冠飾			銀花			＊紫帯	皂帯	赤帯	青帯	黄帯	白帯				

＊佐平以下将徳以上がすべて紫帯とも考えられる

高句麗

位	大大兄	大兄	小兄	對盧	意侯奢	烏拙	太大使者	大使者	小使者	褥奢	翳屬	仙人
冠色	大臣：青羅冠　　　　　　次臣：絳羅冠											

表2-2　朝鮮三国の位色
　新羅は『三国史記』、百済は『周書』による。高句麗の位階名は、『隋書』、冠色は『新唐書』による。

図2-2-3　藤原鎌足の冠の復元図（吉岡常雄氏製作）

大阪府阿武山古墳（藤原鎌足の墓）から出土した冠の残片を元に復元したものである。冠位十二階から始まる冠位制の冠の形態を彷彿させてくれる。（紫紅社提供）

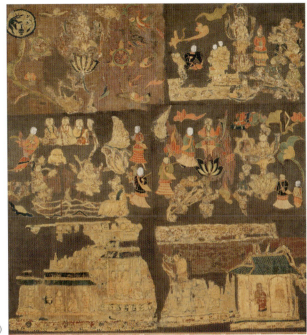

（全体図）

図2-2-4　天寿国繍帳の貴人女子像と一般男子像（7世紀前半）

「天寿国繍帳」は、聖徳太子が往生した天寿国の姿を、橘妃が刺繍で表現したもので、上・中・下の3段構成である。下図は中段で、貴人女性と思われる人物たちであるが、上段には顔がないが男性3人の姿が見える。この男性は埴輪男子像と酷似した装いをしており、7世紀に入っても胡服が中心的衣服であったことがうかがえる。（中宮寺蔵、奈良国立博物館提供、森村欣司撮影）

飛鳥時代人の服装

　遣隋使や遣唐使が派遣されるようになった7世紀には、中国の文物や情報が種々入ってきました。しかし服装に関しては、この時代はまだ依然として胡服系の装いをしていました。

　『隋書』倭国伝は、当時の我が国の男性は「裙襦(くんじゅ)」を、女性は「裙襦・裳」を着ると記しています。中国での襦は筒袖腰下丈の上衣で、貴人埴輪像と同様の形態のものです。裙は襞をたたんだスカートでした。この記述での男性の裙は、褶(ひらみ)と考えられます。朝廷は605年に諸王と諸臣に褶を着けるようにと命じています。図2-2-5の天寿国繡帳の貴人男性像もズボン状の袴の上に襞をたたんだスカート状のものをはいていますが、恐らくこれが褶でしょう。男子埴輪像にも褶状の裳を着けた姿が見られました。この時に褶を着けさせた理由は不明ですが、7世紀に描かれた朝鮮半島の使者像(図2-2-7)も褶状のものを着けており、朝鮮半島の風習にならった可能性も考えられます。しかし『日本書紀』の記述からすると、褶を着けたのは王族や諸臣たちだけであって、多くの男性は埴輪に見られたのと同様の服装で過ごしていたと思われます。

　図2-2-6の天寿国繡帳の女性像も、襦と裳の間に細かく襞をたたんだ褶を着けています。裳は縦襞のものと横襞のものがありますが、褶以外は埴輪女性像の服装とほとんど同じです。

　以上のように、飛鳥時代の服飾は男女とも胡服系のもので、これは7世紀後半まで着用され続けました。651年に新羅の使者が唐風の服装で来朝したことに対して、朝廷は勝手に風俗を変えたことを怒って追い返したと『日本書紀』は記しています。このことから7世紀半ば頃の我が国は、まだ唐風の服飾に変える意図は全くなかったことが分かります。

図2-2-5　天寿国繡帳の男子像（模写）
　胡服系の筒袖腰下丈上衣と袴を着用しているが、上衣と袴の間に褶の着装がうかがえる。被り物の残片は、冠位十二階の冠を彷彿させてくれる。

図2-2-6　天寿国繡帳の女子像（模写）
　髪の毛の刺繍糸が脱落しているので髪型は不明であるが、衣と裳は埴輪像と同じである。

図2-2-7　朝鮮半島の使者像 (7世紀)
　中国の章懐太子墓壁画にみられる朝鮮半島からの使者像である。冠には鳥羽のような鬠花を挿し、上衣と袴の間に襴を着けた姿は、上衣の袖が広袖であること以外は、日本の服装とよく似ている。

第3章
唐風服飾の時代
〈白鳳〜平安時代前期〉

1 唐風服飾普及の時代
天武朝〜文武朝（7世紀後半〜8世紀初頭）

　壬申の乱（672）に勝利を収めた天武天皇は、中央集権体制確立を目指して、種々の改革に着手しますが、その一つが唐にならっての文明開化推進策でした。天皇が服飾の唐風化に着手したのは682年のことです。まず、冠位十二階以来約80年間続いてきた冠による位分け制度を廃止しました。また、飛鳥時代以来着用され続けてきた褶（ひらみ）も禁止します（『日本書紀』）。

　このときに同時に禁止したものに襅（まえも・ちはや）と脛裳（はばきも）があります。襅は「まえも」とすると前掛け状のものとなり、中国では男女とも儀礼の際に着装していますが、我が国では見られない服飾品です。「ちはや」とすると神事服の一種で、貫頭衣式の形態となります。脛裳は脚絆状のもので、袴をはかない人々の間で脛（すね）部を保護する目的で用いられていた服飾品でした。この脛裳禁止令は、袴の普及をねらってのものと思われますが、袴はなかなか普及せず、686年には脛裳の着用を許しています。またこのときに、膳夫（かしわで）と采女（うねめ）の手繦（たすき）・領巾（ひれ）も禁止しました。

　682年に着用を禁止したものは、以前から着用され続けていた服飾品です。新たに唐風の服飾を導入するに当たって、まずは旧来の服飾品の使用禁止から着手したのでしょう。

図3-1-1　正倉院蔵の前裳（8世紀）
正倉院に伝わる前裳は、現在の前掛けと同様に、働く者が衣服の汚れを防ぐ目的で用いたものと思われる。（正倉院蔵）

図3-1-2　正倉院の脛裳（8世紀）
錦製の豪華な脛裳で、伎楽に登場する力士がつけたものである。上部についた紐で膝下に結びつけて着装する。（正倉院蔵）

髪型の唐風化

　天武天皇は、立て続けに風俗一新の詔を出します。682年4月には、すべての男女に結髪令を出しました。これは唐の男女の髪型にならっての改革と思われます。同年6月には、成人男子は頭上に髻を結い、漆紗冠（しっしゃかん）を被りました。『日

図3-1-3　高松塚古墳壁画男子像［東壁］（7世紀後半〜8世紀初）
奈良県明日香村の高松塚古墳壁画は、7世紀後半〜8世紀初期の服飾をうかがうことができる貴重な資料である。東壁4人と西壁4人の男性は、いずれも頭上結髪に黒い頭巾状のもの（恐らく漆紗冠）を被っていることから、682年の位冠廃止・結髪令以降の姿であることがわかる。上衣は丈が長く、裾に襴を思わせる線が描かれているが、襟は垂領であり、奈良時代以降、我が国の貴人男性の中心的衣服となる袍ではない。（国〈文部科学省所管〉、便利堂提供）

本書紀』は「始めて髪を結げ」と記していますので、我が国の男性が頭上に髻を結うのはこのときが最初です。1871年に明治政府により斬髪令が出されるまでの約1200年もの長期にわたって、日本男性の頭に君臨し続ける「ちょんまげ」は、この時の唐風化推進政策から始まったものでした。漆紗冠は、文字通り紗（薄い絹布）に黒漆を塗った冠です。従来の位冠は位で色が異なったものでしたが、このときから全員が一様に黒い冠を被ることになりました。

　政治の中枢部にいる男性は、結髪の勅旨に則ってすぐに頭上結髪をしましたが、女性は結髪令に対して抵抗を示したようです。『日本書紀』は、684年には40歳以上の高齢女性の結髪令を緩め、さらに686年には女性の結髪令を完全撤回したと記しています。頭上結髪の髪型は、当時の女性の美意識に副わなかったのでしょう。この頃の女性の多くは、垂髪を束ねたり、高松塚古墳壁画女性像に見られるように下で輪にして毛先を上に上げ、首の後ろで紐で巻き上げるといった髪型をしていたと思われます。女性が唐風の結髪になるのは、再度結髪令が出される705年以降のことと考えられます。

衣服の唐風化

　天武天皇は684年に、会集などの正式なときには襴衣を着て長紐をつけ、括緒袴をはき、日常は襴衣でも無襴衣でも結紐でも長紐でもよいとの令を出しました。襴衣は衣服の裾に横布（襴）のついた衣服のことです。中国では7世紀半ば頃に、士人としてふさわしい服装にする意図で、衣服に襴や褾（袖口の縁布）を加えました。我が国がこの時に襴のついた衣服を正式なものとしたのは、唐制に倣ってのものでしょう。しかしこの時の襴衣は、奈良時代以降男性の中

図3-1-4　高松塚古墳壁画女子像［東壁］（7世紀後半〜8世紀初）

この時代の女官の服飾をうかがう好資料である。（国〈文部科学省所管〉、便利堂提供）

図3-1-5　中国の前裳をつけた女子像（1〜3世紀頃）

長袖上衣に裳を穿いた上流階級の女性であるが、蔽膝（前裳〈前掛け〉）をつけている。（張末元編著『漢朝服装図様資料』太平書局、香港、1963年刊）

図3-1-6　高松塚古墳壁画女性像［西壁］（7世紀後半〜8世紀初）
東壁4人（図3-1-4）とこの西壁4人の女性は、ほぼ同じ装いである。前髪を上げてふくらみを持たせてはいるが、垂らした髪は下を輪にして毛先を上にあげ、首の後ろあたりで紐で巻き上げるという髪型で、奈良時代の唐風の頭上結髪とは異なる。襴のついた膝丈の上衣に、襞をたたんだ長い裳という服装は、緩やかにはなっているが、唐風の服飾ではない。（国〈文部科学省所管〉、便利堂提供）

心的表衣となる盤領（スタンドカラー）形式の袍ではありません。高松塚古墳壁画男性像に見られるように、垂領（着物のような衿）形式の上衣の裾に襴をつけた形の衣服でした。袍の文言が見えるのは686年以降で、この頃の袍は、唐から入ってきたニュールックと思われます。

結紐と長紐ですが、結紐は新たに唐から入ってきた蜻蛉頭（紐を結んでボタン状にしたもの）のことで、長紐は従来からの紐結び留めと考えられます。正式なときには長紐としたのは、伝統を重んじたからでしょう。高松塚古墳壁画像では、男性は全員が蜻蛉頭留めですが、女性は蜻蛉頭と紐結び留めの両方が見られます。

括緒袴は後の縛口袴と同様のもので、足首を縛った形と考えられ、唐初に中国で流行っていた袴です。また、会集の日には圭冠を持っている人は被ることが命じられましたが、圭冠は玉冠のことと考えられます。

新服色制度の制定

冠による位階制度は682年に廃止したので、685年に唐制に倣って朝服色による位階制度を制定しました（表3-2参照）。この時に、皇族の位色として朱花を定めますが、赤系統色ということ以外は不明です。天武の後を継いだ持統天皇は、693年には百姓（国民）に黄色、奴（賤民）に皁（墨色）の着用を定め、唐風化をさらに推進しました。

701年制定の大宝令は現存しませんが、服制に関しては『続日本紀』に記されています。大宝令の新位色は完全に唐制に同化したものとなりました（表3-3参照）。朝服は、黒漆塗冠に綺帯（組帯の一種）を締め、白襪（靴下）・黒革舄（つま先が反り返ったクツ）をはき、上位者は白縛口袴を、下位者は白脛裳を用いました。

図3-1-7　中国唐代の官人像（8世紀前半）
襆頭に襴のついた長袍を着け、笏を持つ官人たち。（敦煌莫高窟（130窟）壁画）

皇　帝	中礼服—絳紗袍 常服—赤黄
諸臣公服（630年の制） 三品以上	紫
四品	緋
五品	浅緋
六品	深緑
七品	浅緑
八品	深青
九品	浅青

表3-1　中国唐代の服色制度

図3-1-8　唐代初期の女性像

1男装の女性（7世紀後半）。2侍女像（7世紀後半）。男装した女性は、唐初に流行した足首を絞った形の袴をはいている。侍女は窄袖の上衣に胸高に裳を着け、領巾を掛け、舃をはいた装いである。（李爽墓の壁画）

天武14年 （685）	爵位	明 壱弐	浄 壱弐参肆					
	服色	朱花	朱花					
	爵位		正 壱弐参肆	直 壱弐参肆	勤 壱弐参肆	務 壱弐参肆	追 壱弐参肆	進 壱弐参肆
	服色		深紫	浅紫	深緑	浅緑	深葡萄	浅葡萄

表3-2　天武期の服色制度

大宝元年 （701）	位階	明 一二三四	浄 一	浄 二三四五					
	服色	黒紫	黒紫	赤紫					
	位階		正 一	正 二三	直 四	直 五	勤 六	務 七	追 八	進 初
	服色		黒紫	赤紫	深緋	浅緋	深緑	浅緑	深縹*	浅縹

表3-3　大宝元年の服色制度　＊「縹」は空色。

2 唐風服飾の浸透と服飾制度の整備
奈良時代（8世紀前半〜8世紀末）

　718年に制定された養老令は、その後も生きていきます。一般には大宝令と養老令は大差がないとされていますが、衣服令に関しては養老令の方がより唐風化が進行しています。養老令施行前に唐風化推進策の一つとして、右衽令と握笏令が出されました。日本人の襟の合わせ方の大半は胡服系の左衽でしたが、中国人は左衽を蛮人の習俗として軽蔑しており、このことを知った為政者は、全国民の襟の重ね方を右衽に統一させたのです。浸透するには少し時間がかかったようですが、和服の襟を右衽に重ねる現代の風習の源はこの時にあります。笏は威儀を整える目的でのものですが、備忘用途もありました。牙笏は裏に書きつけた紙を貼り、木笏には文字を直接書いていました。

　719年には女性の唐風ニュールックが発表され、この時に、唐で流行していた背子（ベスト）が入ってきたと考えられます。背子は、平安中期以降は唐衣と称され、女性の正装の重要な服飾品となります。

図3-2-1　中国唐代女子の背子着用姿　唐三彩
（7〜8世紀）
窄袖の上衣に胸高に裳を着け、当時流行した背子を着用した姿である。（陝西歴史博物館蔵）

養老の衣服令

　養老の衣服令では唐の制度に倣って、礼服・朝服・制服の制度が定められました。礼服は即位や元旦など重要な儀式の際の大礼服で、朝服は朝廷での会集や諸行事・賓客の接待の時などに着用する中礼服です。制服は位のない男女官や庶民が公務に就くときのものです。

　礼服は、平安時代になると元旦の着用はなくなりますが、江戸時代最後の孝明天皇即位の儀式の時まで着用され続けます。

図3-2-2　正倉院に伝わる背子（8世紀）
赤地錦で作られた豪華な背子である。伎楽装束とされるものであるが、図3-2-1の唐の女性着用の背子とよく似た形態である。（正倉院蔵）

図3-2-3　鳥毛立女屛風の女子像 (8世紀)
　正倉院に伝わる女性像であるが、日本の女性を描いたかどうかは不明である。比較的ゆったりした袖の上衣に背子を着用
し、胸高に裳を着けて領巾を掛けた姿は、8世紀半ば頃の唐の女性像とも共通する。(正倉院蔵)

礼服

　礼服が着用できるのは、皇太子・親王・内親王・諸王・女王と五位以上の諸臣（武官・文官）および内命婦（女官）に限られていましたが、武官で礼服が着用できたのは、衛門府の長官・次官と兵衛府の長官のみでした。

○皇族・文官の礼服：皇太子以下五位以上の文官の礼服の構成は、礼服冠・笏・衣・袴・帯・褶・襪・舄で、皇太子以下三位以上の諸臣は綬と玉珮を、四・五位の諸王・諸臣は綬のみを佩びました。礼服着用図によると、盤領筒袖の衣（小袖）の上に膝下丈の垂領の大袖衣を着て幅広の絛帯（組帯）を締め、白袴をはき、褶を衣の裾から覗くように着けています。衣の色は位階で決められていました（表2-1）。舄（先が反り返ったクツ）をはき、帯から右に玉珮左に綬を下げ、象牙の笏を持っています。褶は、天武天皇の時に禁止されましたが、衣服令の礼服には復活しています。

○武官の礼服：基本的な構成は、皀羅冠・綏・笏・襖・裲襠・腰帯・横刀・袴・靴・行縢です。皀羅冠は『延喜式』では、武礼冠と記されているもので、近世のものに近い形であったと思われます。この冠は中国の「武弁大冠」に似ており、中国に倣って奈良時代に製作されたものでしょう。綏は冠の紐と考えられ、襖は襴のない闕腋（脇に一定の開きのあるもの）の袍で、それぞれの位階に応じた色を着ました。裲襠は貫頭衣で、挂甲（肩に掛けて着る甲）に代わって着用されたと考えられます。刺繍や錦で製作され、武官の礼服を華やかにしました。腰帯は革製のベルト。靴は革製のブーツ、行縢は股から膝にかけて防護するものでした。

図3-2-4　礼服冠（近世）
近世に描かれた冠の絵であるが、形態等が平安前期の『儀式』記載の礼服冠と一致しており、奈良時代の形態を継承していると考えて間違いないと思われる。（『冠帽図絵』国立国会図書館蔵）

図3-2-5　中国の礼服着用人物像
中国の伝統的な礼服を着用した客人たちである。（模写）（章懐太子墓壁画、陝西省博物館蔵）

図3-2-6　①礼服着用図（近世）
　　　　　②正倉院の舃（8世紀）

①近世に描かれたものであるが、奈良時代の伝統を継承していると考えられる。礼服冠を被り、膝下丈の垂領大袖衣で、帯から綬・玉珮を下げ、笏を持った姿は、中国に倣ったものではあるが、図3-2-5と比較すると、我が国の独自性がかなり発揮されていることがわかる。（『礼服着用図』国立国会図書館蔵）
②正倉院に伝わる錦製の舃である。（正倉院蔵）

①

②

○女官の礼服：基本的構成は、宝髻・衣・紕帯・褶・裙・襪・舃です。平安前期になると、女性が公の儀式へ出る機会は減少し、奥の存在となっていきます。従って、女性の礼服は10世紀後半になると朝拝供奉（元旦に群臣が天皇に拝賀する儀式に奉仕すること）の女房以外は着用されなくなり、次第に姿を消していったので、その具体的な形はわかりません。8世紀後半作とされる薬師寺吉祥天女像は、光明皇后を描いたとの言い伝えもあり、当時の女性の礼服をうかがう資料となっています。宝髻は金銀で髻を飾った付け髢、衣は位により決まった色の大袖衣、紕帯は縁飾りのついた帯、裙はロングスカート、褶は裙の裾から覗く襞飾りと考えられています。

朝服

　朝服は文武官の初位以上が、毎月1日に朝廷で行われる朝会など公の行事の際に着用するもので、礼服に次ぐ正装であって、日常の出仕服ではありません。女官が朝会に参列するのは、四孟（春夏秋冬）の最初の月（1月・4月・7月・10月）の1日に行われた会集の時のみでした。

○親王以下文官有位者の朝服：構成は、頭巾・衣・笏・袴・腰帯・襪・履・袋です。頭巾は図3-2-12の聖徳太子の被り物のような形で、前代の漆紗冠の系統を引くものです。唐で官吏たちが広く被っていた幞頭に近いものでした。衣は盤領形式の袍と考えられます。白袴をはき、腰帯を締め、白襪と黒塗りの革製の履をはきました。履は聖徳太子と二王子のはいているような浅クツです。朝服に下げる袋の緒の色と結びの数で、位階の正従と上下を区別しましたが、これは非常に複雑であったので、722年に廃止されました。

図3-2-7　武官礼服着用図（近世）
近世の着用図なので、衣服が平安時代以降の闕腋袍となっているが、他の部分は奈良時代のを継承していると思われる。（『礼服着用図』国立国会図書館蔵）

図3-2-8　中国の武弁大冠と日本の武礼冠
①『三礼図』掲載の武弁大冠。『三礼図』は宋代に撰修されたものであるが、後漢時代のものが参考にされている。（『三礼図』）
②近世の武礼冠。（『冠帽図絵』国立国会図書館蔵）中国の武弁大冠を参考にして製作されたことがうかがえる。

図3-2-9　吉祥天女像（8世紀）

　図の頭部は宝髻を彷彿させてくれるが、確かではない。大袖の衣に縦縞模様の裳をはき、裾からは褶（ひらみ）と思われる襞飾り
と舃先が覗いている。背子と蔽膝（はいし）（前掛（へいしつ））を着け、領巾を掛けているが、これらの名称は養老衣服令には見当たらない。
しかし、背子（後の唐衣）と領巾は、平安以降も儀式の際に女性が用い続けたアイテムでもある。（森山驥三郎「薬師寺吉祥
天女像」〈模写〉東京藝術大学蔵）

　衣服令が皇太子の朝服を記していないのは、文の脱落と推測され、位色が黄丹である以外は親王以下と同様のものであったと考えられます。

○皇族女性と女官の朝服：衣服令には内親王・女王と五位以上の女官の朝服は、礼服から宝髻と鳥を取り去ると記されているだけで、これも文の省略と思われます。彼女たちの朝服は六位以下と同様で、その基本構成は、義髻（ぎけい）・衣・紕帯・裙・襪・履と考えられます。

○武官の朝服：その基本的な構成は、頭巾・襖（おう）・袴・腰帯（ようたい）・横刀（たち）・襪・履です。

制服

　無位（むい）（位がない）の文官・女官の制服は、朝服と同様に朝廷での公事の際に着用するものでした。

○無位の文官の制服：その構成は、頭巾（ときん）・袍・袴・腰帯・襪・履で、袍の色は黄色でした。大宝令の時の袍は無襴でしたが、養老令のものは有襴であったと考えられます。脚衣は記されていませんが白袴でしょう。日常勤務の際も基本的には同じ装いですが、履物だけは草鞋（そうあい）（草編みのクツ）でもよいとなっています。庶民が公務に就く時も同じ制服で、家人奴婢（けにんぬひ）が公務に就くときは、橡墨色（つるばみすみ）（墨色）の衣服でした。

○無位の女官の制服：衣服令は色の規制しか記していません。上衣は衣服令の服色条で定められた深緑（六位の位色）以下の色である緑・青・黄と茶色系統の色は自由に着ることができました。また、高位者にしか許されない紫や紅なども、帯や紐などに利用することは可能でしたし、絞り染で文様を染め出した緑や縹（はなだ）（空色）・紺色の裙も着用できました。庶民女性が公務に就く時も無位の女官と同じでした。

図3-2-10　正倉院の絁製袍
浅紅（あしぎぬ）絁地に臈纈（ろうけち）で文様を染め出した袷仕立ての袍である。闕腋（けってき）で襴がつかないところは朝服の衣とは異なるが、丈140cm・桁（背の中心から袖先までの長さ）は114.5cmと大型の衣である。（正倉院蔵）

図3-2-11　尺八刻画の女性たち（模写）
正倉院の尺八に刻まれた女性像である。日本の女性かどうかは不明であるが、義髻をつけたその姿は、当時の女官たちの朝服の姿を彷彿させてくれる。

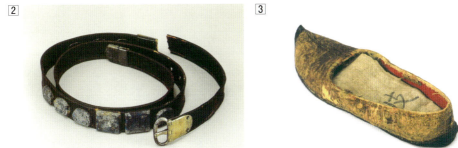

図3-2-12　文官朝服の姿（聖徳太子と二王子像）
　①奈良時代の服装で描かれた聖徳太子と二王子であり、当時の朝服をうかがう好資料である。頭巾と推測される被り物を被り、足首丈のゆったりとした長袍を着ける。闕腋である点が多少朝服の袍とは異なるが、腰には腰帯を締め、履をはく。（宮内庁蔵）　②正倉院に伝わる聖武天皇の腰帯。（正倉院蔵）　③正倉院に伝わる履。（正倉院蔵）

日常の勤務服

　官人などの日常の勤務時の服装については、養老の衣服令は制服以外は触れておらず、ただ服色のみを記しています。当時の公服の服色は上位から順に、白、黄丹、紫、蘇芳、緋、紅、黄橡、縹、蒲萄、緑、紺、縹、桑、黄、楷衣、蓁、柴、橡墨でした。これらの色は、自分の位以下の色の着用は自由でしたが、位以上の色を着ることは許されませんでした。最上位の白は天皇の色で、光沢のある帛絹でしょう。黄丹（黄赤色）は皇太子の色、深紫は親王・内親王と王・女王・諸臣・女官の一位の、浅紫は二位・三位の王・女王・諸臣・女官の位色です。蘇芳は、蘇芳木の芯材で染めた紫味をおびた赤色で、位色ではありません。深緋は茜と紫で染めた深みのある赤色で四位の、浅緋は茜のみで染めた明るい赤色で五位の位色です。紅は紅花で染めた桃色がかった赤色で、黄橡は櫟の実で染めた黄味をおびた茶色でしょう。縹は緋の薄い色で、蒲萄は天武朝の色と同様に黄緑系統の色と思われます。この紅・黄橡・縹・蒲萄も位色ではありません。深緑は六位の、浅緑は七位の位色です。紺は八位の、縹は初位の位色で、いずれも藍染めの濃いブルーと薄いブルーです。桑は、その根で染めた深みのある黄色で、位のある者しか着用できませんでした。黄色は無位と庶民が公務に就く時の制服の色で、苅安で染めた少し浅い黄色です。楷衣は摺衣と同じで、顔料や花汁などを布に摺りつけて色や文様を出したものです。色は自由ですが、色や文様は、布の表面についているだけなので水に濡れると落ちてしまいます。蓁はハシバミ（柴栗）の実で染めた茶色でしょう。橡墨は既に記したように奴婢の公服の色で、色は櫟の実を鉄媒染で染めた墨色です。

図3-2-13
紫錦張り脇息と紫草
1 正倉院の紫錦張り脇息。（正倉院蔵）
2 紫色は、紫草の根（紫色をしている）を煮だして染めるが、供給量も少なく染色方法も難しい。正倉院に伝わる脇息は、当時の紫色を彷彿させてくれる。（BOB GIBBONS/SCIENCE PHOTO LIBRARY /amanaimages）

図3-2-14　茜草と根
緋の染料の茜もその赤い根を煮だして染める。（編者撮影）

図3-2-15　紅花
紅花は「末摘花」の異称があるように、花の末から摘み、発酵させて染める。（Gakken/amanaimages）

図3-2-16　藍
紺・縹は藍の葉を発酵させて蒅を作り、これを建てた洗液で染める。（anezaki kazuma/nature pro./amanaimages）

図3-2-17　男性の日常勤務服　大々論
写経の反故紙（書き損じの紙）の余白に描かれた落書きであるが、当時の無位の者の日常の勤務姿をうかがうことができ
る。頭巾と思われる被り物に袖の短い盤領袍を着て細帯を締めた姿である。（正倉院蔵）

　無位や庶民に許された色は、黄と茶・黒のみでしたが、摺染めですと、紫でも赤でも何色でも自由でした。また、制服のところで記したように、女性に対しての規制はゆるやかでしたし、この服色規制は公務のときのものであって、私的な場での規制ではありませんでした。

天皇の礼服

　日本の衣服令は天皇の服飾について触れていませんが、聖武天皇が732年正月に大極殿（だいごくでん）で群臣の朝賀を受けたときに、初めて冕服を着たと『続日本紀』は記しています。この時の冕服は袞冕十二章（こんべんじゅうにしょう）で、中国の皇帝の礼服に倣（なら）ったものと考えられます。袞冕十二章はその後も江戸時代末まで継承され、江戸時代最後の孝明天皇即位の際の冕服が現存しています。代々の冕冠（べんかん）は奈良時代のそれに倣って製作されており、近世の冕冠は奈良朝の冕冠を基本的には伝えていると考えて間違いなさそうです。

　冕服は衣と裳（褶）（ひらみ）で構成されており、中国のものは紺衣纁（くん）（赤）裳ですが、我が国のは赤衣赤裳です。冕服と諸臣の礼服はその構成が似ているので、天皇の冕服着用姿も図3-2-6の礼服着用図に近いものであったと考えられます。冕服には、衣に日・月・星辰（せいしん）・山・龍・華虫（か）・宗彝（ちゅう）（そうい）・火の8章が、裳に藻・粉米・黼（ふ）・黻（ふつ）の4章の文様が刺繍されました。日・月・星辰は太陽・月・星座で、華虫は雉、宗彝は器ですが、描かれていた猿と虎が独立したものです。藻は海藻の、粉米は米粒の、黼は斧の、黻は弓字を背中合わせにした形です。前面の中央に綬を、左右に玉珮を下げます。天皇の礼服は、文様や綬・玉珮などの装飾的部分は中国の皇帝に倣っていますが、それ以外のものは、日本独自のものであったと考えられます。

図3-2-18　近世の天皇の冕冠
　近世に伝わる冕冠であるが、図3-2-19の中国皇帝の冕冠と比較してみると、旒（りゅう）（小玉を連ねたもの）が下がる以外は異なっており、我が国独自に創案されたものであることが分かる。（『冠帽図絵』国立国会図書館蔵）

図3-2-19　中国皇帝の冕服着用図
　中国の皇帝の伝統的な礼服である袞冕十二章を着用した姿である。（張末元『漢朝服装図用資料』太平書局、香港、1963年刊）

（前）

（後ろ）

図3-2-20　孝明天皇の冕服の上衣と裳
①上衣。②裳。衣と裳に付けられた十二の文様は、中国では漢代に既に皇帝を象徴する文様として成立していたものであるが、我が国もこれに倣って天皇の礼服の文様とした。これらの衣裳の着装姿は、図3-2-6の文官礼服着用姿に近いものであったと思われる。（宮内庁蔵）

庶民の衣生活

　庶民の衣服材料は基本的には麻で、当時、布といえば麻をさしていました。彼らは麻を植え、糸に紡ぎ、農閑期に布に織って衣料を作りました。当時の布には大麻布と苧麻布があり、苧麻布の方は上等だったので、税の対象とされました。正丁（21〜60歳の男子）は10日間の庸（歳役）に代えて2丈6尺（約7.8m）の、次丁（61〜65歳男子）は5日分に相当する1丈3尺（3.9m）の庸布の貢納が課されました。

　庶民たちは、税として納めた残りの苧麻布を着ていましたが、中には、大麻や樹皮繊維の藤などで織った目の粗い荒妙しか着られない人たちもいました。

　養老の雑令に官戸奴婢に支給される衣服が記されていますが、庶民の衣服の形態は恐らくこれらと同種のものであったと思われます。男女とも寒い季節は襖や襦などの、暑い季節には衫などの上衣に、男性は袴や脛裳を、女性は裙をはくという姿だったと考えられます。襖は脇の開いた袷の衣で、綿が入ることもありますが、当時の綿は絹綿で高価でした。襦は古くから着用され続けている筒袖腰下丈の上衣で、衫は単の衣です。また彼らの袴や裙も丈が短いものであったと考えられます。

　『万葉集』所収の山上憶良の貧窮問答歌には、寒い季節でも、袖なしのボロボロになった布肩衣（ちゃんちゃんこ風の上衣）しか着るものがない、貧しい庶民の姿が詠まれています。正倉院には貫頭衣形の衫が伝わっており、このような簡単な作りの衣服を着ていた人もいたのでしょう。

　当時の庶民の衣生活は経済力によりさまざまでした。絹綿入りの襖子を着ている者もいれば、真冬でも、袖なしのボロボロになった衣服しか着られない貧しい人もいたことがうかがえます。

図3-2-21　庶民男子の装い　琵琶の捍撥の絵
中国の庶民層の姿の可能性のある絵であるが、我が国の庶民男性もこのような姿であったと推測される。（正倉院蔵）

図3-2-22　正倉院の貫頭衣形の衫
正倉院には、麻布製の単の貫頭衣が伝わっている。多くの庶民はこのような簡単な上衣に短い袴や裳を着けた姿であったと考えられる。（正倉院蔵）

図3-2-23　庶民女子の装い　過去現在絵因果経の老女たち
　この絵も、中国の女性を描いている可能性が高いものであるが、筒袖の上衣の上に胸高に膝下丈の裳を着け、草鞋（草を編んだクツ）をはいた姿は、我が国の庶民女性の姿を髣髴させてくれる。（京都府上品蓮台寺蔵、安田靫彦・松岡映丘編『日本風俗畫大成　奈良平安時代』中央美術社、昭和4年〈1929〉より）

図3-2-24　苧麻
　苧麻草の茎の表皮をこそげ落とすとあらわれる透明な中皮が青苧といわれる繊維で、これを細く裂き、撚りをかけて糸として、織り上げたものが苧麻布である。

図3-2-25　大麻
　苧麻と同様に大麻草の茎の繊維からとった糸で織った布が大麻布である。苧麻布に比べて固い布である。
（図3-2-24、図3-2-25とも編者撮影）

3 唐風服飾の完成
平安時代初期の服飾（8世紀末〜9世紀末）

　794年に桓武天皇が山背国（今の京都府）に平安京を造営し、遷都しました。平安京は唐の都長安に倣って造営され、大内裏（内裏［皇居］を中心に、官庁などを配置した政府の中枢区域）には大極殿（重要な儀式などが行われる建物）をはじめとして唐風様式の建築が建ち並びます。このような唐風の都において生活全般にわたって唐風化が推し進められていきました。818年には、朝会での礼から日常の衣服にいたるまで唐風に改めるようにとの詔が出されます。

　820年には、奈良時代に聖武天皇が着用したとされる袞冕十二章を正式に天皇の大礼服として定めました。また皇后には、中国の皇后の祭服である「褘衣」を大礼服として導入しました。皇太子の大礼服は、養老衣服令で定められた黄丹衣を廃止して、唐の皇太子の大礼服である袞冕九章（十二章から太陽・月・星辰を除いた九章）としました。しかし服色は、唐の皇太子の黒衣纁（赤）裳とは異なって、天皇の袞冕十二章と同様に赤衣赤裳としました。

　またこのときに、天皇が受朝や諸外国の使者に謁見する際などに着る中礼服として黄櫨染衣を定めましたが、この衣の形態は奈良時代の朝服と同様の袍形式であったと思われます。皇后も大小の諸会で着る中礼服には中国に倣って鈿釵礼衣が定められましたが、皇太子の中礼服は前代からの朝服である黄丹袍が継承されました。

　このように平安前期は、中国風の儀礼や学問が重んじられた時代で、漢詩集が編纂され、大学でも中国の歴史や文章が盛んに学ばれました。このような唐風志向の風潮の中で、我が国の服飾も唐風に最も近づいたものになりました。

（拡大図）

図3-3-1　天皇の黄櫨染衣
黄櫨染は櫨と蘇芳で染めた赤みをおびた茶色の衣である。天皇の公服には、桐・竹・鳳凰の文様がついた。鳳凰は霊鳥であり、桐の木にしか止まらず竹の実しか食べないという中国の故事に倣ったもので、鎌倉時代にこれに仁獣である麒麟が加わった。（左上：宮内庁提供、写真は毎日新聞社提供、右上および下：国立国会図書館蔵）

図3-3-2　中国皇后の褘衣

『唐書』によれば褘衣は深青色の衣で、赤をベースに5色の雉12羽を描いたものである。蔽膝〔前裳〕をつけ、綬と玉珮を佩び、舃をはく。我が国の皇后の褘衣もこのようなものであったのであろうか。（『三礼図』）

4 染織技術の発達
飛鳥時代〜奈良時代（7世紀初頭〜8世紀末）

　飛鳥時代以来、遣隋使・遣唐使とともに多くの留学生たちを派遣して中国文化の吸収に努めた我が国は、中国の技術の影響を受け、染織技術を大いに発達させました。中でも、錦・綾・羅などの高級織物技術や三纈（﨟纈・夾纈・纐纈）などの文様染技術の伝来は、日本人の衣生活を飛躍的に豊かなものにしました。

　6世紀になると、我が国でも、綾や経錦が綾部や錦部などで織られるようになりました。綾は後染め（文様を織り出した後から染める）なので薄く、衣服に適した織物です。経錦は経糸に色糸を用いて織り出した錦で、幾何学文様が中心でした。奈良時代になると、唐から新しく緯錦の技術が伝わり、多彩で華やかで具象的な文様が織りだせるようになりました。絹・絁はいずれも絹製の平織物ですが、絹の方が少し上等で、絁は当時の普通の絹織物でした。

　奈良時代以前は、織以外の技術で文様をあらわす方法は刺繍と摺り染めしかありませんでしたが、この頃になると新たに文様染技術として三纈が伝わりました。﨟纈はローケツ染めで、正倉院に伝わる﨟纈の遺品は型押しが大部分です。夾纈は、二枚の板の間に布を挟み、板を締めて防染して文様をあらわす板締絞りです。多色のものは、板のそれぞれの文様の部分に小さな穴を開け、その穴から染料を注入するという方法で染められました。纐纈は当時は「纈」とのみ記されており、「目交」「ゆはた」と称されていました。糸で防染して文様をあらわす、今の絞り染めです。平安時代以降も「くくり」「目結」などと称されて好まれ、近世に全盛時代を迎えます。

図3-4-1　織物
①経錦。②緯錦。③綾。綾織物は、文様を織り出した後で1色に染める織物であるが、文様と地の部分の織り方が変えてあるので、光の具合により文様が浮き出る。（正倉院蔵）

図3-4-2　天平の三纈（さんけち）

　4臈纈。5夾纈。6纐纈。（正倉院蔵）

第4章
国風化の時代
〈平安中期〜後期〉

1 国風化への道
平安時代前期（9世紀後半〜10世紀後半）

　桓武天皇は、784年に長岡に都を移すべく建設を進めましたが、長岡京建設責任者暗殺に始まる種々の事件が起こったため、794年に長岡京を棄てて平安京に遷都しました。唐の長安に倣って造られた平安の都では、唐風文化が華やかに開花します。しかし10年の間に2つもの都を建設したことは国家財政の逼迫を招きました。また自然災害があいつぎ、疫病の流行も手伝って、国民生活は疲弊していきます。

　この状態を憂慮した政府は、国家財政の建て直しに着手しました。種々の財政引き締め策を実施し、倹約令を次々と出しましたが、それは衣生活にも及びました。

図4-1-1　平安前期の男子神像
　初期の束帯の着装姿をうかがうことができる像である。袖口はさほど広くなく、冠からは柔らかい纓を2本垂らしている。（松尾大社蔵）

礼服の着用規制

　政府は823年に倹約令を出して、皇太子と参議、非参議で三位以上の者および職務に携わる者以外の礼服の着用を停止しました（『日本紀略』）。以降、四位・五位の礼服が復活することはありませんでした。また9世紀になると元旦の朝賀は大極殿ではなく、清涼殿での小朝拝へと変化しましたので、礼服は元旦には着用されなくなり、即位時のみの服飾となりました。

遣唐使の廃止と国風化のはじまり

　894年に遣唐使が廃止されました。7世紀初めの遣隋使派遣以来、多くの留学生や留学僧を送り続け、多様な文化を我が国にもたらしてくれた中国との公式の交流は、ここで終止符を打ちます。しかし私貿易は続いており、960年成立

図4-1-2　小野道風像
　小野道風の子小野奨時が描いたとされているもので、やはり初期の束帯の姿をうかがうことができる。（『集古十種』国立国会図書館蔵）

図4-1-3 平安前期の女神像
　この頃の貴人女性の装いをうかがうことができる平安前期の女神像である。頭頂部に膨らみを持たせた髪は、左右に比較
的長く垂れ、唐風の結髪から平安中期以降の垂髪への移行期を思わせてくれる。しかし、衣の上に裳を着け、背子を着用
した姿はまだ奈良時代の服装である。（松尾大社蔵）

の宋からも種々の文物が伝わってきますが、これらも「唐物」とされています。

　国粋思想の勃興も手伝って、10世紀に入ると国風化の動きが芽生え始めます。漢字を日本的に消化した仮名文字が誕生し、住まいも唐風建築から次第に日本の気候風土に適した寝殿造りに移り変わっていきました。唐風の建物でクツを履き、椅子に座り、ベッドで寝ていた貴族たちの生活は、クツを脱いで上がり、床の上に畳を敷いて座ったり寝たりという生活様式に変わっていきます。こうした生活全般の変化の中で、服飾も唐風服飾を変化させ、束帯や唐衣裳装束などの国風服飾を生んでいきました。

束帯装束の成立

　束帯は、奈良時代の朝服が寛闊になり、形を整えて成立したものです。「束帯」の用語は、『論語』公冶長編の「束帯して朝に立ち、賓客と言わせるべきである」から取ったもので、『九条殿記』の936年の記述が初見と思われます。平安前期の儒教隆盛期に、従来の朝服を束帯と称するようになったのでしょう。

　927年成立の『延喜式』縫殿寮年中御服条に記載されている天皇の服飾品名は、まだ奈良時代を継承した唐風のものでした。また、『延喜式』弾正台条には、袖口の広さを約36cm以下にするようにとの規制が見えますので、この頃はまだ袖口はさほど広くなかったことがわかります。しかし、999年になると袖口の広さは約54cmまで拡大していたことが、『政事要略』糾弾雑事条に見え、10世紀末には服飾全般の寛闊化が進んだことがうかがえます。また、束帯装束の下襲の後ろ身頃の裾が長く延びて袍の裾から覘くのは、『吏部王記』によると、947年頃からのことです。

図4-1-4　冠の形態の変遷

　平安時代では、出仕の際などの正式な装いとして最も重視されたものに冠がある。これは奈良時代に朝服の被り物であった頭巾が、形を整えて、「冠」へと名称変更したものである。以下は近世までの冠の変化の姿である。

①奈良時代の頭巾　聖徳太子像。頭部を袋のような形の頭巾で包み、両脇についた紐を頭上に上げて髻の前で結び、後ろ部分の2本の紐を後ろで縛ってその余りを垂らすという形である（宮内庁蔵）。

②平安時代中期～後期の冠。平安中期になると冠の形態が整い、後ろで縛っていた2本の紐は纓として垂らす形になるが、纓は柔らかい。（「源氏物語絵巻」京都市立芸術大学芸術資料館蔵）

③室町時代の冠。鎌倉時代以降になると纓に強く糊を張り、2枚重ねて後ろに垂らす形態となる。（伝源頼朝像〈模写〉、東京大学史料編纂所蔵）

④江戸時代の冠。現在も宮中他で儀式の際に被られる冠は、この形態を継承したものである。（『冠帽図絵』国立国会図書館蔵）

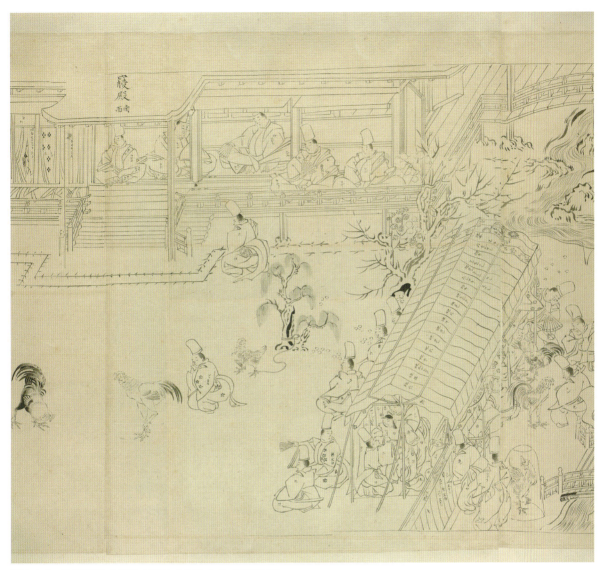

図4-1-5　寝殿造りの建物で暮らす貴族たち（平安後期）

　平安中期以降の貴族の基本的な住まいである寝殿造りの寝殿の上から闘鶏を眺めている貴族たちである。靴を脱いで上がり、高床式の板敷き床の上に畳を敷き、男性たちは胡坐をかいて座る。壁はほとんどなく、開放的な建物である。（「年中行事絵巻」国立国会図書館蔵）

袿中心の衣生活の誕生

　男性の束帯が奈良時代の朝服を変化させて成立したのに対して、女性の唐衣裳装束は奈良時代の朝服・制服と直接つながって誕生したものではありません。これは新たな服飾品として平安前期から装われるようになった袿をベースとして成立したものです。

　『延喜式』縫殿寮雑染用度条に記された中宮の服飾品は、まだ唐風服飾が中心でしたが、この中に平安時代中期以降の上流女性服飾の中心的衣服となる袿の名称が見られます。袿を当時「うちき」と称していたことは、『和名類聚抄』に見えます。この「うちき」について辞典類は、「内着」の意で「単と表着との間につけた内着の衣」と説明しています。しかし『延喜式』記載の中宮年中御服条の袿衣は表着である袍の倍以上の大きさの衣服で、袍の下に着ることはできません。「うちき」の「うち」は、家内の意味で、袿を「うちき」と称したのは、家の中で着るいわゆるホームウエアーであったからではないでしょうか。単袴（下袴）と袴をはき、単袿衣を着てその上に綿の入った袿を重ねるという姿が、当時の上流女性の家での寛いだ時の姿だったと考えられます。

　前章で見たように、奈良時代の女性には礼服や朝服が定められており、正月や四孟の一日にはこれらを装って男性と同様に儀式に参列しました。しかし唐風文化が栄え、儒学が隆盛となる平安初期になると、儒教の影響を受けて男女を区別する動きが見え始めます。儒教の経典の一つの『礼記』内則編には、女性は家の奥にいて、しとやかで目上や年上の人によく従い、外出のときには必ず顔を隠すべきであると説かれています。また、嵯峨天皇と平城上皇の対立に端を発しておかれた蔵人所により、従来女官

が担っていた奏請伝宣（天皇に奏上して裁可を仰いだり、勅旨を伝達すること）などの役も男性の蔵人に移行してしまいます。このような社会的情勢の変化と儒教の教えにより、10世紀にな

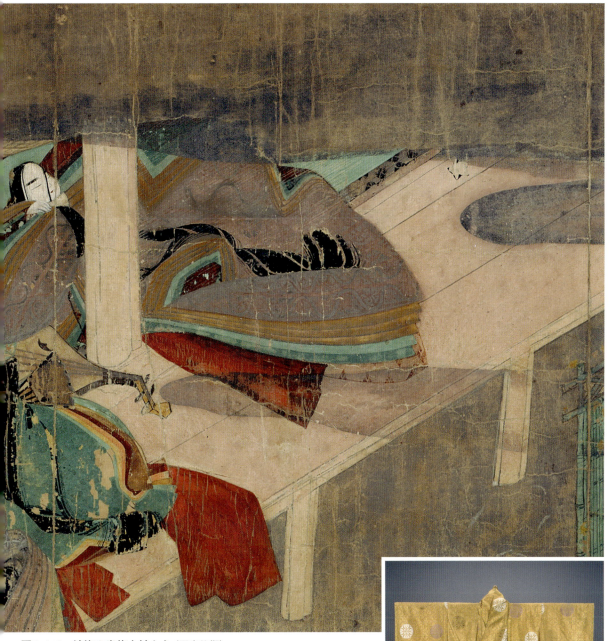

図4-1-6　袿姿の貴族女性たち（平安後期）
　自宅で箏と琵琶を合奏している八宮の姫君たちであるが、緋袴に
袿を数枚重ねたくつろいだ姿である。（「源氏物語絵巻」橋姫、徳川美
術館蔵、徳川美術館イメージアーカイブ／DNPartcom）

図4-1-7　袿の遺品（室町時代）
　熊野速玉大社に伝わる袿で、室町時代のもので
あるが、平安時代の袿の姿をうかがうことがで
きる資料である。熊野速玉大社では、衵（あこめ）として
いるものである。（熊野速玉大社蔵、和歌山県立博
物館提供）

ると女性は表に出ることは極端に少なくなり、家で過ごすことがその生活の大半となりました。したがって、家居の服飾である袿姿が衣生活の中心的装いとなり、袿を数枚重ねてその配色を楽しむようになったと考えられます。

『大和物語』には、宮中の部屋から「濃袿一襲きた清げな女」が出てきたと記されており、10世紀半ばには上流女性の家居の日常着としての袿重ねが成立していたことがうかがえます。

唐衣裳装束の成立

唐衣裳装束の中で、最も儀礼的意味をもった服飾品が唐衣と裳です。上流女性たちは日常的には袿姿でしたが、出仕の女房たちは、必ず袿姿の上に唐衣と裳をつけなければなりませんでした。唐衣は衣服令には見られない服飾品

ですが、前章でも記したように730年頃に着用が始まったと考えられる背子が、その形と名称を変えたものです。このことは『和名類聚抄』で背子を「からきぬ」と記していることからも明らかです。伝わってきた当時は唐にならって「背子」と記していたのが、唐風化全盛期に唐へのあこがれを込めて「唐衣」と表記するようになったのでしょう。

背子は袖なしか袖があっても短いものだったので、袿の上に装っても支障はありませんでした。しかし裙（裳と同じ）は、袿を数枚重ねた上に装うと前まで廻らなくなってしまい、10世紀後半頃には、後ろに引くだけの引裳となっていることが『落窪物語』からうかがえます。

以上のことから、中期以降の女性正装の中心となる唐衣裳装束が成立したのは、10世紀後半頃と考えられます。

図4-1-8　唐衣裳装束の貴族女性　小大君（鎌倉時代）
平安中期頃の姿を伝えていると思われる像である。緋袴・薄緑色の単の上に袿を数枚重ねて表着を着、その上に濃緑色の唐衣を着ける。後ろに長く裳と引腰を引いた姿である。（佐竹本三十六歌仙絵巻断簡、大和文華館蔵）

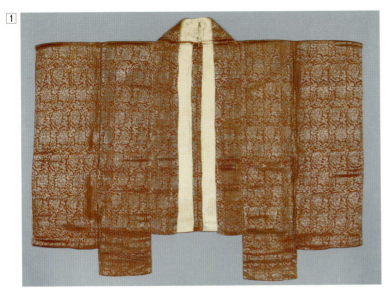

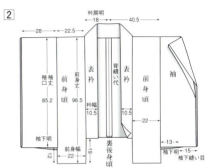

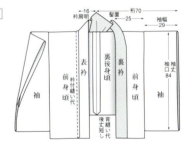

図4-1-9　唐衣の成立過程

1 古い形式を残した唐衣（室町時代）。（熊野速玉大社蔵、京都国立博物館提供）

2 その実測図。奈良時代の背子（図3-2-2）から和様化した平安中期以降の古い形態を伝えたものである。（堀越すみ『日本衣服裁縫史』をもとに作図）

3 新しい形式の唐衣（室町時代）。（熊野速玉大社蔵、和歌山県立博物館提供）

4 その実測図。衿の後ろ中心に髪置き（ゆとり）が作られるようになり、衿を折り返して着やすい工夫がなされている。この形態は近世に継承され、現代に至っている。（堀越すみ『日本衣服裁縫史』をもとに作図）

2 国風服飾の開花
平安時代中期〜後期（11世紀初頭〜12世紀末）

　平安中期には、藤原貴族政権の絶頂期を迎えます。この藤原貴族政権のもとで、即位・大嘗祭（だいじょうさい）をはじめとした臨時の祭礼や年中行事などにおける宮中儀礼が確立し、これにともなって服飾も定型化していきました。

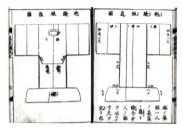

図4-2-1　縫腋袍の図　前・後（近世）
　末期の強装束（こわしょうぞく）（衣服に強く糊を張った装束）の流行時には、「あり先」は袍の裾左右から張り出すようになり、威厳の表現の具とされた。（『有職故実必携装束図式　上』国立国会図書館蔵）

男性の公服

　この時代の男性の公服としては、束帯（そくたい）、布袴（ほうこ）、衣冠（いかん）があります。

【束帯】　前節でみたように、束帯は10世紀後半頃、奈良時代の朝服を寛闊化するとともに形を整えて成立したものです。束帯は、即位など最も重要な儀式の際に四位以下の大礼服として（特別の任務者は礼服を着用）、また、中礼服として元旦などの重要儀礼の際に天皇以下諸臣が着用しました。一方で、直衣（のうし）での参内が許された特権者以外の者の、日常的な昼間の参内服でもありました。束帯には、文官と武官の違いがありますが、中期には上級武官は文官が兼務するようになったため、武官の束帯はもっぱら下級武官の着用するものになります。しかし重要な儀礼の時には、兼務している四位・五位の文官は武官の束帯を装い、儀式の場を荘厳にする役目を担（にな）いました。

〇文官の物の具束帯：儀礼の際に着用する束帯は、物の具（もののぐ）（すべてを備えている）と称されました。この構成は、垂纓冠（すいえいのこうぶり）・縫腋袍（ほうえきのほう）・半臂（はんび）・下襲（したがさね）・重袙（かさねあこめ）・単（ひとえ）・表袴（うえのはかま）・大口袴（おおぐちばかま）・襪（しとうず）・靴（くつ）（履）・石帯（せきたい）・笏（しゃく）で、帯剣を許された者は平緒（ひらのお）を下げ、剣を佩（お）びました。垂纓冠は、図4-1-2のように纓が後ろに垂れた冠です。縫

図4-2-2　奈良時代の半臂と近世の半臂の図
　①奈良時代の半臂。楽人の半臂で、短い袖と襴がつく。（正倉院蔵）
　②半臂の図（近世）。短い袖と襴のついた形は奈良朝の古い形を伝えているが、これは天皇用である。一般の半臂は、袖も襴もつかない。（『有職故実必携装束図式　上』国立国会図書館蔵）

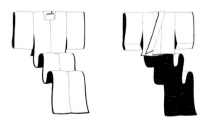

図4-2-3　下襲の図　前・後（近世）
　下襲の裾は10世紀半ば頃から伸び始め、平安後期になると大臣は4.5m、大納言は3.9m、参議は2.4m、四位は2.1mも後に引くようになった。（「故実叢書　服飾図解」国立国会図書館蔵）

図4-2-4 物の具の束帯（平安後期）

　朝覲行幸（天皇が正月に上皇や皇太后に拝謁する行事）の上皇御殿での舞御覧の場面である。侍臣たちは正装して、欄干に裾を掛けている。（「年中行事絵巻」国立国会図書館蔵）

（全体図）

腋袍は、脇が縫いあわされている袍で、「ありさき（襴が左右に20㎝ほど張り出した部分）」があります。半臂は、奈良時代から着用されていた垂領の袖なし、または短い袖がついた膝丈の衣で、袍の下に着ました。下襲は図4-2-3のような垂領の闕腋衣（袖付けから下の脇が開いている衣）で、後ろ身頃の裾が長く伸びた中衣です。この袍から覗く後ろ身頃部分を「裾（きょ）」と称しました。衵は下襲の下に着る衣で、物の具の時は数枚重ね着して装束にボリュームをもたせました。垂領の広袖衣で、闕腋が一般的です（図4-2-5）。単は単衵のことで、衵と同形で裏のつかない肌着です。表袴は表が白、裏が赤で仕立てられた袴で、男性の小用の便の為に股下が縫われておらず、開きの部分を下がり襠（まち）で覆った形式のものです（図4-2-6）。大口袴は裾口の大きい袴で、いわゆる下袴です。

○武官の物の具束帯：構成は、文官と同じですが、冠は巻纓冠（けんえいのこうぶり）で綾（おいかけ）（冠の紐に付けた半月形の飾り）がつき、袍は図4-2-9のような闕腋袍（けってきのほう）で、奈良時代の襖（おう）の変化したものです。剣を佩び、胡籙（やなぐい）を負い、弓を持ちました。

○参内服の束帯：日常の参内服の束帯は、昼間の出仕服ですので「昼装束（ひしょうぞく）」と称されました。構成は物の具と同じですが、文官は半臂が省略されることが多く、衵の重ねる枚数も少なくなります。履は中期までは、従来通り革製でしたが、後期になると桐の木製に漆を塗ったものに変化しました。

【布袴】　束帯の表袴を指貫（さしぬき）に代えた装いです。指貫は足首を縛った袴で、元来は布製の袴でしたので布袴とも称されました。装束名は、この布袴をはくことからきたものですが、平安時代の指貫は絹製です。束帯の略式のもので、高位者の参内服としても用いられましたが、その着用範囲は広くありませんでした。

図4-2-5　衵（復元）
衣生活研究会作成スライドより。

図4-2-6　表袴（復元）
衣生活研究会作成スライドより。

図4-2-7　大口袴（復元）
衣生活研究会作成スライドより。

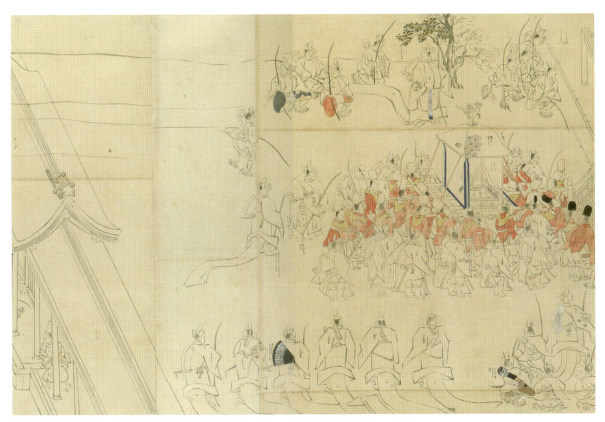

図4-2-8　武官の物の具の束帯（平安後期）
　武官の物の具束帯の構成は、文官と同じであるが、冠は巻纓冠で綾がつき、袍は闕腋袍である。剣を佩び、胡籙を負い、弓を持った姿がうかがえる。(「年中行事絵巻」朝覲行幸、国立国会図書館蔵)

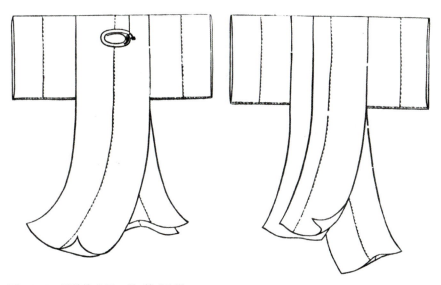

図4-2-9　闕腋袍の図　前・後（近世）
　闕腋袍は奈良時代の襖の変化したもので、袖付けから下が開いた袍である。(『貞丈雑記』国立国会図書館蔵)

【衣冠】　本来は夜間の出仕服だったので、宿直装束とも称されました。日常参内の束帯から半臂・下襲を取り去り、表袴に代えて指貫をはき、石帯に代えて腰を紐で結んでとめた姿です。笏に代えて檜扇を持ち、襪もはきません。下襲を着ないことから、裾がなくなって活動的な姿になるため、宿直だけでなく、行幸の供奉や葬列の装いなどにも広く着用されました。後期になると束帯の代用として昼の参内服としても用いられるようになりました。

位色の変化

　公服の袍の色は、平安前期までは天皇は黄櫨染、皇太子は黄丹、以下は養老の衣服令に定められた位色を用いていました（表2-1参照）。しかし中期以降になると、諸王・諸臣の四位以上は黒、五位は蘇芳、六位は緑、七位〜初位は縹へと変化します。そして実際には、七位以下は叙位されることがほとんどなくなりました。衣服令で厳密に区別されていた位色は、平安中期になると四位以上の区別がなくなり、一様に黒袍となります。黒色になった要因としては、奈良時代から平安前期にかけての公卿たちの深紫への志向があります、染料の紫根の需要が増加した結果、紫根が不足してしまいました。やむを得ず黒の染料を混ぜて偽深紫を染めたことから、色が黒に近くなってしまったのです。四位の深緋も茜と紫根で染めていたので、当然黒の染料を代用することとなり、これも黒に近い色となってしまいました。

　また、四位以上の位色の区別がなくなった背景には、四位であっても参議になれば公卿になるため、区別の必要がないこともあります。当時の貴族の関心が位階よりも官職の方に移行したことも、位色の簡素化に拍車をかけました。

図4-2-10　巻纓冠と緌（近世）
巻纓冠は図のように纓を巻いた冠である。緌は奈良時代には冠の紐であったが、平安時代になると両耳の上あたりに来る位置で、紐に半月形の飾り（馬尾毛で作ることが多い）をつけたものになった。（『冠帽図絵』国立国会図書館蔵）

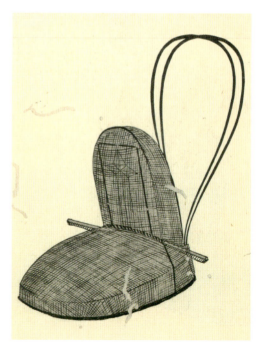

図4-2-11　細纓冠（近世）
六位以下の武官の冠は、纓が非常に細い細纓冠であった。（『冠帽図絵』国立国会図書館蔵）

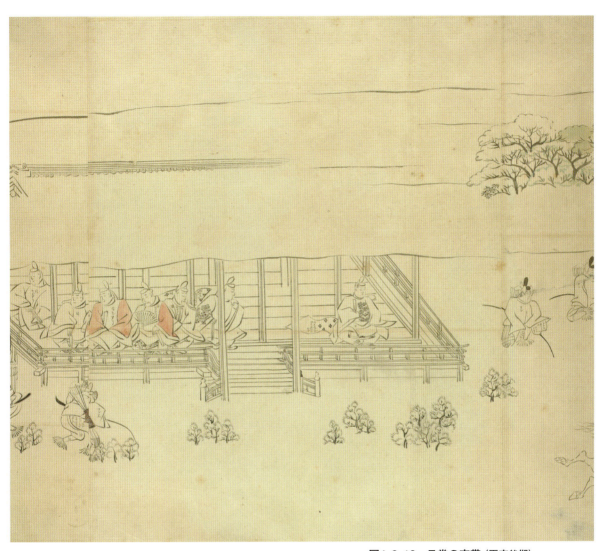

図4-2-12　日常の束帯（平安後期）
　夏の束帯である。（「年中行事絵巻」関白加茂
詣、国立国会図書館蔵）

図4-2-13　衣冠姿（平安後期）
　衣冠を着装した姿である。（「年中行事絵巻」賭弓、国立国会
図書館蔵）

男性の私服

　中期以降の上流貴族男性の私服は直衣でした。また狩衣は、下級貴族や武士の日常着でしたが、上流貴族も鷹狩や蹴鞠などのときには狩衣を着ました。

【直衣】基本的な構成は、烏帽子・直衣・衵（袿）・単・指貫・下袴です。烏帽子は、黒紗や黒絹に漆を塗り、高く立てた形の日常的な被り物です。この頃はまだ中国文化の影響が残っており、髷を露出するのは恥ずべきこととされたので床に伏す時も烏帽子を被りました（図4-2-16）。直衣は束帯の縫腋袍と同形の袍です。私服なので材質や色・文様は自由だったことから、「雑袍」とも称されました。皇族や関白・大臣など一部の公卿には、天皇より「雑袍聴許（雑袍許し・直衣許し）」が出され、直衣での参内が認められました。規制のない直衣での参内は、特権階級の象徴でした。ただし参内の際の装いは、必ず冠を被る冠直衣姿です。天皇も日常は直衣姿でしたが、後期には丈が長い「御引き直衣」が登場し、紅の長袴をはきました。

【狩衣】本来は野行幸すなわち鷹狩りの際に着用されたのでこの名があります。布製だったので布衣とも称されましたが、平安前期頃には既に絹製のものも見られました。平安時代には身分ある者は直衣、従者などは狩衣と地位で服装が分かれていましたが、上流貴族も狩衣を着て身分を隠すことがありました。狩衣の基本的な着装は、烏帽子・狩衣・衣・指貫ですが、身分の低い者や武士は指貫ではなく、狩袴（幅の狭い袴）を着けました。狩衣は闕腋の袍に似た形態ですが、袖付けか後ろ身頃のみ15cmほどしか縫いつけられておらず、弓を引く時などの動きに即したものです。前身頃は引き上げて

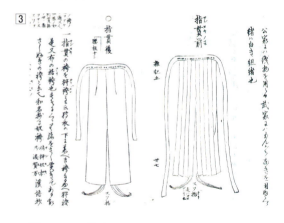

図4-2-14　狩衣

1 貴族の狩衣姿（鎌倉時代）（「春日権現験記絵」国立国会図書館蔵）

2 狩衣の図（近世）（『有職故実必携装束図式　下』国立国会図書館蔵）

3 指貫の図（近世）（『貞丈雑記』国立国会図書館蔵）

懐（膨らみ）をつくって紐で縛り、後ろ身頃は垂らしました。この垂らした部分を尻といいます。

図4-2-15　武士の狩衣姿（平安後期）
狩衣を着て、狩袴をはいた武士。（「伴大納言絵詞」国立国会図書館蔵）

図4-2-16　冠直衣と烏帽子直衣姿（平安後期）
夕霧が病の床に伏している柏木を見舞っている場面である。柏木は、烏帽子をつけたままの姿で床に伏している。一方の夕霧は、頭に冠をかぶった冠直衣で、幅広の指貫をはいている。柏木の昇進祝いを兼ねての見舞いなので、敬意を表しての冠直衣姿であろうか。
（「源氏物語絵巻」柏木、京都市立芸術大学芸術資料館蔵）

女性の公服

　平安時代の後宮には、天皇の妃や皇女たち、そして彼女たちに仕える女房とともに、内侍司などの後宮十二司で奉仕する女官たちがいました。女官たちは、天皇以下主人の日常生活に奉仕するとともに、大嘗祭をはじめとして裳着・元服の儀など臨時の祭りなどにも奉仕しました。これらの女官たちは部屋（房）をもらって暮らしていたので女房と称され、彼女たちの奉仕装束が唐衣裳装束でしたので、これを女房装束ともいいます。十二単の名称は、鎌倉時代後期の『源平盛衰記』が初見とされ、その名が広まるのは江戸時代です。

○物の具の唐衣裳装束：男性の礼服着用は江戸時代まで続きますが、女性の礼服は即位の時の高御座の御帳を掲げる役の者に限られ、正月や五節などのような晴の儀式の際の装いもすべて唐衣裳装束となりました。しかしこの場合はすべてのものを備えた礼装なので物の具の唐衣裳装束といいます。その構成は、髪上げ・簪・唐衣・裳・表着・打衣・重袿・単・張袴・領巾・裙帯・檜扇で、髪上げと簪は奈良時代の礼服を継承したものです。

　唐衣は奈良時代の背子が和様化したもので、上衣丈が短く袖幅も狭く、一番上に羽織って着ました。裳も、前代のロングスカートが後ろにのみ引く引き裳になったと考えられるものです。裳は最も儀礼的意味合いを持った服飾品で、中期以降の上流女性の成人式は裳を着ける儀式となり、裳着と称されました。表着・打衣・重袿はすべて同じ形の垂領広袖の衣です（図4-2-19）。一番表に着る高価な材質のものが表着で、その下の打衣は砧で打って光沢を出した紅色の華やかな衣です。重袿は基本的には五枚重ねを一組の単位としましたが、六枚重ね・七枚重

図4-2-17　唐衣の着装姿（平安後期）
　唐衣は平安後期の「源氏物語絵巻」や「年中行事絵巻」によると、晴れの場面でも、図のように肩からずり落ちた着方が一般的である。（「源氏物語絵巻」宿木、京都市立芸術大学芸術資料館蔵）

図4-2-18　裳（近世）
　裳の左右の長い帯は引腰で装飾用である。その前の短い帯は小腰で、これを前に廻して裾の上で締めて、裳を装着する。（『日本風俗畫大成　風俗資料』中央美術社、昭和4年〈1929〉より）

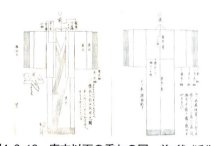

図4-2-19　唐衣以下の重ねの図　前・後（近世）
　表着・打衣・重袿はすべて同じ形の垂領広袖の衣である。（『貞丈雑記』国立国会図書館蔵）

図4-2-20　内教坊の舞姫（平安後期）
　髪上げをして、歩揺のついた天冠（宝冠）
をつけ、唐衣裳装束に領巾を掛け裙帯
を締めている。裳には引腰はなく、古
い形のものである。（「年中行事絵巻」内
宴、国立国会図書館蔵）

（全体図）

ねも見られました。

　平安前期までは裳（裙）の下にはかれていた袴が、裳（裙）が前まで廻らなくなった為に表に見えるようになり、形を整えて張袴となりました。糊を引いて張りを出し、丈も足首より長く伸びた長袴です。

○日常の唐衣裳装束：平安時代の女房たちは日常的な出仕の場合も唐衣裳装束でした。その構成は、垂髪・唐衣・裳・表着・重袿・単・紅袴です。髪型は日常の垂髪で、唐衣以下単までの衣装は物の具装束と同じですが、袴は張袴ではなく平絹製の長袴でした。唐衣と裳は出仕する際の必須アイテムですが、唐衣は省くこともありました。しかし裳は絶対に欠かすことのできない服飾品でした。上記のように奉仕する女房たちの装いは唐衣裳装束ですが、妃や皇女たちの日常は袿姿でした。

【汗衫（かざみ）】上流童女の正装に汗衫がありますが、これは童女の出仕服ともなりました。構成は、汗衫・袿・衵（あこめ）・単・表袴（うえのはかま）・長袴です。衵や表袴は男性の服飾品であり、下に半臂（はんぴ）や下襲（したがさね）を重ねる例も見られたことから、汗衫装束は基本的に男装であったことがうかがえます。汗衫は、図4-2-22に見られるような闕腋の長衣です。

【褶（しびら）】裳の代わりに女房が褶をつけた姿が見られます。褶については、辞典などは「地位の低い女房のつける簡単な裳」とか「婢女（はしため）の着流しの小袖に巻いた一幅・無襞の短裳のたぐい」と説明しています。しかし、『源氏物語』や『栄花物語』では宮家や高級貴族に仕える女房が着けており、その女房は地位が低くもなく婢女でもありません。恐らく褶は大腰や引腰などのない、古い形式の裳のようなものだったのではないでしょうか。

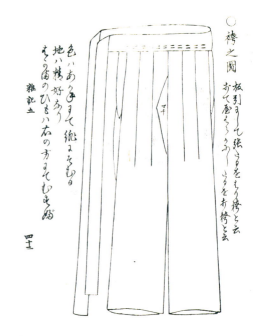

図4-2-21　張袴の図（近世）
平安前期までは裳（裙）の下にはかれていた袴が、形を整えて成立したもの。丈は足首よりもさらに長く伸び、糊を引いて張を出し、砧で打って光沢を出した長袴である。（『貞丈雑記』、国立国会図書館蔵）

図4-2-22　汗衫姿（鎌倉時代）
中宮たちに手水の水などを運ぶ汗衫姿の童女。（「枕草子絵巻」逸翁美術館蔵）

図4-2-23　女房の日常の出仕姿（平安時代後期）
　図のように、女房たちは日常の出仕の際は唐衣
を省略することが多いが、裳だけは必ず着け
た。（「源氏物語絵巻」柏木、京都市立芸術大学芸術
資料館蔵）

【湯巻・裳袴】 女房が湯殿や整髪などに奉仕する際に着用したものに、湯巻（今木）があります。足の分かれていないスカート状のものと考えられ、白生絹で作られました。

　下仕えの女たちも、小袖の上に湯巻と同形の裳袴を着けていました（図4-2-26）。

　湯巻と裳袴は着装すると区別がつきませんが、湯巻は巻きスカート状で、裳袴は脇を縫ったいわゆるスカート状のものと推測されます。

女性の私服

　天皇の妃以下、上流の貴族女性たちの私邸での日常は袿姿です。単と紅の長袴の上に袿を数枚重ねたものですが、私邸での少し改まった装いに小袿姿や細長姿があります。小袿は表着の身丈や袖幅を小さく仕立てたもので、人に会うときなどに袿姿の上に着用しました。この小袿の上に細長を重ねたのが細長姿で、私邸での宴など催しのときの装いでした。細長の形態は不明ですが、重袿・小袿の上に着るもので、しかも名称が「細長」ということから、闕腋で衽（重なりを補うために前身頃の左右につけられた部分）がなく、細く長く仕立てられた衣と考えられます。『源氏物語』でも、六条院で催された女楽の宴の際に、紫の上や明石の上は小袿の上に細長を装っています（若菜下）。

　出仕時の女房たちは、房に下がっているときでも裳は着けなければなりませんでした。しかし、私邸に下がったときなどは簡略な袿姿でいました。

　上流家庭の童女の日常の服装は衵姿で、袴の上に短い衵を重ねたものです。また、少し改まった時は、成人女性と同様に細長を上に重ねました。

図4-2-24　小袿姿の貴族女子（鎌倉時代）
　小袿は表着の身丈や袖幅を小さく仕立てたもので、人に会うときなどに重袿の上に着た。（「春日権現験記絵」、国立国会図書館蔵）

図4-2-25　貴族女子の夏の装い（平安後期）
　真夏には、私邸での貴族たちは、薄物を着用して暑さを凌いでいた。単衣袿からは肌が透けて見えている。（「源氏物語絵巻」夕霧、京都市立芸術大学芸術資料館蔵）

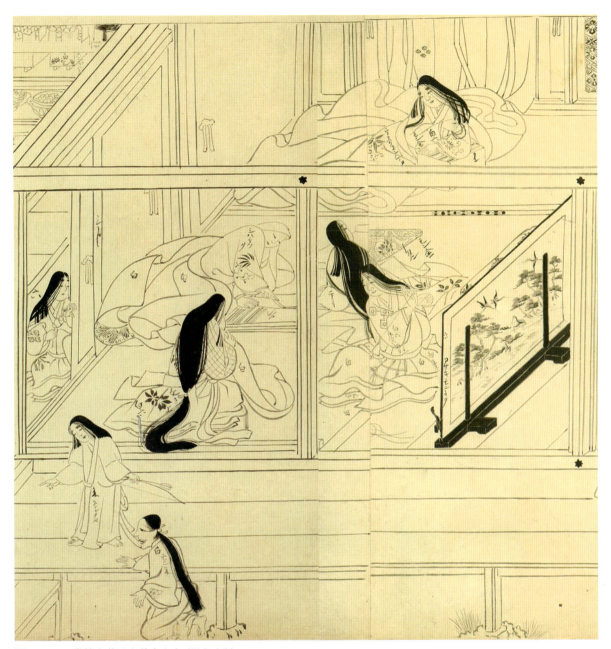

図4-2-26　裳袴を着けた仕女たち（鎌倉時代）

　裁縫をする下仕えの女性たちである。図から、裳袴は脇が縫ってあるスカート状のものであることがうかがえる。（「石山寺縁起」国立国会図書館蔵）

防寒用としての小袖（こそで）の着用

　平安後期になると、男女とも装束の一番下に小袖を着るようになりました。小袖とは、掌が通るくらいしか袖口の開いていない衣服の称で、その一種である筒袖衣（つつそで）は、古墳時代から奈良時代にかけて貴賤を問わず着用されていたものです。筒袖（小袖）は、その機能性から庶民の間で着用され続け、平安時代を通じて彼らの衣服は男女とも小袖形式のものが中心でした。しかし、貴族層の衣は平安前期頃から袖口が広くなり、中期には60cmほど袖口が開いている広袖（ひろそで）形式の衣が主流となりますが、この広袖は防寒には不向きでした。高床・柱構造の寝殿造りは、冬の寒さには無防備な建物だったので、貴族たちは冬を凌ぐために風の侵入の少ない小袖に目をつけ、これに綿（当時は絹綿）を入れて一番下に防寒用として着ました。

　この貴族の防寒用下着の小袖が、武家社会を経て表に出てくるようになり、庶民の経済力の向上も手伝って小袖の地位も向上し、近世の小袖文化が誕生します。

女性の旅装束

　平安時代の貴族女性も、ときには外出や旅に出ることがありました。その際には、袿姿の裾を歩行に便利なように引き上げ、腰を紐で結び、頭には市女笠（いちめがさ）を被るか、または被衣（かずき）（衣を一枚頭から被ること）をしました。このような外出姿を壺装束（つぼしょうぞく）といいます。当時は中流以上の女性は外の者に顔を見せることは恥ずべきこととされ、外出の際には必ず笠や被衣で顔を隠しました。特に上流女性の場合は、市女笠から棄垂ぎぬ（むしのたれ）（虫垂とも。薄い苧麻布が一般的である）を垂らして、全身を覆い隠しました。

図4-2-27　重桂の下の小袖（平安後期）
お歯黒をつけた口をあけ、楊枝を使っている曹司（女官の部屋）の仕女であるが、彼女は、桂重ねをほとんど脱いでおり、下着としての小袖の姿がうかがえる。（「病草紙」国立国会図書館蔵）

図4-2-28　壺装束（鎌倉時代）
市女笠に壺装束の女性と、被衣姿の侍女である。被衣姿の女性は重ねも少なく、小袖を被いている。また、神社仏閣に詣でるときは、前胸から背中にかけて赤い掛帯をかけた。（「石山寺縁起」国立国会図書館蔵）

図4-2-29 女性の旅装束（鎌倉時代）
市女笠から䕝垂ぎぬを下げて全身を覆い隠している上流女性の社寺参詣の姿。（「一遍上人絵伝」国立国会図書館蔵）

（全体図）

重ね美のファッション

　当時の貴族たちのおしゃれの第一のポイントは重ねの美です。男女とも重ねの配色に心を配りましたが、ただ美的に配色するというだけではありませんでした。配色に四季折々の植物名をつけ、その配色を着ることによりその植物の風情と季節感を装いに取り入れたのです。歌詠みを第一の教養とし、自然のうつろいに敏感に心を研ぎ澄ましていた彼らにとっては、四季折々の植物は生活の一部でした。この自然との関わりの生活の中で生まれたのが重ね色目です。

　重ねの配色は、一枚の衣の表と裏の配色が基本となります。当時の衣は真夏以外はすべて袷仕立てで、しかも袖口・襟元・裾などで裏が表におめり出る仕立てになっています。おめりは、元来高価な表生地の擦り切れや汚れを防ぐ目的で、比較的安い生地の裏を出すという実用から始まったと考えられるものですが、広い面積を占める表とわずかにのぞく裏とが配色の楽しみとなっていきました。また表が白色や薄い色の場合は、表全体の色が裏の色と重なったものとなります。貴族たちは、この表裏の配色の衣を幾枚か重ねて、さらに美的効果を高めました。

禁色
きんじき

　平安貴族が心得るべきものに禁色があります。禁色には二種類があり、一つは自分の位よりも上の位色や材質を着てはいけないというもので、他の一つは天皇の許しがなければ着てはいけないものです。前者は、奈良時代の衣服令を継承したものですが、平安朝で特権意識を助長させたのは後者の禁色です。それは、赤色（赤白 橡 。茶色味を帯びた赤）と青色（青白 橡 別名麴塵。青みを帯びた黄緑色）の織物の着用を
あかしらつるばみ
あおしらつるばみ
きくじん

季節	色目	表	裏	出典
春	梅	白	蘇芳	飾抄
		白	紅	式目抄
	紅梅	紅梅	蘇芳	飾抄・式目抄
	桜	白	蘇芳	式目抄
	柳	白	青	式目抄他
	牡丹	薄蘇芳	濃赤色	式目抄
		薄蘇芳	白	雅亮
	躑躅	蘇芳	紅	台記
		紅	青	式目抄
夏	卯花	白	青	式目抄他
	杜若	二藍	青	式目抄
		二藍	萌黄	物具抄
	瞿麦	濃薄色	青	式目抄
		薄蘇芳	青	物具抄
	菖蒲	薄紅	青	式目抄
		青	紅梅	雅亮
	藤	薄色	青	式目抄他
	花橘	黄	青	式目抄
秋	菊	白	青	式目抄他
	移菊	中紫	青	式目抄他
	黄紅葉	黄	濃黄	式目抄
		萌黄	黄	狩衣抄
	青紅葉	薄朽葉	黄	式目抄
		青	朽葉	物具抄
	萩	薄色	青	式目抄他
	紫苑	薄色	青	飾抄・式目抄
冬	枯野	香	青	式目抄他
	松雪	白	青	式目抄
	雪の下	白	紅	式目抄
		白	紅梅	雅亮
四季	松重	萌黄	紫	宸翰・式目抄
		蘇芳	萌黄	雅亮
	蘇芳	薄蘇芳	濃蘇芳	式目抄
	二藍	二藍	二藍	式目抄
	縹	縹	縹	式目抄
	浅黄	浅黄	浅黄	式目抄

雅亮：雅亮装束抄（平安末）　台記（1155年頃）　飾抄（1230年頃）　式目抄（鎌倉末）
宸翰：宸翰装束抄（1310年頃）　狩衣抄（1339年）　物具抄：物具装束抄（1412年頃）

表4-1　表裏の重ね色目一覧
　代表的な重ね色目の表裏の組み合わせの一覧。同じ色目でも、時代により組み合わせが異なる。表で「青」と記しているものは基本的には緑色である。これらの重ね色目は、それぞれの植物の季節にあわせて着用された。

許すというものでした。いずれも天皇が着る色で、天皇と同色を装うことが許されるという特権です。

図4-2-30　貴族女性の重ねの姿（平安後期）
　碁を打つ玉鬘の姫君たちであるが、袿の重ねの配色が美しい。(「源氏物語絵巻」竹河、徳川美術館蔵、徳川美術館イメージアーカイブ /DNPartcom)

季節	色　目	重ね袿	単
春	紅梅の匂い	薄紅梅から濃紅梅の順に5枚	青
	柳	表すべて白、裏薄青から濃青の順に5枚	紅
夏	菖蒲	青・濃青・薄青・濃紅梅・薄紅梅	白
	卯花	表すべて白、裏白・白・黄・濃青・薄青	白
秋	菊	表濃蘇芳から薄蘇芳の順に5枚、裏すべて白	青
	紅葉	紅・山吹・黄・濃青・薄青	紅
冬	雪の下	白・白・濃紅梅から薄紅梅の順に3枚	青
	紫の薄様	濃紫から薄紫の順に3枚・白2枚	白

『雅亮装束抄』より

表4-2　5枚重ねの場合の重ね色目
　代表的な色目の五つ衣の重ねの例。平安末期成立の『雅亮装束抄』の記載をもとに作成した。この重ね色目は平安期のものである。

3　庶民の服飾

　庶民の暮らしをうかがう資料は乏しく、その実態をつかむことは困難でしたが、平安後期になると、絵巻物に庶民の生き生きした姿が描かれるようになりました。

○庶民男性の服飾：男性の多くは、頭に烏帽子または頭巾状のものを被り、膝下丈の小袴をはいています。上半身には盤領の水干形式を着た姿が多いのですが、後の直垂に連なる垂領の広めの袖の上衣を着た者もいます。いずれも貴族たちと異なって、活動しやすいように上衣は袴の中に着込める形での着装です。多くは裸足ですが、草鞋や草履をはいている者もいます。

○庶民女性の服飾：女性の髪型は腰あたりまでの垂髪を後ろで縛っている姿が多く見られるのですが、肩ほどの丈で切りそろえた者もあり、かなり自由でした。服装は、筒袖の着流しに腰布を巻いた姿が大半ですが、腰布なしの者や手無し（袖なし）もあります。女性も、裸足とともに草履・下駄をはいた姿も見られます。

○庶民の子供の服飾：男子、女子ともに大半は放り髪（肩位の長さで切った髪）で、女子の場合は後ろで二つに縛ったものも見られます。頭には何も被っていないのが一般的ですが、中には額烏帽子（額に付ける黒い三角布）をつけている者もいます。衣服は、臂くらいまでの長さの筒袖、膝上丈の紐付き衣の着流しで、ほとんど全員が裸足です。

　当時は、乳幼児は一般的に裸でいたようで、乳児の場合は布などでくるまれていました。これは上流貴族も同様だったようです（図4-3-1）。

図4-3-1　貴族の乳児の姿（平安後期）
誕生50日の祝いの場面である。乳児は裸のまま白い布にくるまれていることがうかがえる。（「源氏物語絵巻」柏木、京都市立芸術大学芸術資料館蔵）

図4-3-2　庶民の乳児の姿（平安後期）
布を頭から被った庶民クラスの老女が裸の乳児を抱いている。老女の服装は小袖であろうか。（「伴大納言絵詞」国立国会図書館蔵）

図4-3-3　水干を着た庶民の男子（平安後期）
　柔らかい烏帽子や頭巾をかぶり、水干に小袴を着けた
姿である。水干の上衣は、袴の中に着込めている。（「伴
大納言絵詞」国立国会図書館蔵）

図4-3-4　庶民女子（平安後期）
　小袖の着流し姿に腰に布を巻き、子供の手を引っ張る
女性は、当時の典型的な庶民女性の姿である。（「伴大納
言絵詞」国立国会図書館蔵）

図4-3-5　直垂形式の衣を着た庶民の男子（平安後期）
　荷物を担ぐ男性は、萎烏帽子に広袖の垂領上衣に小袴である。（「年中行事絵巻」国立国会図書館蔵）

第 **5** 章
武家服飾の成立と発展の時代
〈鎌倉～室町時代〉

1 武家服飾の成立への道
鎌倉時代（12世紀末〜14世紀前半）

武家政権の成立と服飾

　この章のタイトルともなっている武家とは、武士の系統の家筋をあらわし、武士とはひとことでいえば、武技を職能とする戦士のことです。『愚管抄』の中で天台座主慈円は、保元の乱後、日本が「武者の世」になったと記しています。保元の乱は、天皇家の権力争いに摂関家内部の対立が加わり、それぞれの陣営に源氏と平氏の武士が結びついて起こった戦いでした。王権をめぐっての対立が、職能的軍事集団である武士の力によって解決したのです。特に後白河天皇側についた源義朝と平清盛が活躍を認められ、彼ら武士は世に実力を示して、武家としての地位を築きました。当時、武士は検非違使として勤めを行ったり、貴族の警固を行う際、官服系の衣服として狩衣や水干を着用していました。これらは公家系服飾の盤領仕立てであり、公家の規範に基づく衣服でした。

　そして、続く平治の乱では平氏の棟梁清盛が源氏の棟梁義朝を倒しましたが、勝者となった清盛はその後、太政大臣となり、さらに天皇の外祖父として権力を握りました。平氏一門は高位高官を占めて栄華を極め、『平家物語』では「公達」として描かれて公家の服飾をそのまま用いています。

　しかし、やがて平氏の独裁政権は貴族や諸国の武士、寺社などと対立することとなり、平氏打倒がはかられました。この戦いが一般に源平の戦いと呼ばれている合戦です（治承・寿永の内乱）。『平家物語』には、戦場での武士の活躍が、その軍装とともに華々しく描かれています。

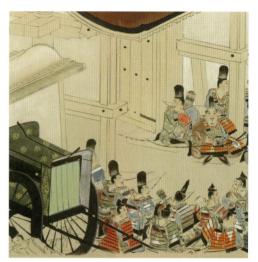

図5-1-1　烏帽子を立てて貴人を迎える武士たち
戦時には、兜の下に被った烏帽子を立てて、畏敬の念や恭順の意を示した。（『平治物語絵詞』国立国会図書館蔵）

図5-1-2　貴族の家の夜間警固をする侍（武士）
武士とは、「もののふ」「兵」「侍」ともいわれ、それぞれは武をもって公に仕える者、武器を持って戦う戦士、貴人のそばで警固する者の意味をあらわす。筒袖状の上衣と小袴を着たこの下侍は、となりの間で寝入る貴族を一晩中警固する役目をおびているものの、眠り込んでしまっている。弓矢と尻鞘の太刀を傍に置いている。（『春日権現験記絵』国立国会図書館蔵）

図5-1-3　脚を覆う行縢を着け、武芸の稽古をする武士
　武士は日頃から武芸の鍛錬を怠らなかった。直垂姿に鹿皮の夏毛の行縢を着けて、射芸の練習を行っている。行縢とは、乗馬の際に足全体を覆うもので、夏期の鹿の毛は黄色になり白い斑点が鮮やかとなるため、武士は好んでこれを用いた。
（『男衾三郎絵詞』国立国会図書館蔵）

【この時代にまで至る武士の来歴（武士とは？）】

　かつて律令制の中では、衛府などの役職についた貴族（武官）が禁裏や都の警衛にあたり、軍事に携わっていました。またさらに、平安時代の初めには令外の官である検非違使が設けられ、都の軍事・警察の役目を引き受けるようになりました。このような人々が武技を専門にする軍事貴族となり、やがては武士へと成長していったのです。また彼らは、地方の治安維持のためにも欠かせない存在でした。中央からは武芸に優れた貴族や武官が鎮守府将軍や国司として派遣され、彼らのうち一部は任期が終わってもその地に土着して力をのばしました。そのような中、10世紀前期に「承平・天慶の乱」が起こりました。この乱はいずれも地方の軍事貴族が朝廷に対して起こした反乱ですが、朝廷の命を受けた、やはり軍事貴族によって鎮圧されました。そして地方で起きた大乱を平定したことにより、軍事貴族は武士として社会的に認められるようになっていったのです。とりわけ源氏・平氏の両氏は、のちに武士の棟梁として地方の武士団を組織していくこととなります。

この戦いで平氏は滅び、一方この争乱の中から、鎌倉を本拠とする武士政権である鎌倉幕府が誕生しました。

　鎌倉幕府は関東に生まれた初の武家政権であり、源頼朝が征夷大将軍として機構を整えて支配権を拡大していきました（源氏将軍は3代で途絶えてしまいます）。しかし源氏将軍時代はまだ幕府の草創期であり、後の時代にまでも通じる「武者の世」の基礎が築かれたのは承久3年（1221）に起こった承久の乱以降であるといってよいでしょう。

　承久の乱は、いわば朝廷と幕府の間に起こった争乱です。源氏将軍が断絶すると、後鳥羽上皇を中心とする公家勢力は倒幕の兵を挙げましたが失敗に終わり、後鳥羽以下3上皇は配流となりました。そしてこれを機に、公家に対する武家の勢力は絶大なものとなったのです。幕府権力の絶頂となった時期に当たるのが、北条氏による執権政治の時代です。北条氏は3代将軍実朝の死後、京都の摂家将軍2代・親王将軍4代を立て、その後見として実権を握っていきました。そしていよいよ、服装についても武家独自の慣習が始まることになります。つまり、公家将軍が鎌倉に下向したことで公家の服飾文化も流入しましたが、鎌倉武士は、かつて平家が公家服飾の秩序に則ったのとは異なり、武家としての意識を反映した装いの規範をつくり出したのです。当時、鎌倉幕府において用いられていた衣服は狩衣・布衣・水干・直垂で、服飾としての格づけもおよそこの順でなされていました。しかし、ときに格づけの枠を超えて武家の意識を反映させながら、独自の装い方を定着させていきました。

図5-1-5　烏帽子を被り化粧をした、平家の都落ち
　大勢の武装した従者に交じって、立烏帽子を被り化粧をしているためか、顔が白いのが平家の公達である。（『春日権現験記絵』国立国会図書館蔵）

図5-1-4　物詣での装束を装う主人とともに神社を参詣する武士たち
先頭を進む主人は立烏帽子を被って公家系服飾の浄衣（じょうえ）を着、黒い沓（くつ）をはいている。それに対し御供の武士たちは、思い思いの直垂を着用し、裸足であとに続く。主従の秩序をあらわすとともに、武家社会の慣例も物語っている。（『一遍上人絵伝』国立国会図書館蔵）

図5-1-6　衣服の下に腹巻（鎧）を着ける下（しも）侍（ざむらい）
衣服の下に腹巻（鎧）を着ているのは、身体防御のためであろう。（「石山寺縁起」国立国会図書館蔵）

水干　〜武家時代の到来〜

　治承4年（1180）4月、平治の乱に破れ伊豆に流されていた源氏の嫡流、源頼朝のもとに以仁王の平家追討の令旨がもたらされました。これを受けた頼朝は「水干を着て、まず（源氏の氏神である）石清水八幡宮の方を拝み、そののち謹んでこの令旨を開いて見られた」と、『吾妻鏡』に記されています。当時の水干は衛府の下級官人の服装でしたが、これを装う頼朝の姿は、まもなく訪れる本格的な武家時代の到来を予告するものとして印象的です。

　水干の仕立ては、公家服飾の特徴である盤領形式です。闕腋で、身幅は一幅と狭いため、袖は後身頃に5寸（約15cm）ほど縫われているだけです。前身頃の部分も袖を縫いつけると、動作の際に引きつれを起こしてしまうことから、このような仕立てになっています。また、身丈が狩衣よりも短く、着方が2通りありました。一つは狩衣のように上衣の裾を袴の上に出して着る方法で、もう一つは上衣を袴の中に着込めて着用する方法です。後者の着方をした場合は上下衣形式となり、より簡便な装いとなります。

　襟は盤領形式に仕立ててはありますが、盤領・垂領どちらにも装うことができました。盤領として着る場合は、頸上（スタンドカラーの襟）の先端についた前緒と後ろ襟中心部分についている後緒の2本の紐を、右頸脇で結びます。垂領に着る場合は、前身頃を内側に折り込んで、前緒を左脇に出して、右肩側からの後緒と結んで着ました。特に垂領にして上衣を袴の中に着込める着方は、身体に副うため鎧の下に着ることもでき、公家系服飾から武家系服飾に移行する中間をなす装いといえます。

　そして、袖口には括り紐を通して袖を括り、動作をしやすくすることが可能でした。この衣

図5-1-7　水干を装う武士の主従

馬からおりて貴人の行列の様子を見まもる主人は、弓箭を帯びている。3人の従者のうち正面を向いた男性は、やはり弓と矢を携え、水干を垂領に着ている。（「石山寺縁起」国立国会図書館蔵）

図5-1-8　盤領と垂領の図

盤領（左）と垂領（右）。（『貞丈雑記』国立国会図書館蔵）

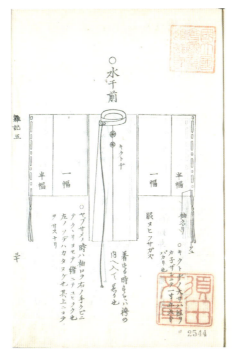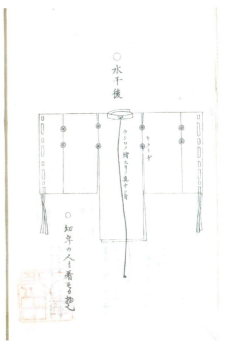

図5-1-9　水干の図

水干の菊綴は、およそ以下の箇所につけられた。
上衣（水干）……背面の袖付部分、端袖と奥袖の縫い
合せ目、前身頃と衽の縫い合せ目（胸前）
下衣（袴）……股立、膝上の縫い目部分
（『貞丈雑記』国立国会図書館蔵）

図5-1-10　菊綴のついた水干を袴の上に出し、盤領に装う姿

巻纓の冠（「冠」の項参照）を被っており、貴族の御供の随身
と思われる。前身頃の胸前および奥袖と鰭袖の縫い合わせ部
分につけられた菊綴の輪郭が円形に描かれており、水干であ
ることがわかる。（「石山寺縁起」国立国会図書館蔵）

図5-1-11　水干の上衣を垂領に着た図

水干を垂領に装うと、紐は右肩から左脇に交差
することになる。（『貞丈雑記』国立国会図書館蔵）

服の特徴は、菊綴という飾りがつけられたことです。この飾りはもともと縫い目を補強するためのもので、組紐を綴じ結び、紐の先端をほぐし散らして菊の花のようにしたものです。水干装束を印象づけるものであるため、やがて装飾性に重点が移っていきました。

ところで京都の公家は、大鷹狩や私的な外出など、朝廷公事から離れた場での軽快な服装として水干を用いていました。『明月記』には筆者である藤原定家が、後鳥羽上皇の御供で水無瀬の離宮に赴いた際の自らの服装を「赤紐の括りがついた褐色の水干を着て白い葛袴をはき、(水干の)下には黄色の綾衣を着た」と記しています(正治2年〈1200〉12月23日条)。褐色の水干の袖付の開いた部分からは下に着ている黄色の衣がのぞき、褐色・赤・黄・白の配色の効果が演出されているのです。水干は、公家にとっては色彩の工夫や文様の表現などが自由にできる遊興の衣服であり、また都の武士にとっては貴族に侍って警固する際に、主家の格調を示すものであったと考えられます。

鎌倉武士たちの水干装束は、やがて武家特有の意味を持つ衣服として位置づけられるようになります。武を主張することを意図した将軍出行の行列では、有力武士が水干に弓箭を帯して供奉(御供として行列に加わる)したほか、幕府の重要儀式である弓始の射手の装束となりました。そしてこの慣習は「右大将家(頼朝)の時代に始まった嘉例(めでたい例)」として、後世にまで受け継がれていくのです。

前述のように『吾妻鏡』の冒頭を飾るのは、平家追討の令旨を受ける頼朝の水干姿でした。これは水干が、仕立ては盤領、着装は垂領に行われ、公家風から武家風への過渡期の衣服であることを考えると、武家時代の幕開けを語るにふさわしい描写だったといえるでしょう。

図5-1-12　左手に鷹を据え、水干を軽快に装う公家

公家はしばしば鷹狩を行った。『古事談』には、藤原忠実が鷹狩の有職について語ったところによると、小鷹狩には狩衣を着、大鷹狩には水干を用いたとある。公家にとって水干とは、スポーツウェアにあたる衣服であった。(『春日権現験記絵』国立国会図書館蔵)

図5-1-13　水干小袴姿の牛飼童

水干は召使の童や牛飼童の衣料でもあった。牛飼童は牛を使って牛車を進ませる者であるが、成人しても垂髪のままでいるため「童」と呼ばれた。向こう側の童は水干を盤領に着、手前の童は垂領に着て小袴をはいている。2人ともひげを生やし、露頂である。(『石山寺縁起』国立国会図書館蔵)

図5-1-14　水干を盤領に着て、弓矢を帯びた随身

水干装束に武官の冠を被っている。随身は貴人の外出に際し、警衛のためだけでなく、威儀を示すためにも御供として従った。水干の袖の割れ目（開き）と袖先からは下に着た衣服が見え、配色が生じている。行列を彩るためにも華々しく装った。（『春日権現験記絵』国立国会図書館蔵）

直垂
～武家服飾の確立と武家としての誇り～

　武士は古くから直垂を用いてきました。直垂はもともと庶民の衣服であると同時に、身分の高くない武士にとっても衣生活の中心をなすものだったのです。木曾（源）義仲は、頼朝と同じく以仁王の令旨を奉じて挙兵し、平氏を都落ちに追い込んだ武士ですが、木曾山中で育ったため粗暴かつ無骨であった様子が『平家物語』（巻第八「猫間」）に滑稽に描かれています。彼は院の御所へ参上する際、「官位を与えられ、しかるべき立場となった者が直垂で出仕するわけにはいかない」といって、公家系服飾の狩衣を初めて着ました。しかし、武装した時とは違い、着慣れないその装いは不体裁で見苦しかったとあります。このことからも、武士は平素、直垂になじんでいたことがわかります。

　しかしその後、政権をゆるぎないものとするに従い、武士は「御成敗式目」に代表される独自の武家のならいをつくり上げていきました。服飾においては、古来より慣れ親しんで用いてきた直垂を、形式を整えて服飾史の舞台に登場させたのです。

　前述のように直垂は庶民の衣料にその起源をもち、袖細とも呼ばれる筒袖の上衣と袴の、上下衣形式から発しました。

　上衣の形は、水干が盤領に仕立てられ、着方次第で垂領にもなるのとは異なり、もともと垂領仕立てになっています。また、水干の一幅仕立てに対し身は二幅です。闕腋で、前身頃には衽がなく、胸元の襟の左右に付けた胸紐を結んで着用します。身丈は袴の中に着込めるため、腰までの長さです。袖は前後とも身頃にきっちりと縫い合わされ、袖口には袖括の緒をつけました。この緒で袖口を括り、先に垂らした部

図5-1-15　筒状の袖と小袴からなる庶民の直垂
　直垂はもともと庶民が用いていた衣服であった。筒状の袖で袖口は狭く、袴は四幅の小袴で、上衣を着込めた。（「石山寺縁起」国立国会図書館蔵）

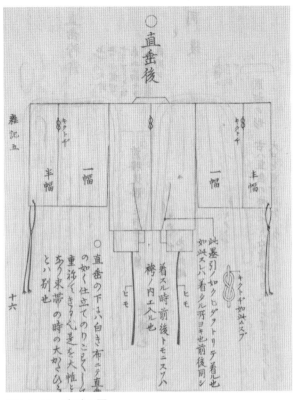
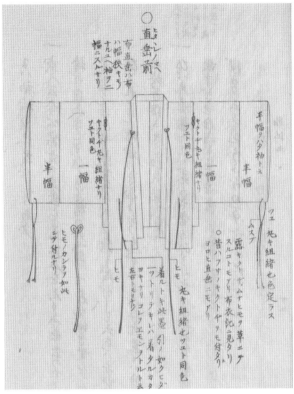

図5-1-16　直垂の図

　直垂は身二幅の闕腋で、垂領仕立てである。一見、今日のきものの形態に似ているが、胸元や裾がはだけないためにつける衽（左右の前身頃の前襟から裾まで縫いつける半幅の布）がつかない。襟は前身頃に直接縫いつけられており、左右についた紐を結んで、引き合わせて着る。そのために前身頃は後身頃より長く仕立ててある。また、袴の中に着込めるため丈は短く、腰までの長さである。袖は前後とも身頃に縫い合わされ、袖口には袖括の緒をつけたが、垂らした緒の先を露といった。のちには、この露の部分だけを下げるようになった。（『貞丈雑記』国立国会図書館蔵）

図5-1-17　結び切りの菊綴のつく水干を着用する侍

　直垂の菊綴は水干と同じ位置につけられたが、結び切りとし、さらに時代が下ると「もの字」の形に結んだ。この図では、袖付・端袖と奥袖の縫い合わせ目・袴の股立に、結び切りした赤い菊綴が見られる。（『慕帰絵詞』国立国会図書館蔵）

分を露といいます。さらに水干と同様、菊綴を
つけましたが、房状にはせずに結び切りにする
か、「もの字」の形に結びました。

　やがて直垂は出仕の服になりました。その頃
には、袖丈のすべてが袖口として開いた広袖と
なります。下衣の袴については、腰（袴の腰紐）
は白であり、四幅から六幅となって、上衣と同
様に寛闊化します。

　『徒然草』には、北条宣時（執権北条貞時の連
署を務めた人物）が語った昔がたりがあります。

　「ある夜、最明寺入道（北条時頼）からお召
しがあった。着て行く直垂がないので手間どっ
ていると再び使いが来て、夜のことだからどん
な服装でも構わない。とにかく早く来るように
とのことだった。それで、なえた直垂（糊が落
ちてくたくたになった直垂）で参上した。入道は
宣時といっしょに酒を飲もうと思い呼び出した
のだが、肴がなかったので、台所にある土器
についていた味噌で酒を酌み交わした。当時は
こんなにも質素なものだった」

　当時の生活の様子を物語り、鎌倉武士が質素
倹約を旨としたことがわかります。このように、
武士たちは出仕にも家居にも直垂を着用するよ
うになりました。出仕用には糊づけされた立派
なものを用意し、ふだん用には着古されたもの
を用いていたのです。

　一方、公家将軍とその伺候の東下（鎌倉に下
向した）の公家たちは、鎌倉の地においても京
の公家社会での慣習に則った衣生活を頑なに
続けていました。そのため、垂領の直垂を表む
きの衣服として着用することはせず、盛儀には
束帯で臨み、その他は盤領の公家系服飾を用い
ていました。しかし、武家独自の儀式である
乗馬始の儀（男子が初めて馬に乗る儀式）にお
いては、事情が違いました。親王将軍も、こ
とさら直垂の出で立ちでこれに臨んだのです。

図5-1-18　鎌倉幕府有力御家人（安達泰盛）邸に仕える武士たち

腰に火打袋を下げて立ち上がる侍と、太刀に寄りか
かって居眠りをする侍の直垂の袖口はやや狭い。しか
し、袴の幅は六幅と広くなり、後ろに襞がとられている
（手前の侍）。また、立ち上がっている侍の袴の裾はふく
らみをもちながらたるんでおり、裾を下括にして着用
している様子がわかる。いずれも皆、袴の腰（腰紐）は
白である。（『蒙古襲来絵詞』宮内庁三の丸尚蔵館蔵、中央
公論新社刊『日本絵巻大成14　蒙古襲来絵詞』より）

『蒙古襲来絵詞』

　『蒙古襲来絵詞』は、鎌倉時代の肥後国御家人竹崎季長が、
文永の役・弘安の役に出陣した際の戦功を絵にして記録
させたものである。
　上巻には、季長が文永の役（文永11年〈1274〉）に一番
駆けの戦功をあげたにもかかわらず、恩賞が出ないこと
を不服として鎌倉の地に赴き、恩賞奉行の安達泰盛に
直訴して所領を安堵され、馬を賜わる様子が描かれてい
る。
　また、下巻の冒頭部分には、弘安の役（弘安4年〈1281〉）
に蒙古軍を迎え撃ち負傷した河野道有を、季長が見舞う
場面が描かれている
　これらにより、武家の館の人々の様子をうかがい知るこ
とができる。

図5-1-19　上級武士（安達泰盛）の直垂姿
　幕府有力者である安達泰盛の直垂の袖は広袖で、上級武士の威光を示している。これは、図5-1-18の下級武士の狭い袖口の直垂とは対照的である。シルエットに張りがあることから、糊づけされていたと考えられる。また、鎌倉時代には、武士が幕府に出仕する際の直垂は、広袖が正式となった。（『蒙古襲来絵詞』宮内庁三の丸尚蔵館蔵、中央公論新社刊『日本絵巻大成14　蒙古襲来絵詞』より）

図5-1-20　竹崎季長と下賜の馬を引く厩別当
　竹崎季長が広袖の直垂姿で描かれているのは、礼装をして恩賞奉行の安達泰盛に敬意を示すだけでなく、栄誉を表現するためであると考えられる。（『蒙古襲来絵詞』宮内庁三の丸尚蔵館蔵、中央公論新社刊『日本絵巻大成14　蒙古襲来絵詞』より）

図5-1-21　直垂姿の執権北条時宗（8代執権）主従と一遍上人の邂逅
　鎌倉における武家社会では、直垂が基本的な衣服であった。幕府最高権力者である北条時宗は直垂姿で馬に乗り、直近で警固する武士と騎馬で御供する主従を従えている。いずれも直垂を着ているが、上位の者は六幅袴をはき、下部は小袴をはいている。（『一遍上人絵伝』国立国会図書館蔵）

たとえ皇族であっても武家の棟梁であるからには、武士が古来から着用してきた直垂を着ることが定めであり、また道理でもあったのです。

ところで、将軍が各所に出向く際には、御供の武家たちが従いました。その行列において特に、直垂を着て剣を帯び、将軍の乗る輿や車（牛車）の両脇を警固した武士に注目してみたいと思います。『吾妻鏡』によると、この役は建保7年（1219）正月に、3代将軍実朝が鶴岡八幡宮での右大将拝賀の儀式の時に殺害された事件をきっかけとして置くことになったと説明されています。彼らは変事の際に主君を直接護る使命を帯びているため、武に長けていなければなりませんでした。そのため、御家人のなかから「壮士（勇ましい者）」が「清撰された（えりすぐられた）」のです。しかし武勇に優れていれば誰でも選ばれたわけではありません。彼らは将軍御所内の番役を勤め、将軍に近侍することのできた上級武士たちでした。また、『吾妻鏡』仁治2年（1241）の記事には、この役を勤めるためには「芸能」に秀でていることが要求され、一芸を始めるよう奨励したことが記されています。この「芸能」というのは手跡（文筆）・弓馬・蹴鞠・管弦・郢曲（朗詠）などであり、都から迎えた将軍のあらゆる望みに応じることができるよう、技芸に通じている者が望まれたのです。

これらのことから、将軍の直近を警固する供奉人（御供として仕えた人）たちとは、武技に長じた勇士であることはもとより、学問や芸能の素養もある上級武士だったことがわかります。そして、武士が歴史的に果たしてきた主君を警衛する役を務める際に、直垂帯剣の装束だったのです。直垂を着て剣を帯びる姿は、まさに武家の象徴ともいうべきものだったことは間違いありません。

図5-1-22　主人一家の旅立ちに際し輿をかつぐ下侍たちと、主人が乗る馬の馬副・警固の武士

輿をかつぐ下侍は、直垂小袴の服装で控えている。また、手前の2人の直垂は広袖である。輿舁きたちよりも身分が上なのであろう。（「石山寺縁起」国立国会図書館蔵）

図5-1-23　同じ文様の直垂を着て、牛車に乗る貴人の警固にあたる3人の武士

　牛車の轅の傍に控えた2人と、車輪越しにわずかに姿が見えている車の後方にいる1人の武士は、同じ文様の直垂を着ている。高位の貴族や有力武家などの他行は、衆目を集めるものであった。そのため、御供の武士の服装も立派なものに整え、行粧を刷った。（『春日権現験記絵』国立国会図書館蔵）

狩衣・布衣
～儀礼・社交の場での装い～

水干や直垂と並んで武家が用いた衣服に、狩衣もありました。狩衣は前代、麻布製であったことから布衣とも呼ばれた公家系服飾です。この衣服は、鎌倉武家の世界では独自の用いられ方がなされていました。

ところで、『平家物語』巻第一「殿上闇討」には次のような描写があります。

鳥羽院のときに平忠盛（清盛の父）は初めて内裏の殿上の間に昇殿をゆるされましたが、これを憎んだ殿上人たちが彼を闇討にしようとしました。しかし忠盛は、束帯の下に差した短刀を見せつけ、さらに武装した郎等を同伴させました。戦を本業とする武士としてふるまうことで殿上人たちを威圧し、難を切り抜けたのです。その郎等は「薄青のかり衣のしたに萌黄威の腹巻を着て、弦袋（弦巻）をつけた太刀を脇にはさむ」といういで立ちで、殿上の前の小庭に畏っていました。しかし、怪しんだ蔵人は「布衣の者がいるのは何者だ、無礼である。退出せよ」と咎めるのです。

ここでは、狩衣を着た郎等のことを「布衣の者」といっており、「布衣の者」という呼び方は、これを着る身分に対する蔑みであることもうかがえます。また、武家に仕える郎等だけではなく、都にあって武士は、侍として禁裏や貴族の警固にあたる際、水干とともにこの狩衣形式の衣服を着ていました。

鎌倉幕府では、将軍の外出には武士たちが御供として随行したことを述べましたが、おもだった行列の編成は、武装した随兵・直垂を着て帯剣した者・「布衣の者」の3種から成っていました。「布衣の者」は3種類の供奉人の中の多数を占めており、将軍の乗った輿や牛車のあと

図5-1-24　衣服の下に腹巻（鎧）を着る侍
盤領仕立ての衣服の前身頃を内側に折り込んで垂領に着、下には防御のために腹巻鎧を着けている。（「石山寺縁起」国立国会図書館蔵）

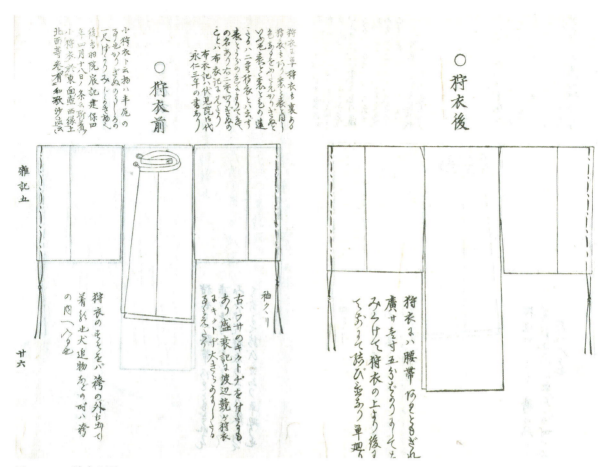

図5-1-25　狩衣の図

形態は闕腋で盤領形式、身は一幅であり、袖は後身頃に5寸（約15cm）ほど縫ってあるだけである。そのため、袖付の開いた部分から下に着ている衣が見え、袴の色・文様との組み合わせなど、装い全体としての配色の工夫を凝らすことができる。都にあって武士は、侍として禁裏や貴族の警固の任を果たす時、水干とともにこの狩衣形式の衣服を着用していた。（『貞丈雑記』国立国会図書館蔵）

に布衣を着て騎馬で随行しました。馬に乗って御供をすることができるほどの身分の高い武士たちだったのです。

ところが、この「布衣の役」を辞退した記事があり、そこには「布衣の役を命ぜられたが、急なことだったので狩衣を用意することができず、この役を辞退申し上げた」と記述されています。（『吾妻鏡』弘長元年〈1261〉8月5日条）

このことからすると、当時の鎌倉における布衣とは、狩衣形式の衣服を示す汎用性のある呼称であったと考えられます。では、武士たちにとってどのような衣服だったのでしょうか。

鎌倉幕府の一年の行事は年始の垸飯にはじまり、政所始・評定始など、さまざまな儀式が用意されていました。そしてこれらに臨む時、武士たちは布衣姿で列席したのです。将軍出行の際に付き従った布衣の供奉人については前述のとおりですが、彼らのほとんどはこの年始の垸飯出仕衆の中から選ばれています。また当時、公家将軍臨席のもとに和歌会・蹴鞠の会・管絃の遊宴などが開かれましたが、東下の公家たちとの交わりの場においても、布衣は社交服として着用されました。これらの行事につらなることができる武士は、守・介・衛門尉・兵衛尉などの呼称で示される特定の有力御家人たちです。このように布衣は、官位を持つ上級武士にとっての万能の改まった装いだったといえるでしょう。

ちなみに『吾妻鏡』の記事において、同一の場に狩衣姿と布衣姿の両者がいる場合、狩衣着用者のほうが身分が上であることから、狩衣は布衣よりも格上であったということができます。

いずれにせよ上級武士たちは、この公家系服飾を、武事とは一線を画す、都雅な儀式や社交の場での装いとして用いていたのです。

図5-1-26　狩衣姿の上級武士（5代執権北条時頼）
烏帽子を高く立て、袴は糊づけされて左右に強く張り出して権威を示すべく、強いシルエットを作っている。また、肩から前身頃にかけての開きから、下の衣が見える様子が立体的に刻まれている。袴は足首の部分が詳細に表現され、八幅のたっぷりした指貫を下括にした装い方が写実的である。（「北条時頼像」建長寺蔵）

図5-1-27　唐草文の狩衣を着る上級武士（15代執権金沢〈北条〉貞顕）
金沢（北条）貞顕は第15代執権。学問を好み、和漢の書籍を多数収集・筆写して、金沢文庫を完成させた文化人であった。画像に描かれている狩衣には金泥で唐草文が、そして下に着た衣には銀泥で竹文が描かれており、豪華な織物で仕立てられていたことを物語っている。（称名寺蔵、神奈川県立金沢文庫保管）

図5-1-28　豪奢な有紋の狩衣を装う上級武士（金沢貞将〈金沢貞顕の子〉）

狩衣は貞顕と同様に、豪華な文様を織り出した布地で仕立てられている。　『御成敗式目』は北条泰時によって作られた最初の武家法であるが、その後も追加法として多くの幕府法が出された。延応年間（1239〜1240）に出された法令の中に次のような定めを見出すことができる。「（五位の位をもつ）諸大夫以上のほかは、文様のある狩衣を着てはならない」。この背景には当時、五位以上の位をもたない者が、文様のある豪華な狩衣を着用したという実情があったことがうかがえる。有文の狩衣は特定の高位の者しか着ることのできない、武家社会における権威をあらわす衣服だったと考えられる。だからこそこれを着た者が続出し、幕府側は禁令を出したのであろう。（称名寺蔵、神奈川県立金沢文庫保管）

被り物　〜烏帽子〜

　平安時代に引き続き、鎌倉時代には公家・武家とも、男性は必ず被り物を被っていました。当時の武士が用いていた代表的なものは立烏帽子と折烏帽子です。

　これらは黒く染めた羅、紗、平絹を縫い合わせて袋状にしたものに薄く漆を塗って仕上げられました。

　直垂を着用した際の被り物には立烏帽子と折烏帽子があり、いずれも場に応じてどちらを被るかが決められていました。鎌倉武士が将軍に随行する時の被り物についても同様で、そのつど下達が行われています。

　幕府法や触書で被り物を規定した背景には、混沌としていた立烏帽子と折烏帽子の被り方に一定の秩序を立て、武家のならいをつくり出そうとする意図があったのです。では、これらはどのように使い分けられていたのでしょうか。

【立烏帽子】　まず立烏帽子は、前代以来公家が主にこれを用い、烏帽子といった場合には立烏帽子のことを指しました。しかし、後に何種類も折烏帽子が誕生することにより、高く立てたものを立烏帽子と呼ぶようになったのです。

　武家においても、威儀を正したり自らの優位を示す際にも用いました。『源平盛衰記』（第三十九）には、一ノ谷の戦に敗れて捕虜となった平清盛の五男の重衡が鎌倉の地に送られ、頼朝と対面する場面があります。その時頼朝は、直垂に立烏帽子という姿で相対しています。捕らわれの身とはいえ、平家の公達である重衡に対し、礼遇の意思をあらわしたと考えられます。

　また、公家将軍も直垂を着ることがありましたが（「直垂」の項参照）、その際には必ず立烏帽子を被っていました。これは被り物を高く立てることにより、周囲に対して自らの優越を示

図5-1-29　立烏帽子（左）と折烏帽子（右）
立烏帽子は頂辺を高く立てたままの形、折烏帽子は頂辺を折りたたんだ形である。立烏帽子・折烏帽子ともに、色はいずれも黒である。（『平治物語絵詞』国立国会図書館蔵）

図5-1-30　脱げ落ちやすい、固塗された立烏帽子
高く立てた上に固塗された立烏帽子は、脱げ落ちやすかった。石山寺に参籠中、ついつい居眠りをして立烏帽子が落ち、髻があらわになっている。髻は長く束ねて結われ、月代が剃られていることがわかる。脱げ落ちた立烏帽子の内側には、髻に結びつけるための紐が取りつけられている。（「石山寺縁起」国立国会図書館蔵）

図5-1-31　立烏帽子（後嵯峨院）
立烏帽子は頂辺を高く立てるとともに、正面にくぼみを作って被った。このくぼみの上部、峰の突き出たところを「招き」
といった。平安時代末には強装束の風が起こり、それ以降、衣服だけでなく烏帽子にも漆を厚く塗って固く作られるよ
うになった。（宮内庁三の丸尚蔵館蔵、中央公論新社刊『続日本絵巻大成18　天子摂関御影』より）

す一つの表現でもあったのです。

【折烏帽子】　もともと武士は戦場で、兜の下に柔らかな烏帽子を被っていました。髻を納める巾子形式を残しながら、烏帽子を細かく折って被りました。これが折烏帽子です。

　保元の乱の後に起こった平治の乱は、後白河上皇の近臣間の対立に、平清盛と源義朝の勢力争いが絡んで起こった内乱です。

　義朝方は、清盛が一族で熊野詣に出かけた隙をついて挙兵し、天皇・上皇を幽閉しました。しかし、急ぎ帰洛した清盛は天皇を脱出させ、六波羅の自邸に迎え入れました。その時、召出された武装姿の彼は「折烏帽子を引き立てて大床に畏まった」(『平治物語』「待賢門の軍の事付けたり信頼落つる事」)とあります。この所作は、天皇への尊崇と忠誠心を示すものだったのです。

　戦場においては、それとは逆の意味で折烏帽子を立てることもありました。上級武士が威風をあらわしたり雄姿を誇示したりするために、筒状に引き立てたのです。

　そして、折烏帽子には右折りと左折りがありました。『源平盛衰記』(第二十二)には、石橋山の戦で敗れた源頼朝一行が、真鶴へ落ちて行く途中で遭遇した珍事が述べられています。

　一行は戦場から兜を捨てて逃れてきたため、被りものもなく、一目で落人とわかる風体でした。そこへちょうど烏帽子商人が通りかかったので、一行の烏帽子を作らせました。すると、皆の烏帽子が右折りだったにもかかわらず、なぜか頼朝のものだけが左折りにできあがりました。この不思議はつまり、源家の大将は代々左折りを被るのが慣例であることから、八幡大菩薩の霊験によるものである、とつづられています。

　いずれにせよ、武士は戦場での軽便さをはじ

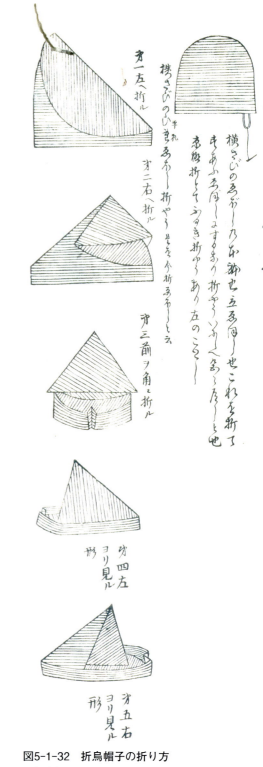

図5-1-32　折烏帽子の折り方
折烏帽子を作る際、折りはじめに頂辺を正面に向かって右に折り伏せた場合を右折りといい、左に折り伏せたものを左折りという。(『貞丈雑記』国立国会図書館蔵)

図5-1-33　手厚いもてなしを受ける立烏帽子の賓客（武士の館にて）

　館の前を一遍上人が通りかかるのを見つけた信心深い亭主（武士）は、庭に下りて一遍から念仏を受けた。家の中には立派な立烏帽子を被る客人の男性が上座に座り、手厚くもてなされている。庭にはその従者たちが控えており、縁近くに置かれた円座は、さきほどまで亭主が座っていた席である。身分の高い客人の接待をなげうってまで、一遍に帰依した亭主の様子を描くためにも、立烏帽子の高さは強調されている。（『一遍上人絵伝』清浄光寺〈遊行寺〉蔵）

**図5-1-34　烏帽子を立てて畏まる
武士たち**

　平治の乱の際、平清盛は二条天皇を内裏から平氏の六波羅邸に脱出させた。この場面に描かれているのは、天皇の行幸を畏って迎える武士たちである。戦時のため甲冑を着けているが、天皇に敬意を示して、ほとんどの者が烏帽子を立てている。（『平治物語絵詞』国立国会図書館蔵）

め、行動しやすいように烏帽子を折りたたんで用いました。つまり、折烏帽子は武士特有の被り物だったのです。

のちの『太平記』巻二十一「天下時勢粧事」には、そのことを示すくだりがあります。

元弘3年（1333）に鎌倉幕府が滅亡し、後醍醐天皇の建武の新政は成立したものの、やがては行きづまって、南朝と北朝に分裂してしまいます。そして、公家方と武家方の戦いが繰り返された末、武家方の優位が明らかとなります。その結果、名門の公家たちは有力武士に追従する始末で、あげくの果てには「使ったことのない坂東なまりを使い、被り慣れない折烏帽子を被って武士の真似をしようとした。しかし動作が優雅である上、額の部分が下がってしまい、公家とも武士ともつかぬ態様だった」と記述されています。公家たちは武士に紛れるために、通常は用いない折烏帽子を被ったのです。このことから、公家は立烏帽子を、そして武士は折烏帽子を用いることが通例だったことがわかるのです。

また、鎌倉武士の花形的存在ともいえる「直垂帯剣」の武士たち（96ページ参照）も、折烏帽子を被って供奉していました。つまり直垂折烏帽子の装いとは、武家を象徴する姿であったといえるのです。

【侍烏帽子】　折烏帽子は「烏帽子を引き立て」という描写からもわかるように、もともと柔らかな材質でしたが、次第に硬化していきます。中でも立烏帽子を細かく折り、その上に漆を塗って固めたものを侍烏帽子といいました。

被り方はまず、髻の根元に「小結」という紐を結び、この紐の結び余りを烏帽子後部にあけられた穴から引き出して外側で結びます。こうすることで、烏帽子が落下するのを防ぐので

図5-1-35　折烏帽子を作る烏帽子職人
火箸ではさんだ熾火（おこした炭火）で熱を加え、烏帽子の形を整えている。傍らには、これから折る烏帽子が置かれている。（『職人尽歌合』国立国会図書館蔵）

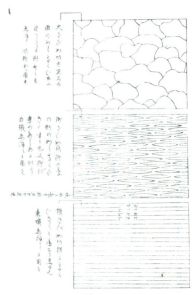

図5-1-36　烏帽子の皺
上から大皺・柳皺・横皺。大皺は皺を大きく粗くよせ、柳皺は柳の葉のように横に細い皺をよせた。横皺は横広がりの皺を一面に寄せて漆を塗った。（『貞丈雑記』国立国会図書館蔵）

図5-1-37　折烏帽子を被り弓を張る武士
　武士は日常、武芸の稽古だけでなく、道具の手入れも行っていた。2人が弓を逆側に湾曲させ、残りの1人が弦を張っている。3人がかりで弦を張るほどの強い弾力を持つ弓であるところから、「三人張の弓<small>（さんにんばり）</small>」といわれる。3人は直垂に折烏帽子を被っている。（『男衾三郎絵詞』国立国会図書館蔵）

す。

　また、髻を納める部分（巾子形）はやや高くつくられ、「招き」と称しました。戦場や武芸の場において激しい動きをする際には、「巾子形」にひっかけた組紐を垂らし、あごの下で結びました。これを「頂頭懸」といいます。

　「頂頭懸」は、後に武家の正式な装いとなり、室町時代にはこれに関する故実もあらわれました。

　さらに15世紀以降、烏帽子は紙で作られるようになり漆で固められ硬化しますが、織物の表面にあらわれた凹凸を模して「皺」（「しぼ」とも）が入れられるようになります。横皺・柳皺・大皺などがあり、皺の入らない烏帽子を「きらめき烏帽子」と呼びました。

　やがて侍烏帽子は平板化して「爼烏帽子」と呼ばれるものや、形が寺納豆の曲物に似ていることから「納豆烏帽子」と呼ばれる形となりました。そして室町時代末期からは露頂が普通となったため、烏帽子は儀式の折にのみ用いられる被り物となっていったのです。

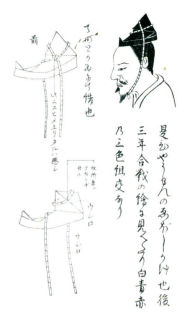

図5-1-38　頂頭懸のかけ方
　髻を納めるために高く作られている巾子形（この部分を「招き」という）に紐をひっかけ、これを垂らして、あごの下で結んだ。（『貞丈雑記』国立国会図書館蔵）

図5-1-39　侍烏帽子の後部に見られる小結
　侍烏帽子では髻の元結の根本に小結という紐を結び、この紐の結び余りを烏帽子後部にあけた穴から通して、外側で結んだ。横になっている男性の侍烏帽子の後ろの部分に、その様子が描かれている。（「石山寺縁起」国立国会図書館蔵）

図5-1-40　侍烏帽子に頂頭懸をした武士たち
戦時などに激しい動きをしても烏帽子が落ちないよう、烏帽子に懸けた紐をあごの下で結んだ。(『春日権現験記絵』国立国
会図書館蔵)

軍装　〜鎧と兜（甲冑）〜

『平家物語』巻第九「河原合戦」には、源義経の戦場での出立ちは次のようなものであったと記されています。

「義経のその日の装束は、赤地の錦の直垂に、紫裾濃の鎧を着て、鍬形を打った甲の緒を締め、金作の太刀を腰に帯び……」

このように、職能的戦士である武士は、華やかな軍装で戦に臨んだのです。

ではここからは、戦闘のための武装がどのようなものだったのかについて見ていきましょう。

【鎧】平安時代から鎌倉時代にかけては、馬に乗り弓矢を使って戦う騎馬戦が重んじられていました。そのため、この戦いに適する独特の大鎧が作られました。

大鎧は胴体部分が正面・左脇・背と一続きの、小札を威した板で作られています。右脇は弓を射る都合上大きく開き、そこには脇楯という防具が別につけられました。小札とは、牛革または薄い鉄製の細長い板に漆を塗ったもので、いくつもの小孔があけられています。小札と小札を糸・革・布帛の緒でつづりあわせることを「威す」といいましたが、緒に糸を通す「緒通す」が転じてこう呼ばれるようになったのです。そして、上下につづる糸を「威毛」と呼んでいました。威は威毛の材質により糸威・韋威・綾威と称され、軍記物語においては、登場人物の鎧の色彩をあらわすのはこの威毛の色です（威の色彩については後述）。

この大鎧には、弓矢で戦うためのあらゆる工夫がなされています。

まず、胴の正面には、弓を射る時に弓の弦が小札にひっかからないようにするために弦走という韋が張られています。また、広く開いた

図5-1-41　赤糸威鎧（兜・大袖付）
鎧は黒漆塗の小札を茜染糸で威してある。大袖には竹に虎の大金物が飾られ、兜の正面に大きな金銅の鍬形が打たれている。細部に竹と雀を基調とする透かし彫りの金物が配された、豪壮さでは国内随一の甲冑である。（MACHIRO TANAKA/SEBUN PHOTO/amanaimages）

図5-1-42　武装して出陣する武士（竹崎季長）
右手で手綱を握り、左手で弓を持つ。そのため、右手を
馬手、左手を弓手ともいう。また、左腰には太刀を佩
き、箙（矢を入れる容器）におさめられた矢の束を右腰
に負っている。膝から下には脛当がつけられ、脛の部分
の攻撃に備えている。腰に下げられているドーナツ形の
ものは、弓の弦が切れた時のために、掛け替え用の弓弦
を巻いておく弦巻という道具である。（『蒙古襲来合戦絵
巻』国立国会図書館蔵）

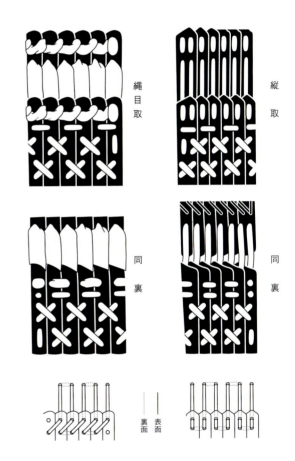

図5-1-43　小札の威し方
　小札の威し方には縦取威と縄目取威があったが、中世においてはほとんどの甲冑に縄目取威の手法が用いられている。小
札には湿気を防ぐために漆が塗られ、また、緒（威毛）で綴り合わせるための小さな穴が開けられている。まず、小札と
小札を半分ずつ重なるように並べてつづり、横方向の頑強な板を作る。次にこれらの板を縦方向につなぐが、その際、上
段の小札の板の下端に下段の板の上端が重なっていくように綴る。このように上下の板を綴ることを威すといい、この部
分の緒（威毛）の色により鎧の名称が決まる（例：赤糸威の鎧・黒糸威の鎧）。横方向、縦方向とも重なり部分ができるため
に強固になるとともに、威す時に上段と下段とを緒（威毛）によって吊る形でつないでいるために伸縮性をおびて、動作
をした時に屈伸し、甲冑は身体の動きに伴う。堅固な札でできたものを「札よき鎧」といい、木曾義仲は愛妾巴に、戦
の時には「札よき鎧」を着せていたと記されている（『平家物語』巻第九「木曾最期」）。また、より堅牢な札仕立とするため
に、革札と鉄札を交互に配した「一枚交」や、全体を革札として要所に鉄札を配した「鉄交」なども行われた。（『武装図説』
国立国会図書館蔵より作図）

胴の開口部分である脇の下や胸部を射られないために、胸の右端には栴檀の板、そして左端には鳩尾の板をつけました。これらにも工夫がなされており、右側につけられた栴檀の板は小札を威したものでできているため屈伸し、左側につけられた鳩尾の板は弓を射た時、弦が引っかからないようにするために、鉄板に鹿韋を貼ったなめらかな素材でできているのです。

そのうえ、馬に乗って戦う際、小札を威したスカート状の四間の草摺が大腿部を箱のように覆い護ります。これも小札を威して作られているため、動きに応じ伸び縮みします。そして、肩の部分（肩上）には、やはり小札を威した大袖がとりつけられます。この袖は戦いの際、相手の方に向ければ楯の代わりともなるもので、左方は敵に向かい合う側にあるので射向の袖といい、右方は馬の手綱を持つ側であることから馬手の袖といいます。

また、大鎧の後ろ部分には、背中の屈伸をよくするために、背に当たる部分（立挙）のまんなかの板を逆さに威した逆板が設けられています。ここには鐶（総角付の鐶）が打ちつけられ、太い総角の緒が装飾的に結ばれています。この総角の緒には、袖に取りつけられている紐である懸緒や水呑の緒が結びつけられました。

さらに、肩（肩上）に障子の板という半円形の鉄板をつけ、頸部の防備を固めるとともに、袖の冠板が首に当たるのを防ぎました。

【兜】　兜も騎射戦に適した機能を備えていました。『平家物語』巻第四「橋合戦」には三百騎あまりが宇治川を渡る場面がありますが、そこで関東武士の足利忠綱が、「川の中で弓を引くな。敵が弓を射てもそれに応戦して弓を引くな。常に兜の錣を傾けろ。だが、あまりうつむきすぎて兜のてっぺんを射られるな」と指図しています。

① 【鍬形】…　兜の正面につけた前立物で、威容を示すために取りつけられた。後に、打物（太刀・薙刀・槍など）による戦いが中心となると邪魔なため、小さくなっていった。

② 【障子の板】…　鎧の肩上（肩の部分）に立てることにより、袖の冠板が頸に当たるのを防いだ。また、側面からの攻撃も防いだ。鉄板でできている。

③ 【冠板】…　袖の一番上の板。鉄製で、袖の前側のほうが高く作られ勾配をなしている。絵韋（文様染の韋）が張られた。

④ 【袖（大袖）】…　鎧の胴と同じく小札で威してある。堅固なため、戦では楯の代わりともなるものであった。

⑤ 【脇楯】…　「脇盾」が変化し、こう呼ばれている。大鎧は正面・左脇・背面がぐるりと一続きで、右脇で引き合わせる構造になっているため、引き合わせ目に隙間ができる。その部分（胴の右面）をふさぐために用いられる、独立した防具。上部には鉄板に韋（なめしがわ）が張られ、下部には一間の草摺がつく。また、この脇楯を大鎧本体とは別に身につけることにより、弓を引く右肩にかかる鎧の重さを軽減させることができた。

⑥ 【星】…　兜の鉢は何枚かの鉄板を矧いで作られたが、それらの鉄片を重ね合わせて継ぐための鋲の頭のことをいう。

⑦ 【鉢】…　鉄でできた兜の頭全体を覆う部分。

⑧ 【吹返し】…　兜の錣の両端を左右に折り返した部分。外側に反り返してあるため錣が二重になり、これで狙われやすい顔面を厳重に守った。

⑨ 【鳩尾の板】…　鎧の胸板は意外に隙間があいている。そのため、左の隙間をこの板をぶら下げて護った。左側は弓を射る際、弓の弦がひっかかるので、それを防ぐために鉄板に鹿韋（なめしがわ）が張られ、なめらかなつくりとなっている。形が鳩の尾に似ていることから名づけられた。

⑩ 【栴檀の板】…　鳩尾の板が鎧の胸板の左側の隙間を守るのに対して、右側の隙間の防御のためにつけられた。札を威して作られているため、動きに応じて屈伸するとともに、ゆれ動く仕組みとなっている。

⑪ 【弦走】…この下には小札が威されている。威したままだと、弓の弦が小札にひっかかってしまう。そのため、絵韋（鹿の革に文様を染めたもの）で胴を包んだ。

⑫ 【草摺】…小札を威した堅固な板で、鎧の胴の下に垂れる。大腿部を箱のように覆って護る。大鎧は四間、腹巻・胴丸は細かく、六間〜八間に分かれる。

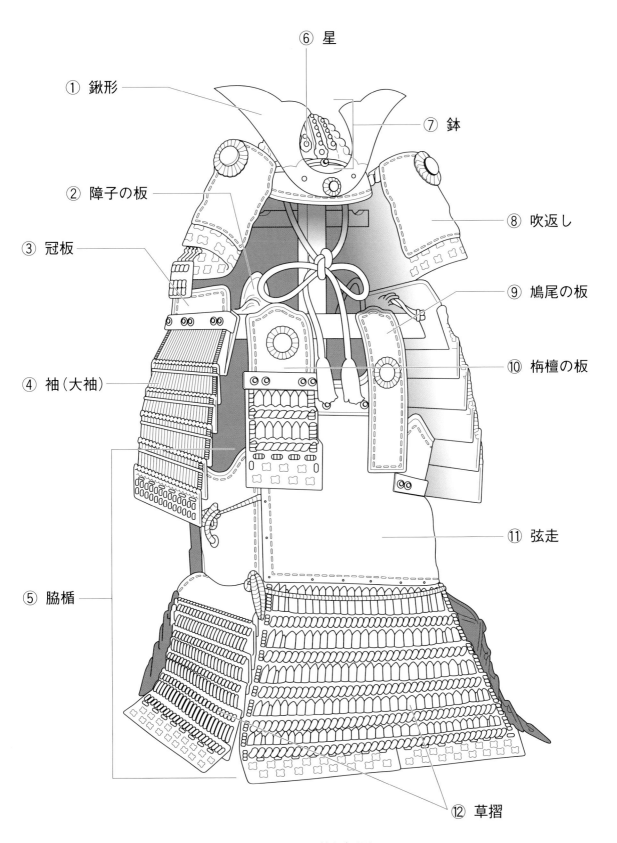

① 鍬形
⑥ 星
② 障子の板
③ 冠板
④ 袖（大袖）
⑤ 脇楯
⑦ 鉢
⑧ 吹返し
⑨ 鳩尾の板
⑩ 栴檀の板
⑪ 弦走
⑫ 草摺

図5-1-44　鎧と兜（前）

兜は、頭部を覆う鉄製の鉢の部分と、札を威して仕立てられた錣からなっています。鉢は何枚かの細長い鉄板を、鋲を打って矧いで作りました。この鋲のことを星といい、このような兜を星兜と呼びました。また、頂辺（天辺）には穴が開いており、烏帽子の上から兜を被って髻の先を烏帽子ごとこの穴から引き出し、ぐらつかないように固定していました。しかしこの穴は「てっぺんを射られないように気をつけろ」と言われるように危険であったため、やがて小さくなっていきます。そして鉢の内側に革や布で内張りがなされ、髻を解き放つ乱髪となってこれを被るようになりますが、南北朝時代頃から、この風が定着することとなるのです。この頃には兜の矧板の枚数が増え、さらにそれらをとめる鋲である星を叩きつぶして平らにし、鉄板の合わせ目の筋を見せた筋兜が主流となっていきました。

錣は、鉢の左右から後方にかけて垂れめぐらされたもので、首筋や顔を護る重要な部分です。札を威して作られ、肩まで届く長さで（三段・五段などがある）、吹返しという錣の両端を左右にひねり返した部分を設けました。これで狙われやすい顔面を厳重に護ったのです。また、「鍬形を打った兜の緒をしめ」と表現される鍬形という前立物も好みによりとりつけられ、装飾性を増すこととなりました。

以上のような大鎧、兜は装着すると相当な重量でしたが、しかしそれらは馬が担ってくれるのであり、まさに馬上での戦いのための軍装だったのです。

武具や武器はいつの世にあっても、その時代の最高の技術と叡智を集約させた産物であるといえます。それは戦闘の場で勝利し、かけがえのない命を守るためのものだったからなのです。

①【天辺】… 兜の鉢の中央には穴が開いており、烏帽子の上から兜を被って、髻の先を烏帽子ごとこの穴から引き出した。
②【錣】… 小札を威して仕立てられた、顔の脇から首筋を防御するもの。兜の鉢につけられている。
③【肩上】… 鎧の胴の両肩部分で、リュックサックの肩ひもの部位に当たる。
④【逆板】… 鎧の胴の背面上方二段で、下の三段とは逆に威してある。こうすることで背中の屈伸が自由になる。この板の中央には金属の鐶がとりつけられて、総角の緒が結びつけられる。
⑤【総角付の鐶】… 鎧の胴の背面の、逆板の中央に取りつけられた金属の鐶。ここに総角の緒を結ぶ。
⑥【総角の緒】… 総角付の鐶に通した飾り紐。
⑦【懸緒】… 鎧の袖につけられた紐の一つで、総角の緒に結んで袖が翻るのを防いだ。
⑧【水呑の緒】… 鎧の袖の後方につけられた紐の一つで、前かがみになった時、袖が前方にまわりすぎないよう、この紐でつなぎ止めた。
＊なお、図中に示していないが、鎧の袖には袖の後方につけられる懸緒・水呑の緒のほかに、袖本体を肩上の中心に固定する緒と前方に結ぶ緒とがつけられている。

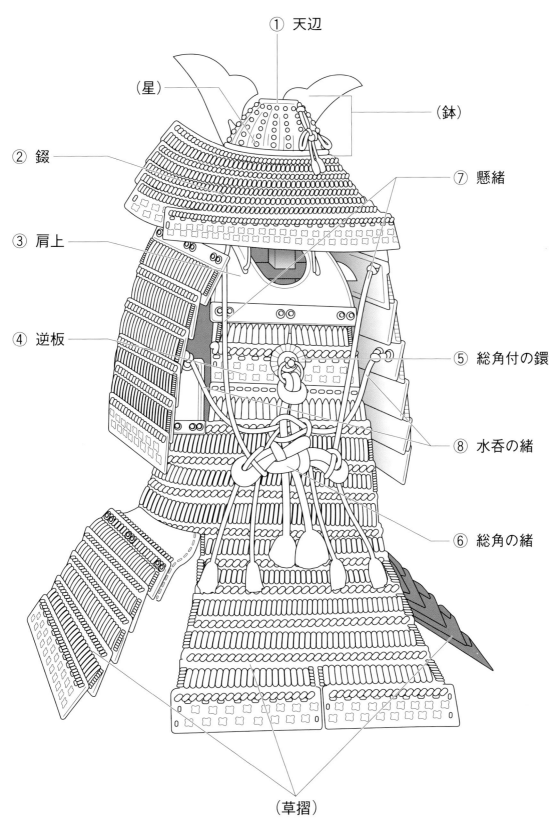

① 天辺

（星）

（鉢）

② 錣

③ 肩上

④ 逆板

⑦ 懸緒

⑤ 総角付の鐶

⑧ 水呑の緒

⑥ 総角の緒

（草摺）

図5-1-45　鎧と兜（後ろ）

戦闘方式の変化に応じた軍装

　形式を重んじる一騎打の騎射戦による合戦が前提であった戦の方式は、やがて南北朝の頃には全く変化します。敵の乗った馬を射たり、馬ごと体当たりして敵を落馬させた後に、組打ちにまでもつれ込ませる戦い方や、打物（太刀・薙刀・槍など）による戦闘が主流となっていきます。さらに、平地での戦いよりも山岳戦などが多くなったため、馬を使わない徒歩による戦いへと変化していったのです。これに応じ、動きやすい腹巻（腹巻鎧）が軍装の主流となりました。

　『平家物語』（巻第一「殿上闇討」）では、郎等が狩衣の下に腹巻を着ていたことが記されていました（98ページ参照）。腹巻も大鎧と同様、やはり小札を威して作られています。これは下級武士や徒歩で戦う者の簡便な軍装でした。大鎧との違いは、胴を右側で引き合わせただけで、脇楯をつける必要がないことです。そして、草摺が徒歩戦に便利な六間〜八間と細かく分かれ、足さばきを良くしてあるのも特徴です。さらに、弦走・栴檀の板・鳩尾の板・逆板・障子の板などもなく、そのかわり左右の肩先には、杏の形の鉄板に韋を張った杏葉という小さな防具がついています。また、腹巻よりさらに軽快なつくりの胴丸という、背中で引き合わせる簡便な鎧も広く用いられるようになりました。腹巻・胴丸に袖をつけ、兜を被って、上級武士も用いたのです。これらの鎧を用いて重武装するために、すき間を防護するための籠手・脛当が改良されるとともに、大腿部を守る佩楯が作られました（以上を小具足と称する）。さらに、胸腹部だけを被う腹当もあり、多く雑兵が用いましたが、上級武士は軽武装として、または万一に備えるために衣服の下に着るなどして、着用していました。

図5-1-46　手と腕の防具籠手と、膝を護る立挙がついた脛当

籠手は、腕だけでなく手の甲も護る防具である。南北朝時代になると脛当の上部に、薙刀などで足を払われた際に膝頭を保護するための立挙がつけられるようになった。（『結城合戦絵詞』国立歴史民俗博物館蔵）

図5-1-47　草摺と脛当の間の大腿部を護る佩楯

佩楯は、腹巻の草摺と脛当の間の大腿部を保護するための防具で、小袴に鉄や小札をとじつけて作られた。打物による斬撃戦には欠かせないものであった。（明治図書『武装図説』〈改訂増補故実叢書35〉より作図）

図5-1-48 打物による戦い（応仁の乱）

太刀・薙刀・槍などを使っての、応仁の乱での戦いの様子である。画面右端に胴丸を着て槍を持ち、敵を追う兵の姿が描かれている。胴丸は引き合わせが背中にあり、着脱のために背中に広い隙間がある。身分の低い兵士の武具である。（『真如堂縁起』真正極楽寺蔵）

図5-1-49 腹巻を着た郎等

大鎧の草摺が四間（前後左右に1枚ずつ）で、馬上では下半身を箱のように護っているのに対し、腹巻は草摺が八間に分かれている。足さばきはよいが隙間を射られる危険があるため、膝から下の防護のために脛当をつけている。徒歩での戦いに適した軽武装といえる。（『蒙古襲来絵詞』宮内庁三の丸尚蔵館蔵、中央公論新社刊『日本絵巻大成14 蒙古襲来絵詞』より）

図5-1-50 腹巻を着て軽武装した雑兵

徒歩の雑兵2人は打物（薙刀と熊手）を持ち、脛には脛巾をつけて、走りやすい足半（「鼻緒はきもの」の項で後述）をはいている。腹巻姿で馬に乗る郎等（左図）と徒歩の雑兵は、どちらも竹崎季長の家来である。（『蒙古襲来絵詞』宮内庁三の丸尚蔵館蔵、中央公論新社刊『日本絵巻大成14 蒙古襲来絵詞』より）

威毛の役割と種類

　武士は戦場で手柄を立てることを本義としていました。敵の首級（くび）をあげたり先陣争いに勝つことなどにより、それが後日の恩賞の対象となったからです。

　そのため武士は、手柄を立てたときに敵、味方の双方にそれが誰なのか見分けがつくよう、自らの姿を目立たせるべく、軍装にさまざまな意匠を凝らしました。そして何よりも戦場で個人を識別するのに役立ったのが鎧の威毛でした。前述のように、威は威毛の材質により革威・糸威・綾威に分類することができます。

　革威には、単色のものとして、赤革・黒革・紫革などのほか、なめした革のままで威した洗革威、煙で燻した革を使った燻革威があります。また、文様染の革を使ったものとして、小桜模様を染めた革で威した小桜威、白・浅葱・藍を段として山形に染めた革を用いた伏縄目威、さらに歯朶革（品川）威というシダの葉を染め抜いた革を用いたものもありました。

　次に組糸による糸威には、単色の赤糸・緋糸・黒糸・紫糸・白糸・萌黄（葱）・縹などのほかに、白・浅葱・紺を交互に組んだ紐で威した樫鳥威も見られました。

　そして綾威は、綾織物に芯を入れて細くたたんだ緒で威したものです。綾布を用いているためさまざまな色や地文がありましたが、高級な唐綾を用いたもの（唐綾威）もありました。

　以上のほかに、配色に変化を持たせた威し方の名称もあります。それらを次にあげてみましょう。

　匂威………上方を濃くして、下方（裾側）にいくほど薄くなるように威す

　裾濃威……下方（裾側）にいくほど濃い色になるように威す

図5-1-51　河野道有奉納と伝えられる鎧
河野道有については、図5-1-71「鎧直垂姿の武士」参照。（「萌黄綾威腰取鎧・大袖付」大山祇神社蔵）

図5-1-55　小桜威

図5-1-56　伏縄目威

図5-1-57　歯朶革（品川）威

図5-1-52　革威

威毛は煙で燻して茶褐色にした燻韋を用いている。肩の部分に当たる上の二段は薄く燻してある。（「薫韋威肩白大袖」大山祇神社蔵）

図5-1-53　綾威

白麻布を芯にして白綾で包んだ緒で威してある。（「白綾威大袖」大山祇神社蔵）

図5-1-54　糸威

威毛は上から茶・紅・白・萌黄・白・萌黄を用いた色々威である。（「色々威大袖」大山祇神社蔵）

図5-1-58　白糸威

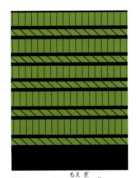

図5-1-59　萌黄威

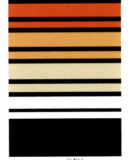

図5-1-60　匂威（赤）

図5-1-61　裾濃威

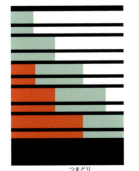

図5-1-62　褄取威

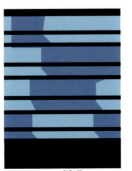

図5-1-63　村濃威

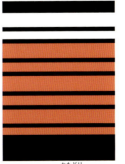

図5-1-64　肩取威（赤）

図5-1-65　色々威

褄取威……地の色とは別の色の糸で、袖や草
　　　摺の端を三角形に威し分ける

村濃威……薄い色の糸で威した中に、ところ
　　　どころ同色の濃い色を用いて威す

沢瀉威……地色とは別の糸で沢瀉の葉に似せ
　　　て、下が広く上が狭い山形（三角形）に威
　　　す

逆沢瀉威…沢瀉とは葉形が逆さまになる形の
　　　威し方

肩取威……袖の肩の一の板・二の板と、胴の
　　　前後の立挙部分を別の色で威す

色々威……さまざまな色で威す

　軍記物語における戦場での武士の姿の描写
は、まず装束から書き起こされ、威の色は家柄
や身分だけでなく気質をも表現するものとなっ
ています。

　『平家物語』（巻第九「敦盛最期」）では、一ノ
谷の合戦で熊谷次郎直実に討たれた平家の貴公
子敦盛の姿を、次のように描いています。

　「練貫の地に鶴の刺繍をした直垂（鎧直垂）に、
萌黄の匂の鎧を着て、鍬形を打った甲の緒を
しめ、金作の太刀を帯び、24条（本）の切斑
の矢を携え、滋藤の弓を持って、連銭葦毛の馬
に金覆輪の鞍を置いてそれに乗った武者」

　ここで敦盛の着用している萌黄匂の鎧とは、
威毛の萌黄色が裾の段にいくにしたがって薄い
色となるよう綴ったものです。『平家物語』の
なかでもこの逸話はとくに広く知られています
が、弱冠17歳で討たれてしまうこの平家の貴公
子に、若葉が萌え出ずるようなみずみずしさを
あらわす色彩で、かつ、公家風の趣をも感じさ
せる匂の配色の鎧を着せることにより、はかな
さと悲哀とをより濃く表現しているといえるで
しょう。

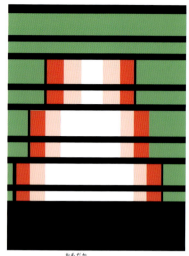

図5-1-66　沢瀉威

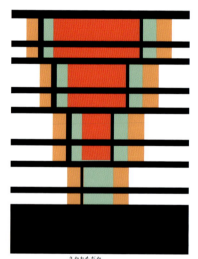

図5-1-67　逆沢瀉威

図5-1-68　さまざまな威の鎧をまとう武士たち

石築地の上に座り軍扇を持つ武将（肥後国の御家人・菊池武房）の鎧の袖と、その前を進む長刀を持つ雑兵（竹崎季長の歩卒）の腹巻の背面に逆沢瀉威が見られる。また、菊池武房から右に2人目の武士の鎧の袖は、褄取威である。馬上の竹崎季長は、赤糸威をまとまっている（図5-1-42参照）。（『蒙古襲来合戦絵巻』国立国会図書館蔵）

鎧直垂
（よろいひたたれ）

　戦闘の際、武士は水干や直垂を鎧の下に着用していました。しかしこれらが出仕の服となり寛闊化（かんかつ）してくると、鎧の下には、常の直垂よりも細めに仕立てられた鎧直垂が用いられるようになりました。軍記物語においてこれは、直垂とのみ記述されています。

　その地質については、大将格の着る錦（にしき）をはじめ、綾（あや）・唐綾（からあや）・織物・紗（しゃ）・長絹（ちょうけん）・練貫（ねりぬき）・生絹（すず）などさまざまです。色は、赤・紅・白・紺・萌黄（もえぎ）（葱）・浅葱（あさぎ）・褐（かち）・香（こう）・藍摺（あいずり）など多様で、村濃（むらご）や匂（におい）に染めたり、総絞りにした滋目結（しげめゆい）などもありました。いずれもみな常の直垂よりも華やかな意匠であり、鎧の威毛とともに戦場での一期（いちご）の晴（はれ）の装束にふさわしいものでした。

　中でも色については、濃い藍染の褐色（かちいろ）が好まれました。音のひびきが「勝」（かち）に通じることから、縁起の良い色として用いられたのです。また文様では、一ノ谷の合戦で熊谷次郎直実に討たれた敦盛は「練貫（ねりぬき）の地に鶴の刺繍をした直垂（じ）」を着ていました（120ページ参照）。彼の鎧直垂には、吉兆（きっちょう）文様である鶴が刺繍されていたのです。

　前述のように、軍記物語にあって武将のいでたちは、鎧直垂、鎧の威毛、兜（かぶと）、太刀や弓、そして乗っている馬の順で色彩豊かに表現されます。しかし、命を賭しての戦闘という、生きるか死ぬかの究極の場における装束を考えてみると、鎧は命を守る器物としての物理的機能が大きいといえます。それに対し、鎧直垂は肌により近く装うため、瑞祥（ずいしょう）を求めるなどの精神的機能が大きかったと考えられるのです。いずれにせよ、殺し合いの場である戦場に向かう武士の心を勇気づけ奮い立たせるためにも、華々しい装いは不可欠であったといえるでしょう。

図5-1-69　小具足姿（こぐそく）
鎧直垂を着、黒糸威の喉輪（のどわ）と立挙（たてあげ）のつく脛当とを着けている。鎧直垂は桐唐草文様の赤地の金襴（きん・らん）である。（「足利尊氏画像」〈模写〉東京大学史料編纂所蔵）

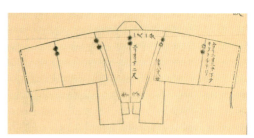

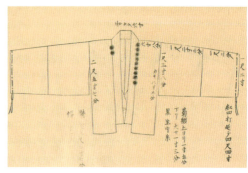

図5-1-70　鎧直垂の図
鎧直垂は細身に仕立てられているうえ、着用する際、袖口の袖括りで袖口を窄める。袴も裾につけられた括り紐で、膝の下に上括り（しょうくく）にして着用した。こうすることで身体に密着し、動作の妨げとならない着装となる。（「集古十種」国立国会図書館蔵）

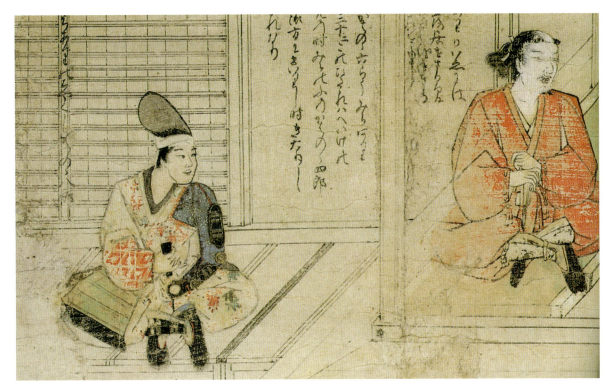

図5-1-71　鎧直垂姿の武士

　右の武士は弘安の役に出陣した武将、対馬守河野道有。鎧直垂姿で露頂である。『蒙古襲来絵詞』の詞書によると、この鎧直垂は先祖の河野道信（一遍上人の祖父）が源平の戦に源氏方として参戦したときに着た、由緒あるものであるという。先祖の武勲にあやかるために着用したと考えられる。また、被り物をしないのは、河野家では合戦の決着がつくまでは当主は烏帽子を被らないという家訓によるため、と記されている。左の武士は道有の嫡男。鎧直垂に片籠手姿である。片籠手とは、敵に向かい合う左手にだけ籠手を着けるもので、自由の妨げとならないようにするために、右腕には着けない。鎧直垂には、前襟と端袖の部分にのみ錦を使ったもの（『平家物語』巻第十一「那須与一」で那須与一が着用）や、染・摺・縫（刺繍）のほか箔を押したものなどもあって、いずれも常の直垂よりも華やかなデザインであった。（『蒙古襲来絵詞』宮内庁三の丸尚蔵館蔵、中央公論新社刊『日本絵巻大成14　蒙古襲来絵詞』より）

2 武家服飾の発展
南北朝〜室町時代（14世前半〜16世紀後半）

直垂（ひたたれ）形式服飾の展開

　前節で述べたように、北条氏執権政治時代、武家は独自の慣習を着々と作りあげていきました。しかし、その鎌倉幕府もやがては滅びることとなります（元弘3年〈1333〉）。

　有力御家人であった足利尊氏は、倒幕をめざす後醍醐天皇の綸旨を受けて幕府に反し、京都におかれた幕府の出先機関である六波羅探題を滅ぼしました。しかし、まもなく天皇の新政に不満を抱く武士を集結して後醍醐天皇の建武政権を倒し、北朝の光明（こうみょう）天皇を擁して、後醍醐天皇の南朝と対立しました（1336）。そして、その2年後には征夷大将軍に任ぜられ、幕府を開きました。南北朝の内乱は長びきましたが、3代将軍の義満（よしみつ）は南北朝の合一を実現させました。さらに、有力守護大名をおさえて全国支配を完成させました。「室町時代」の名称は、義満が京都室町に建てた豪邸に由来しています。

　このようにして武家の府である幕府は鎌倉から京都に移りました。しかし、前代に形づくられた武家の服装のならいは引き継がれていきました。

【直垂】　室町時代においてもやはり、武家服飾の代表は直垂で、有力武家である守護大名たちは儀式や出仕にこれを装いました。正式な直垂の着用のしかたは、糊を張った大帷（おおかたびら）を下に着て威容を示すとともに、裾を長く引くように仕立てた長袴（ながばかま）をはくもので、素材は上下同じで絹製、袴の腰（腰の部分を結ぶ紐）は白と定まりました。このように、直垂は風格を備えていったのです。

【鎌倉幕府の滅亡〜南北朝の内乱まで】
文永11年（1274）と弘安4年（1281）の2度にわたる蒙古襲来以後の鎌倉幕府は、権勢の争奪や御家人の離反、財政の困窮などの内憂を抱えていました。これに乗じて鎌倉幕府を倒して公家政権の回復をはかろうと、倒幕の兵を挙げたのが後醍醐天皇でした。天皇は正中の変（1324年）、元弘の変（1331年）の両度にわたってその企てが失敗し隠岐に流されましたが、護良親王や楠木正成・赤松円心などの武士が集結して幕府軍と粘り強く戦い、やがて天皇も隠岐を脱出したことから、各地で反北条氏の御家人が挙兵しました。中でも、鎌倉幕府方の大将として派遣されていた足利高氏（のち尊氏）がそむいて後醍醐天皇に与して六波羅探題を落とすと、関東では新田義貞が鎌倉に攻めこんで、北条一族を滅ぼしました。こうして元弘3年（1333）、鎌倉幕府は滅亡したのです。

後醍醐天皇はさっそく京都にもどり天皇親政の政治を始めました（建武の新政）が、政策はことごとく空回りしてしまいます。すべての土地の所有権は天皇の綸旨によって承認されなければならないとしたことや、不公平な恩賞の与え方をしたため、武士の不満がつのっていったからです。そのような中、足利尊氏は武家政権の再興をはかり、建武政権に反旗を翻しました。京都を占領して光明天皇を擁立し、暦応元年（延元3年〈1338〉）に征夷大将軍となって、京都に幕府を開きました。一方、後醍醐天皇は京都を脱出して吉野に逃れ、皇位の正統が自分にあることを主張しました。その結果、吉野に開かれた朝廷（南朝）と京都の朝廷（北朝）に分かれて対立することとなったのです。

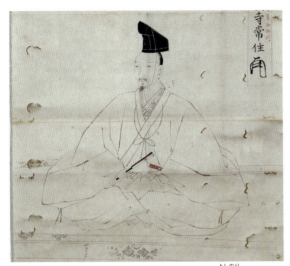

図5-2-1　直垂姿の、室町幕府6代将軍足利義教

足利義教は、くじ引きによって将軍となったことで知られている。4代義持の嫡子義量が早世してしまい、男子のなかった義持は、死に臨んでも後継者を定めずにいた。そのため石清水八幡宮の神前でくじが引かれ、義教が選ばれた。義教は僧籍に入っていたため、ただちに還俗したものの、髪が生えそろわないために烏帽子を被ることができず、元服は翌年に持ち越された。右手に扇を持ち、腰に小太刀を差して胡坐している。（「足利義教画像」〈模写〉東京大学史料編纂所蔵）

図5-2-2　直垂を着て大口袴をはき、衣紋を整えた武士（陶弘護）

陶家は大内家の一族であり、かつ重臣である。この時代の直垂は絹製で、色・文様は自由であった。左右後方に白く見えているのは、長袴の下にはいた後張大口という大口袴が、長袴の股立（袴の左右両脇の開きの部分）から出ているものである。後張大口の地質には、前は精好、後ろは厚く固い大精好を用いた。袴の衣紋を整えるために着けられた。（「陶弘護画像」〈模写〉東京大学史料編纂所蔵）

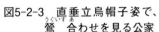

図5-2-3　直垂立烏帽子姿で、鶯合わせを見る公家

春の行事である鶯合わせを見る公家は、立烏帽子に直垂姿である。屏風中の押紙には「三条西殿」と書かれており、この人物は三条西実隆または息子の公条であると考えられている。また、鶯の入った籠を捧げ持つ小姓たちは肩衣袴を着て、烏帽子を被らない。この頃になると露頂が日常の風になり、月代を剃るようになっている。（『洛中洛外図屏風』国立歴史民俗博物館蔵）

いっぽう、足利将軍は室町殿と称され、朝廷が持っていた権限をも掌握して実権を握りました。それに伴って、盤領形式の公家服飾（直衣・小直衣〈狩衣と同じ構造でありながら、裾に襴がつく〉・狩衣）も頻繁に用いています。ここには、公家に対して強大な将軍権力を示す意趣があったと考えることができるのです。

ところが反対に、武家服飾であるはずの直垂を、この頃から公家も着るようになります。それは、公卿や殿上人でありながら将軍と主従関係を結んだ貴族たちでした。彼らは、将軍に臣従する意を示す際などに直垂を装ったのです。

【大紋・素襖】　そのような中、当時流通が活発化していた麻布（苧麻布）で仕立てられた衣服が頭角をあらわします。大紋と素襖です。両者とも単仕立てで、形態は直垂と同じですが、直垂の袖が一幅半であるのに対し二幅となっています。それは、絹織物よりも麻織物の織幅が狭いためです。

大紋は大形の紋を菊綴の位置に染め出したもので、組紐の緒を胸前で結び、着用しました。袴は室町御所の中においては長袴を通例とし、袴の腰は白の練絹です。上刺を白糸で施してあります。

それに対して素襖は、小紋染などの文様を染色しました。革製の胸紐・菊綴をつけたことと、袴の腰が袴と同じ地質であることが大紋との大きな違いです。特に「素襖引」「素襖脱ぎ」と称し、自分の着ている素襖を脱いで引出物として与える風習がありました。

そしてこの時代には、直垂が武家の最高の礼装と化したため、大紋の格が高まることとなり、順に素襖も大紋に次ぐ装いとして広く用いられるようになっていきました。

図5-2-4　直衣姿の、室町幕府4代将軍足利義持

室町幕府4代将軍足利義持は、父の義満から将軍を引き継ぐとともに家督を継いで、室町殿となった。室町殿とは、足利家の惣領のことである。彼は、内大臣にまで昇り、行事に出仕する際には公家系服飾を装った。（「足利義持画像」〈模写〉東京大学史料編纂所蔵）

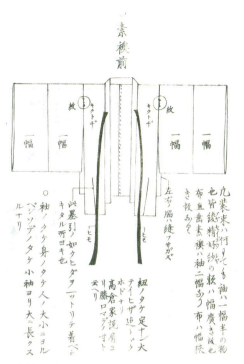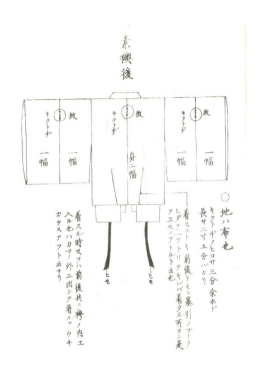

図5-2-5　素襖の図

大紋・素襖ともに基本的には直垂と同じ形態ではあるが、直垂の袖が一幅半であるのに対し、大紋・素襖は二幅となっている（絹織物よりも布のほうが織幅が狭いため）。また、直垂が絹製であるのに対し、両者ともに麻布製である。大紋と素襖の違いは、大紋の胸紐は打紐（組紐）であるが、素襖には革の胸紐がつけられ、さらに菊綴も革であった。
素襖の種類には、裄を短くして（一幅半）袴も四幅の半袴とした動作に便利な小素襖や、夏に着る越後布など薄地の透素襖もあった。さらに、仕立ての際に、片身頃と片袖の生地を別の色や地質のものにする片身替りのものも見られた。（伊勢貞丈『貞丈雑記』国立国会図書館所蔵）

図5-2-6　大きな紋が付けられた大紋（毛利元就）

大紋は大紋直垂のことである。名称のとおり、無地に大きな紋がつけられている。それらは菊綴の位置であり、上衣には左右の袖付の部分・背縫い・左右の奥袖と鰭袖の縫い合せ目である。そして袴には、左右の股立の縫い合わせ目と左右の膝上につけられた。
正装の際には長袴をはいたが、直垂と同じく袴の衣紋を整えるために、白い後張大口を下に着けた。図では股立から大口がはみだしていることがわかる。また、袴の腰は白である。（「毛利元就画像」〈模写〉東京大学史料編纂所蔵）

図5-2-7　小紋染の素襖（浅井久政）

素襖は「素袍」とも「巡方」とも書く。麻の単仕立てで、小紋染をはじめさまざまな色柄があった。また特徴として、胸紐と菊綴が革であるところから「革緒の直垂」とも呼ばれた。この図では、下着の上に小袖を着、さらに洲浜形に染め分けられた小紋染の素襖の上下を着ている。袴の腰は袴と共裂である（白ではない）ことがわかる。（「浅井久政画像」〈模写〉東京大学史料編纂所蔵）

小袖・帷
こそで・かたびら

室町時代の後半には礼式が重んじられ、多くの武家故実書が書かれました。内容は将軍御所における作法や立居振舞のしかた、さらには衣・食・住の所作にも及んでいます。その中のひとつ『宗五大草紙』には衣替の定めがあり、季節によって着用すべき衣服が細かく決められていたことがわかります。たとえば男性の更衣については、「三月中は袷に薄小袖、四月朔日から袷だけを着る。五月五日から七・八月は帷を用いる。九月朔日からは袷となり（以下略）」。

これは出仕の直垂や素襖の下に着る衣服についてのきまりですが、下に着る衣服が重視されたのです。

また、前述のように「素襖引」や「素襖脱ぎ」のしきたりがありましたが、上級武士たちは上に着ているものを脱ぎ与えてしまっても立派に見えるよう、下に着た小袖や帷にも気を配っていました。

さらに『宗五大草紙』には、装いの心得について説く次のくだりがあります。

「人の衣装は若い人でも年齢より少し地味に装うのが好ましい。若々しげに装うのは田舎人のようにみえる。（中略）また、犬追物の時は少々若く装うことも見苦しくはないが、それは技がすぐれている射手についてのことで、一般の人は目立たないのが適切である。（中略）房・小者は人目に立つほうがよいが、身分の高い者は目立たないのがよい」

これによれば当時の武家は、主人である自らは地味な装いを趣あるものとし、召し使っている者に目立つ服装をさせることで権勢を示したのです。うわべより内実を重視する精神は、脇役となる小袖・帷などに対する心配りと共通した意識といえるのではないでしょうか。

【肩衣の登場】
室町時代後期には、直垂の袖をつけない形の肩衣があらわれました。直垂の袖を取り除いた形態のため、上下共裂で仕立てられ、定紋もつけられていました。この衣服を用いると下に着用した小袖が表面にあらわれて、存在感を持つようになりました。

図5-2-8　直垂侍烏帽子姿の上級武士と、脇で控える肩衣の御供の者たち
　12代将軍足利義晴の邸宅の様子である。将軍にお目通りするために順番を待つ守護大名たちは、直垂を着て侍烏帽子を被っている。左脇には肩衣を着て被りものをしない御供の者たちが控えている。肩衣は、室町時代においては、露頂の際や御供衆などによって用いられている。（『洛中洛外図屏風』国立歴史民俗博物館蔵）

図5-2-9　素襖を着て犬追物に臨む武士たち
　犬追物や笠懸などで射手が着る素襖を「射手素襖」と称した。地味な装いを旨としていた武士も、この時は華美を競って装った。素襖の片肌を脱ぎ、競技を行っている。（尚古集成館蔵）

3 武家女性服飾の変移
鎌倉時代〜室町時代（13世紀〜15世紀）

武家女性の装いの変容

　鎌倉幕府3代将軍 源 実朝は、皇室と姻戚関係にある公家女性を正室として迎えました。実朝は都風をことのほか好んだため、将軍御所を中心とする文化は公家風になっていき、御家人が不満を持つほどでした。将軍御所に仕える女性や富裕な武士の妻女たちは、紅 の袴をはき、五衣 や 三衣 などの 袿 姿で、公家女性と同様の服飾を装っていたのです。

　しかしそのような衣生活も徐々に変化し、時代が進むにつれて五衣を着る機会はなくなっていきました。徳治元年（1306）頃に成立した『とはずがたり』の後半部分には、後深草院の後宮 に暮らした作者が出家し、尼となって諸国を旅した際に出会ったさまざまな体験がつづられています。彼女は鎌倉にも滞在したことがありましたが、その時ちょうど将軍の交替に出くわし、公家のしきたりを知る者として助言を求められました。8代目の新将軍となる久明親王の東下に際し、その母である東二条院から鎌倉幕府の権力者平頼綱の北の方に贈り物として五衣が送られてきたのですが、縫い方がわからないので教えてほしいとの依頼でした。訪ねてみると既に自己判断で裁ってしまったあとで、間違って仕立てられていました。色目が内側へいくにしたがって濃くなる 襲 で、一番下に青い単を着る五衣であるにもかかわらず、一番上が白く二番目が濃い紫というふうに、全く取り違えて縫い上げられていたのです。このような記述からみても、鎌倉時代も後半になると、五衣はめったに着る機会のない特別な衣服となって

図5-3-1　鎌倉幕府3代将軍源実朝に侍る、公家服飾を装う女性たち

奥中心の直衣姿は3代将軍源実朝。両脇の御簾の中には公家装束の女性が侍る。実朝は都風をことのほか好んだが、出仕している武士たちは武家服飾の直垂を着て折烏帽子を被っており、対照的である。将軍御所を中心とする文化が公家風になっていることを受け入れられない御家人のひとりが、次のような不満を言っている。「当代は歌や蹴鞠ばかりが盛んになって武芸が廃れ、女性を重んじて勇士がいないかのようである。それに、戦で没収した土地は武勲をあげた者ではなく女房が賜っているではないか」（『吾妻鏡』建暦3年9月26日条）ここで女房といっているのは将軍御所に仕える女性のことで、その多くは御家人の娘たちであった。（『法然上人絵伝』知恩院蔵、京都国立博物館提供）

図5-3-2　重ね袿姿の上級武家女性

　上流武家女性の様子は、武蔵国の武士兄弟を描いた
『男衾三郎絵巻』からうかがい知ることができる。
『男衾三郎絵巻』は、優美な兄吉見次郎と、粗豪な弟
男衾三郎の両者の家庭を対比させながらあらわして
いるが、この図は兄の吉見次郎の都風の暮らしぶり
を描写している。都で宮仕えしたことのある妻や侍
女たちは、紅の袴に色とりどりの袿を重ねた衣装を
着ている。東国でもこのように、幕府女房だけでな
く富裕な武士の妻女も公家風の衣生活を営んでい
た。(『男衾三郎絵巻』国立国会図書館蔵)

いたことがうかがわれます。

　また、5代将軍宗尊親王も京都から正室を迎えましたが、この時、鎌倉の地で彼女が着用する正月（1月）から12月までの衣服のあつらえの目録一覧が作成されています（『吾妻鏡』正元2年3月28日条）。この目録をみると、小袖を着て袴をはき、袿を2枚もしくは3枚重ねる「二御衣」「三御衣」のような寛闊な装いとともに「二御小袖」「三御小袖」という記載がみられ、小袖を何枚か重ね着ただけの装いのあったこともわかります。

　全般的に小袖が表衣化してきたことは、南北朝時代に成立した女流日記である『竹むきが記』にも記されており、宮中での女房の装束は、正月の三箇日のあいだは正装の物の具姿ですが、4日からは裸衣という、小袖袴に衣一領をひきかけた装束だったとあります。そして武家においても、しきたりは同様であったと考えられるのです。

　さらに、『吾妻鏡』に記されている目録の中に「今木」と書かれたものを見出すことができます。これは湯巻のことで、腰裳の一種です。湯巻はもともと、御湯殿に奉仕する女房が、衣服が濡れるのを防ぐために腰のまわりにまとった巻きスカート状のものですが、当時は、小袖を着て腰に湯巻（今木）を巻く装いも行われていたことがうかがえます。

　武家をはじめとする鎌倉時代の一定の身分以上の女性の装いに関しては、鎌倉時代末期の絵巻『頬焼阿弥陀縁起絵巻』から知ることができます。この絵巻は、鎌倉の住人町の局という女性の周辺に起こった阿弥陀如来の利益譚を描いたものですが、登場する女性たちの服装を見てみると

　　・小袖に袴を着けた姿
　　・小袖に袴を着け、その上に小袖を打ち掛

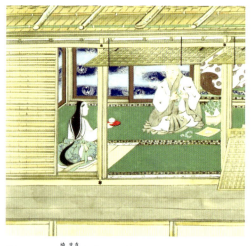

図5-3-3　湯巻を着けた姿

湯巻は1枚の布を腰に巻きつけるもので、脇が縫われていない。僧に茶を勧める女性の湯巻の合わせ目からは、下に着ている小袖が見えている。（『春日権現験記絵』国立国会図書館蔵）

けた姿
　・小袖を着て裳袴（足の分かれていない行灯袴）をまとう姿
　・小袖を着て丈の短い腰裳（腰をひとめぐりおおう前掛け状のもの）を着けた姿
　の4種に類型化することができます。このことから、当時の鎌倉では、下に着ていた小袖が表面化して重要な役割を担うようになったこと、そして小袖に袴をはくか、または裳袴をつける装いとなったことを確認することができるのです。

図5-3-4　小袖姿の女性たち（小袖に裳袴姿・小袖を重ね着した姿）
　裳袴を着ける装い（左上・中央）や、小袖を何枚か重ね着している様子（右）がわかる。いずれも袖口は狭い。（『煩焼阿弥陀縁起絵巻』光触寺蔵、鎌倉国宝館提供）

図5-3-5　小袖を着用した女性たち
　『酒伝童子絵巻』のあらすじは、源頼光と四天王による怪物退治の物語である。都では姫君たちが連れ去られる事件が頻発し、鬼の酒伝童子のしわざとわかった。頼光一行が討伐に向かいその場所にたどりつくと、鬼の姿にもどった童子が泥酔して寝入っていた。周囲にいる女性たちは、小袖・袴（紅の袴）姿の上に、小袖を重ねて打掛けている。（『大江山酒天童子絵巻物』国立国会図書館蔵）

図5-3-6　打掛姿

打掛の身丈は長く仕立てられたため、裾を引くかあるいは褄取りをして装っている。地質は、唐綾・綾・繻子・緞子・縫（刺繍）・摺箔・縫箔・練などの贅沢なもののほか、辻が花や片身替りの意匠などもあった。（『清水寺縁起』東京国立博物館蔵、TNM Image Archive）

打掛・腰巻

　やがて表面化した小袖は、それ1枚だけでも服飾表現が可能な衣服となっていきます。

　袴は省かれ、小袖を何領か重ねて着用した一番上に、豪華な素材や意匠を凝らした小袖が打ち掛けられるようになるのです。打掛は、重ねて着た小袖の最上衣を、帯をせずに打ち掛けて着る装いです。そのため、身丈は長く仕立てられていました。

　また、打掛けた小袖の肩をはずして脱ぎ、帯にはさんで腰に巻く腰巻の風も起こりました。

　「小袖・帷」の項（128ページ）で述べた『宗五大草紙』によれば、衣替の故実は小袖だけでなく、この腰巻姿にも及んでいます。

　そして打掛姿と腰巻姿は、室町時代の武家女性の礼装となっていきます。

　当時の故実書には、小袖着用に関するさまざまなきまりが記されています。これは、足利将軍家を中心とした武家の秩序を安寧に保つために、当時の衣生活の中心だった小袖によって、身分の上下や独自の文化を維持することが最も有効だったことを物語っているのです。

図5-3-7　打ち掛けた小袖を肩脱ぎした腰巻姿

　手前の後ろ姿の女性は打掛の小袖を肩脱ぎして装う姿である。その前方の畳の上にいる尼姿の主人も、上衣を後方に脱ぎ垂れている様子から、仏門に入っても腰巻は行われていたことがわかる。扇を持ち、指さす男性は、大紋を着ている（「大紋」の項参照）。（『真如堂縁起』真正極楽寺蔵）

4 庶民のくらしと服飾
鎌倉時代～室町時代（13～15世紀）

庶民服飾の種々相

『一遍上人絵伝』は鎌倉時代の時宗の開祖、一遍の伝記を描いた絵巻です。正安元年（1299）の成立で、一遍の弟子であり弟でもある聖戒がその足跡をたどって作成しました。一遍は諸国を遊行しながら、賦算（ふだくばり）と踊念仏によって民衆に教えを広めていきました。そのためこの絵巻には、民衆で賑わう市や信仰の厚い寺社などにおける布教の様子が描かれており、庶民や地方武士たちのくらしのありさまが写実的にあらわされています。この『一遍上人絵伝』を中心として、庶民の服飾について見てみましょう。

まず男性は、

- 小袖に小袴をはく者
- 身丈や袖丈の短い小袖を着流しにする者（袴ははかない）
- 袖の短い直垂に小袴をはく者

などの姿が見られます。また、地方武士については、見たところ身分の高い者は広袖の直垂を着ていますが、その従者は袖細の直垂に小袴をはいています。さらに、着丈・袖丈の短い小袖着流しの者たちが水手（船頭）や人足に多く見られるなど、庶民の中にも階層があり、生活水準が低い者はごく簡略な衣服を用いていたと考えられます。しかし、遠方までの旅をしたり重荷を運ぶ者たちは階級を問わずみな、脛巾を着けているのも特徴的といえるでしょう。

さらに、当時の男性にとって不可欠であったはずの烏帽子を被らない猟師なども描写されています。烏帽子をつけないのは共同体の外に位

【『一遍上人絵伝』（聖戒本）】

『一遍上人絵伝』は正安元年（1299）の成立で、一遍上人の生涯を描いた絵巻である。一遍の弟子であり弟でもある聖戒が詞書を書き、円伊が絵を描いた。一遍は時宗の開祖であり、諸国をめぐりながら特色である踊念仏と賦算（ふだくばり）によって、教えを民衆に広めていった。この絵巻は、貴賤の別なく民衆を教化する一遍の行状だけでなく、当時の風俗を忠実に表現している。たとえば、人の集まる所には裸同然の乞食たちの群れが堀立て小屋に住んでいたり、寺院の本尊の縁の下に莚を掛けて寝ていたりするなど、社会の枠組の外にいる者を通して世相を如実に描いている。彼らを差別することもまた美化することもなく、たんたんと細やかな観察に基づいて描写しているのが特徴である。

※用語は歴史的表現に基づき記述した。

図5-4-1　武士の主従・物を運ぶ男性・耕地の中で馬を伴う猟師（露頂）

　手前の大道には、武士の主従の姿がある。反対方向からは、小袖に小袴を着けた2人が曲物を担いで歩いてくる。稲田には馬とともに、弓を持ち烏帽子を被らない男性の姿があるが、猟師であると考えられる。（『一遍上人絵伝』国立国会図書館蔵）

図5-4-2　舟を操る水手（かこ）

　一遍を先頭に、大勢の時衆（じしゅ）（時宗の僧俗）たちが乗る舟の船頭は、短い丈の小袖を着流しにしている。（『一遍上人絵伝』国立国会図書館蔵）

図5-4-3　乗馬で旅をする主人と、身分に応じた服装の家来たち

　直垂を着、行縢（むかばき）をかけて馬に乗る主人を中心に、その前を行く男性は、直垂小袴の姿で柄杓（ひしゃく）を持っている。主人のすぐ後ろに従う男性2人はいずれも、すねに脛巾（はばき）を巻く。1人は腹巻鎧を着けて太刀を持っているが、これらは主人のものであろう。人足風のもう1人は短い小袖1枚で、何かを背負っている。蓑（みの）をかけていることからして、大切な荷物であると思われる。そして後尾には一行のための荷を担う、小袖に小袴の男性が従っている。（『一遍上人絵伝』国立国会図書館蔵）

置づけられた人々であったと考えられます。

　次に女性については、そのほとんどが全身衣としての小袖を着た姿で描かれており、小袖中心の衣生活が営まれていたことがわかります。しかし、小袖を1枚だけ着た様子は、前がはだけてしまっている姿として描かれるなど、この着流しの姿は意外に心もとないものであったことを知ることができます。

　また、中流と思われる女性たちは、小袖の着流しの上に小袖形の衣服を打ち掛けて外出しました。打ち掛けた衣服は、顔をかくすためにかぶる被衣として装われたほか、小袖1枚の姿に添えて形を整えるためにも必要なものであったと考えられます。さらに、腰のまわりを覆う、丈の短い腰布を巻いている女性の姿も見られます。腰布は平安時代から用いられていますが、小袖の合わせ目が開くのを食い止めるとともに、着物の汚れを防ぐ前掛けの役割も担っていました。庶民は機能的に装う工夫をしていたことがうかがえます。

　女性は旅をする際に、菅や藺などで編んで真ん中の部分を高く造った市女笠を被りました。そしてこの笠のまわりに苧（苧麻）で薄く織られた「むしのたれぎぬ（裛垂衣）」をめぐらすことも行われていました。身分のある女性は、外出時に顔をすっかり隠してしまうのが常識だったのです。そのうえ、笠のまわりに巡らせたこの透ける布には、旅の途中での虫害から身を守り風塵を避けるなどの実効性もあり、女性の旅においては大切な服飾でした。

図5-4-4　小袖の上に小袖を着た女性たち

小袖の着流しの上にもう1枚小袖を着ているが、左と中央の2人は、頭の上の曲物などの器を運ぶのに裾がじゃまなのか、たくし上げているのがわかる。（『一遍上人絵伝』国立国会図書館蔵）

図5-4-5　市女笠を被り、周りに「むしのたれぎぬ」を垂らした姿

市女笠は、時代とともに傾斜が浅くなったため、「むしのたれぎぬ（裛垂衣）」を周りにめぐらせて顔を隠した。（『粉河寺縁起』粉河寺蔵）

図5-4-6　小袖を着流しにした女性
一遍一行のために喜捨の食物を運ぶ人々が描かれている。小袖を着流しにした女性は曲物（まげもの）の桶（おけ）を頭にのせて運んでいるが、両手で桶を支えるためか、1枚着た着物の前がはだけてしまっている。この描画から、小袖の着流しの姿は意外に心許（こころもと）ないものであったことを知ることができる。（『一遍上人絵伝』国立国会図書館蔵）

図5-4-7　小袖を着、腰布を巻く女性
普請場で作業する者たちに、かいがいしく給仕をしている。（『春日権現験記絵』国立国会図書館蔵）

図5-4-8　外出に際して顔を隠すための被布（かずき）
女性は外出の際、顔を隠すために衣を頭から被った。（『一遍上人絵伝』国立国会図書館蔵）

図5-4-9　子どもも用いた被衣
小袖の上に被衣をかけた母親に手を引かれる、被衣を着た小さな子どもの姿がある。被衣は子どもも着ていたことがわかる。（『一遍上人絵伝』国立国会図書館蔵）

鼻緒はきもの

さて、『一遍上人絵伝』おいては、庶民でにぎわう市の門前の様子も描写されています。そこでは、はきものが売られ、当時、鼻緒のついたはきものが普及していたことを知ることができます。それらは草履・草鞋・足駄などでした。

このころ一般化したのが草履で、男女貴賎を問わず広く用いられていました。草履は、藁・藺草・菅などで編んだ台に鼻緒をつけたはきものです。中でも同系の足半は、長さが足裏の半分ほどで、踵の台座の部分がない小さなはきものです。これをはくと踵が地面について体が安定し、足の裏に石などが入って歩行を妨げることもないので、走るのに適していました。そのため武士が好んで用い、『蒙古襲来絵詞』の中では竹崎季長の雑兵がはいています（図5-1-50「腹巻を着て軽武装した雑兵」）。今日では鵜飼の鵜匠が、川の流れに足をとられないことから使用しています。

また草鞋については、遠路を歩く者たちや徒歩での旅には、みなこれをはいていました。

そして足駄は、歯のある台木に鼻緒をつけたはきもので、今日下駄と称されるものです。洗濯や水汲みに用いていましたが、排泄の際にもはかれ、用を足す人が地面に広がる汚物で足を汚さないために、歯がついているのは便利でした。はきものというよりもむしろ、道具としての特性を備えていたのです。僧形の者によっても用いられ、琵琶法師は特に歯の高い高足駄をはいています。一遍も、足駄を遊行するために必要な持ち物として定めました（『道具秘釈』）。『一遍上人絵伝』は、一遍が旅をしながら各所で奇跡や瑞兆を起こす構成になっていますが、各絵物語の冒頭場面における一遍の姿は、必ず足駄をはいて象徴的に描かれています。

図5-4-10　草履をはく女性と足駄をはく女性
右の2人は草履をはき、左の女性は足駄を用いている。歯の高さの分だけ身長が高くなり、中心の巨体の女性の介添がしやすいようである。（『病草紙』福岡市美術館蔵〈松永コレクション〉）

図5-4-11　排泄にも用いられた足駄
足駄の呼称は平安時代から使われている。この図は、居住地の一角に設けられた排便所で人々が排泄をする場面であるが、人には見えない伺便餓鬼が糞尿を求めて群がっている。排泄物で足が汚れないよう、歯のついた足駄をはいている。（『餓鬼草子』国立国会図書館蔵）

図5-4-12　足半をはいて作業する男性たち
　厩で牛馬の世話をする2人の男性は、足半をはいている。(「石山寺縁起」国立国会図書館蔵)

図5-4-13　主人一家の旅の荷物を運ぶ男性たち
　重荷を担いでの長旅のため、すねに脛巾を巻いて脚を保護するとともに、動きやすくしている。いずれも草鞋をはいている。
(『粉河寺縁起』粉河寺蔵)

図5-4-14　高足駄をはく琵琶法師
　足駄の中でも歯の高いものを高足駄というが、特に琵琶法師がはいている姿を多く見いだす。彼らは視覚に障がいを持っており、足元に厭わしい物があっても避けることが困難なため、これを用いていたものと考えられる。
(『一遍上人絵伝』国立国会図書館蔵)

図5-4-15　足駄をはいて、時衆(一遍に帰依した僧俗)一行の先頭を進む一遍上人
　一遍が残したことばや消息は、『一遍上人語録』として編纂された。この法語集にある『道具秘釈』は、遊行するために必要な最小限の持ち物を12個あげてそれぞれの仏性を示したものである。その中に足駄が含まれており、旅の必需品となっていたことがわかる。(『一遍上人絵伝』国立国会図書館蔵)

職業と服飾

　鎌倉時代の後期から、「職人歌合」という職人づくし絵があらわれました。これは、各種の職人の生業のありさまを織り交ぜながら左右に分かれて歌を詠み、勝ち負けの判を下す歌合（うたあわせ）形式の絵巻です。

　室町時代末期に製作された『七十一番職人歌合（しちじゅういちばんしょくにん）』を検討すると、当時は職種が分化するとともに、これらに携わる男女が職人として認識されていたことがわかります。そして、おもな職業と服飾についての法則性を見いだすこともできます。以下にあげてみましょう。

　陰陽師（おんみょうじ）や医師（くすし）などは官人的な職業であるため、狩衣姿であらわされています。そして、番匠（ばんじょう）（大工）・檜皮葺（ひわだぶき）などの建築に携わる者は直垂を着ています。さらに仏師（ぶっし）・経師（きょうじ）のような仏教にかかわる工人は僧形（そうぎょう）で描かれ、物売り（油売・薬売など）は小袖に袴の姿です。それに対し、炭焼・木伐などは袖と着丈が短い小袖（こそで）（きこり）を着て頭には笠や頭巾（ずきん）を被っており、屋内で商工業に携わる職人たちが烏帽子をつけたのとは異なる存在となっていることに気づきます。

　女性の職人も多岐にわたって描かれています。物売り（魚売・米売・豆腐売など）（いおうり）は、小袖姿に桂巻（かつらまき）の被り物をしていますが、帯売・扇売・白物売（おしろい売り）（おびうり）（おうぎうり）（しろものうり）のような、女性の身じまいに関する物を商う女性は垂髪（すいはつ）にし、小袖の上にもう一枚小袖を打ち掛けて、より女性らしさを強調した着方をしているのです。

　以上のように、中世社会にはさまざまな生業が存在するようになるとともに、服飾は職業を表徴するものとなっていったことがわかるのです。

図5-4-16　医師（くすし）
狩衣に立烏帽子の姿で左手には扇を持ち、右手には処方が書かれた紙を手にしている。前方には乳鉢（にゅうばち）と乳棒（にゅうぼう）が置かれている。医師は治療のために漢方薬を扱った。

図5-4-17　油売（あぶらうり）
油売は点灯用の菜種油（なたねあぶら）を売り歩いた。侍烏帽子を被り、小袖に小袴姿で描かれている。重い油桶をてんびん棒で担いで行商をするため、草鞋（わらじ）をはき、脛巾（はばき）をすねに巻いている。腰に下げているのは火打袋で、右手には油のついた手を拭くための打藁（うちわら）を持っている。

図5-4-18　豆腐売（とうふうり）
小袖を着て、頭には桂巻（かつらまき）をしている。桂巻とは、長い布で頭部を巻いて包み、前方で結んでその余りを下げた被り方である。

図はすべて、『群書類従』国立国会図書館蔵を使用した。

図5-4-20　経師

経師とは、経文を記した経巻の表装を業とする者のことである。裁板の上には経巻・紐・庖丁が置かれている。仏教に関わる職業の工人の図像は、僧形で描かれている。

図5-4-19　番匠

番匠とは、木工寮に属し建物などの造営と修繕にたずさわった大工である。侍烏帽子を被り直垂姿で、腰には刀を帯びている。荒削りした材木を、さらに平らにするために使う手斧を持っている。

図5-4-21　炭焼

袖や着丈の短い小袖の着流しで、草鞋をはく。烏帽子ではなく、編笠を被っている。

図5-4-22　帯売

髪を垂髪にし、小袖の上に小袖を打ち掛ける装いであらわされている。帯を口にくわえて布を裁っている。

図5-4-23　木伐

着丈の短い小袖を着て草鞋をはき、脛巾を着けている。背負った薪（柴）の重量を支え、身体のバランスをとるために杖をついている。「炭焼」と同じく烏帽子は被らず、頭巾を被っている。

※用語は歴史的表現に基づき記述した。

第6章
庶民服飾文化の開花の時代
〈戦国・安土桃山～江戸時代〉

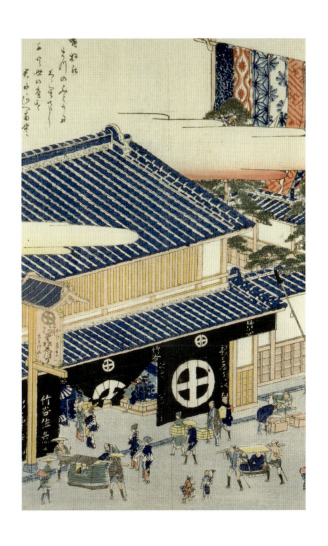

1 武家服飾の変容と武家服制の確立

1. 肩衣袴

　応仁の乱（1467-77）後、列島各地に大名が割拠した戦国時代から織豊政権による天下統一が果たされた安土桃山時代には、戦乱が相次ぎ、支配体制や社会の仕組みは大きく変化しました。そうした中、武家服飾はより独自性を強め、肩衣袴や小袖に外衣を重ねる装いなど、直垂形式より軽便な新しい服飾形式が生まれます。16世紀半ば以降は南蛮船によりもたらされた異国の文物の刺激も加わり、新興武将の間に、伝統に拘泥せず人目をひく異装により自己を顕示する風潮が広がり、新しい服飾観を反映した斬新大胆な服飾意匠が生み出されました。

　肩衣は直垂形式の衣の袖を取り去ったような形の上衣で、これに袴を合わせた肩衣袴は、江戸時代に礼服の主流となる裃（上下）の前身です。「肩衣」は、文献上では応仁の乱以降に陣中や出陣の姿として頻出するようになり、戦国的様相の広がりとともに鎧直垂に代わる戦衣として急速に発達したことがうかがわれます。16世紀前期には、歴博甲本『洛中洛外図屏風』などに見られるように、平常時の肩衣袴も下級武士を中心に普及します。16世紀半ば以降は上級武士にも浸透し、礼服や公服としても通用するようになりました。肩衣と袴は生地や色柄が同一の共裂が正式とされ、異なるものは略儀とされました（『貞順豹文書』）。武将の肖像画にも威儀を正した肩衣袴姿が多く描かれるようになり、無地や小紋の共裂の肩衣袴が多く見られます。肩衣袴の浸透とほぼ同時期に、烏帽子を略した露頂も漸次拡大し、肩衣袴姿では露頂を常とするようになりました。

図6-1-1　肩衣袴姿の武士たち（16世紀前期）

1525-36年の間の京都を描いた本屏風には、下級武士を中心に肩衣袴姿が散見される。1の将軍邸前の一行は、管領畠山氏と見られ、主人（少年の次の人物）とすぐ後ろに従う3人の武士は素襖姿であるのに対し、後方の従者たちは肩衣袴姿である。2の中央に座る肩衣袴姿の武士は、管領細川家の家老格典厩家の当主細川尹賢と見られ、上級武士も平常時の略装に肩衣袴を着用し始めていたことがわかる。（「洛中洛外図屏風（歴博甲本）」国立歴史民俗博物館蔵）

図6-1-2　肩衣袴姿の織田信長（16世紀後期）

織田信長（1534-82）の肖像画。紅の肌着に桐唐草の織文をあらわした白綾とみられる小袖を重ね、その上に五三の桐紋を置いた萌黄の肩衣と腰下に引両筋を白く染め抜いた共裂の長袴を着用する。肩衣、袴ともに公的な装いにふさわしく襞が整えられている。肩衣の桐紋は信長が足利将軍家から拝領した紋であり、白綾は中納言以上の官位を持つ者（当時の武将では信長のみ）だけが着用を許された品であるなど、本図の装いは、天下人信長にふさわしい最高の権威を表象する服装であることが指摘されている（河原由紀子「元秀筆織田信長像の着衣の解釈」）。（狩野元秀筆「織田信長像」〈天正11年〈1583〉）bridgeman／amanaimages）

2. 外衣の発達

戦国・安土桃山時代には、肩衣袴の着用が広がるとともに、武家男性の略装として、江戸時代の羽織につらなる「胴服」や「羽織」と称される外衣が愛好されるようになります。

絵画においては、小袖の上に袖付きや袖なしの外衣を羽織る帯刀の者の姿が、早くは16世紀前期の「真如堂縁起」（大永4年〈1524〉奥書）に描かれ、その後の風俗画にも、社寺参詣、花見などの遊興の場面にしばしば登場します。そこに描かれる外衣の文様や色は、華やかなものから地味なものまでさまざまです。

一方、実物遺品では、戦国末期以降の武将の所用品として伝来する袖付き胴服が少なからず現存し、意匠を凝らしたものが多く見られます。初期の胴服である上杉謙信（1530-78）所用と伝える八領には、唐織の襟や刺繍・摺箔・描絵などで華やかに装飾した襟を効果的に配したものや、中国明の金襴、銀襴、緞子など16種類の渡来裂をパッチワーク風に継ぎ合わせた斬新な胴服などがあります。豊臣秀吉（1536-98）や徳川家康（1542-1616）の所用と伝える胴服には、明の緞子を用いたきらびやかな胴服や現在「辻が花」と呼ばれる縫い締め絞りを中心とした文様染の洗練された意匠の胴服、江戸時代に裃（上下）の加飾技法として定着する小紋染の胴服などがあります。胴服の形態は、袖口の仕立て、衽や襠の有無、各部の寸法など一定ではありませんが、初期の胴服に衽のある小袖に近い形が多いのに対し、安土桃山時代後期には衽のない江戸時代の羽織に近い形が多くなります。

着装のしきたりがなく自由度の高い衣服であった胴服は、陣羽織（次項参照）とともに美意識を表現する格好の場として武将たちに好まれ、多彩な意匠が試みられたのです。

図6-1-3　元服前の武家少年の外衣（16世紀後期）

正月から十二月までの月次の行事を楽しむ人びとを描いた本作品には、武家を中心とした元服前の少年が多く描かれ、いずれも華やかな外衣や小袖を着用する。左の少年は黒地に金の花唐草文様の表に紅裏の外衣、左から2人目は紅、萌黄、白の横筋と縦縞を組み合わせた外衣、右の少年は紅地に金で萩に露の文様をあらわした外衣である。（「十二ヶ月風俗図」山口蓬春記念館蔵）

図6-1-4　さまざまな外衣を着用する武士たち（16世紀中期）

右奥の男性は茶地に蔦文様を染め抜いた辻が花染と見られる外衣、左奥の男性は鶉革の広袖・丈長の外衣、左手前の男性は背に引両と雪文様を染め抜いた紺地小紋の袖なし外衣を着用する。右手前の二人の肩衣袴は洲浜取りと段文様。いずれも露頂である。
（狩野秀頼筆「高雄観楓図屏風」Heritage Images/TopFoto/amanaimages）

図6-1-5　桐矢襖文様辻が花胴服（16世紀後期）

天正18年（1590）の小田原合戦の際、陸奥の大名南部信直の重臣北信愛が豊臣秀吉から拝領したと伝えられる辻が花の胴服。肩は紫に染め分けて桐紋を白く染め抜き、裾は濃萌黄に染め分けて矢襖文様を白く染め抜く。白地部分には、葉に濃淡の萌黄と紫、花に浅黄を用いた桐文様を表情豊かにあらわす。文様は精巧な縫い締め絞りのみによってくっきりと染められており、斬新な意匠、技法ともに辻が花の最盛期の遺品である。（京都国立博物館蔵）

図6-1-6　黄地牡丹蓮唐草文緞子胴服（16世紀後期）

播州小野藩一柳家に伝来し、秀吉から拝領したと伝えられる胴服。表には牡丹蓮唐草文を織り出した明代後期の上質の緞子、裏には紅練緯を用いており、黄と紅の組み合わせが華やかである。上杉謙信所用と伝えられる胴服と同様に衽をつけた仕立てであり、同じ秀吉からの拝領品であっても衽のない図6-1-5の胴服より古い形式と見なされている。（小野市立好古館蔵）

3. 当世具足と陣羽織

　戦国末期から安土桃山時代には、戦さの形態が槍や鉄砲を駆使した大規模な集団歩兵戦となり、これに適した当世具足と呼ばれる新形式の甲冑と、陣羽織や具足下着といった戦衣が登場します。

　軽量かつ堅牢な胴に小具足を備えて全身を覆う当世具足は、胴、袖、小具足の素材や色をそろえるなど統一感を出す一方、兜には、見る人を驚かせるような奇抜な意匠が競われました。神仏をはじめ人体・山・動物・植物・魚介類などさまざまなモチーフを自在に形象化した兜の中には、『常山紀談』（戦国武将の逸話を集めた江戸中期の書）に出てくる黒田長政（1568-1623）の大水牛の兜や蒲生氏郷（1556-95）の鯰尾兜など、武将の武勇と分かちがたく結びつき、広く知られたものも少なくありません。

　当世具足の上にはおる陣羽織にも、自由な発想のもと、大胆奇抜な意匠が生み出されました。武将の遺品に見られる陣羽織の形態は、襟の形状や袖の有無、身頃の輪郭線、丈の長短などさまざまで、素材は、明の緞子や綸子、南蛮船によってもたらされたヨーロッパの羅紗やビロード、ペルシャの綴織など、外来の染織品が積極的に用いられました。中でも羅紗は、防水と防寒に優れるとともに鮮やかな色彩と重厚な材質感が陣羽織に適した素材として好まれました。鳥の羽根や動物の毛などの奇抜な素材も見られます。武将たちは意匠を凝らした当世具足や陣羽織を身につけ、集団戦の中で強烈な個性を表出したのです。

　当世具足の下に着用する具足下着は、動きやすい形が工夫され、遺品の多くに曲線裁断など南蛮人の服飾の影響が見られます。

図6-1-7　黒田長政所用の当世具足（16世紀末期から17世紀初期）

関ヶ原の合戦で黒田長政が着用した当世具足。胴は横幅の広い板札を用い、全体を縦方向に5つの部分に分けた五枚胴で、小具足とともに黒でそろえ、脛当の紅白をアクセントとする。兜は、源平合戦の古戦場として名高い一の谷の急峻な崖を表現した緊張感みなぎる意匠である。檜の薄板を曲げて形作られ銀箔を押したものを鉄の内鉢にのせている。この兜は、もとは福島正則の所用であったが、仲たがいした長政と正則が仲直りする際にその写しを作り、長政の大水牛脇立兜の写しと交換したと伝えられる。（「銀箔押一の谷形兜・黒糸威五枚胴具足」福岡市博物館蔵/DNPartcom）

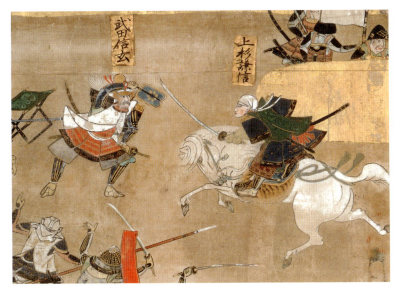

図6-1-8　川中島の戦い（1561）で陣羽織を着用する武田信玄と上杉謙信

武田信玄と上杉謙信の一騎打ちの場面。左の信玄の出で立ちは、白熊の毛をつけた兜をかぶり、赤糸威の鎧の上に袖無しの白の陣羽織をはおり軍配団扇を手にする。対する謙信は、白頭巾で頭を包み、紺糸威の鎧に萌黄の陣羽織をはおる。謙信の出で立ちは、江戸初期に集成された武田氏の軍書『甲陽軍鑑』巻十一の記述とほぼ一致する。（「川中島合戦図屏風」17世紀前半、岩国美術館蔵）

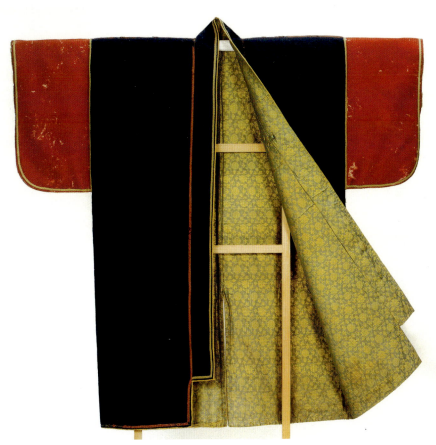

図6-1-9　伝上杉謙信所用の陣羽織（16世紀中期から後期）

　上杉謙信所用と伝えられる陣羽織。表は身頃に紺羅紗、両袖に緋羅紗を用いた袖替りの意匠で、裏は明製の萌黄地菊牡丹文緞子を用いる。形態は小袖に近く、年代の下る陣羽織に見られる斬新さはないが、毛織物ならではの鮮やかな緋と紺の対比が美しく、さらに裏地との対照も華やかである。一方、紺羅紗の縁飾りに緋色のモールを、緋羅紗の袖と襟の縁飾りに金糸入りの萌黄色のモールを用い、羅紗の裁ち目を玉縁にしてくるむなど、細部に南蛮人の衣服の装飾や縫製技法を取り入れている。（「紺緋羅紗袖替り陣羽織」上杉神社蔵）

4. 南蛮趣味の流行

　天文12年（1543）にポルトガル人を乗せた中国船が種子島に漂着し、日本と西洋世界との交流が始まりました。南蛮人と呼ばれたポルトガル人やスペイン人によって異国の新奇な文物がもたらされ、安土桃山時代の文化は多彩なものとなります。

　服飾についても、南蛮人のもたらした服飾品や染織品は武将たちを魅了し、陣羽織を中心にヨーロッパやインド、ペルシャなどの織物や金モール装飾が好んで用いられました。帽子、マント、16世紀から17世紀初期のヨーロッパで流行した襞襟も好まれ、ロザリオなど信仰の対象物を装身具とすることも流行した様子が宣教師たちによって報告されています（ルイス・フロイス『日本史』『イエズス会日本年報』など）。また、具足下着の遺品には立襟やボタン留め、曲線裁断など南蛮人の服飾の要素を採り入れたものが多く、陣羽織も安土桃山時代後期にはこれらの要素が目立つようになります。天正19年（1591）、天正遣欧少年使節一行の聚楽第への華麗なパレードを機に南蛮趣味はさらに高まりをみせます。イエズス会宣教師ルイス・フロイスは、パレードの後には「ポルトガルの衣類を身につけていない者は人間とはみなされないほどであった」と述べています。

　南蛮趣味は庶民にも広がり、風俗画には、襞襟を着けた異装のかぶき者や祭礼などの風流踊りで南蛮人に扮する町衆の姿が見られます。

　江戸時代に入ると、南蛮趣味は鎖国政策のため下火になりますが、マントを模した合羽や西洋のズボンから起こった軽衫・裁付袴（膝下の細い袴）など、南蛮人の服飾の影響を受けてあらわれた衣服が定着し、襞襟などを取り入れた異邦人の仮装も祭礼に受け継がれました。

図6-1-10　襞襟（17世紀初期）

紀州徳川家初代頼宣（1602-1671）所用と伝えられる日本製の襞襟。上から、赤地紗綾と縮緬、白地雲文緞子、白地牡丹唐草文緞子の裂地を用い、立襟部分にボタンとループがつく。ヨーロッパでは立襟部分を首に巻き襞部分を外に折り返して着用したが、「歌舞伎図巻」（17世紀初期）には襞襟部分を下にして首に巻き、そのまま垂らすかぶき者の姿が見られる。（紀州東照宮蔵、和歌山県立博物館提供）

図6-1-11　具足下着（17世紀初期）

徳川頼宣所用と伝えられる小ぶりの具足下着。図6-1-10の襞襟とともに、大坂冬の陣に初陣する13歳の頼宣のために制作されたと伝えられる戦衣類に含まれる。高い立襟がつき、袖口から脇下、身頃の両脇にかけて体の線に沿った曲線裁断が取り入れられ、動きやすく仕立てられている。図6-1-10の白地雲文緞子の襞襟と共裂で作られており、組み合わせて着用されたと考えられる。（「白地雲文緞子具足下着」紀州東照宮蔵、和歌山県立博物館提供）

図6-1-12　南蛮人の姿に仮装した人々（17世紀初期）

上賀茂社（左隻）と祇園社（右隻）の花見の情景を描い
た本屏風のうち、左隻（本図）には、風流踊りの輪の
中心に、帽子やマント、襞襟などを着けて南蛮人に仮
装した人々が描かれている。これに対し、右隻の風流
踊りの輪の中心には大黒天と恵比寿が描かれており、
南蛮人のイメージが七福神的なものであったことを示
している。（「花下群舞図」神戸市立博物館蔵/DNPartcom）

（全体図）

（前）

（後ろ）

図6-1-13　南蛮趣味の陣羽織（16世紀末期から17世紀初期）

伊達政宗（1567-1636）所用と伝えられる陣羽織。黒羅紗地に裾を緋羅紗で山形文様に切嵌めし、金銀モールを縞柄にあらわして効果的に用いている。襟には黒の襞飾りの跡が残り、前端や袖ぐりの曲線裁断や、胸前の布のボタンがけなど、南蛮趣味にあふれた、デザイン感覚の優れた一領である。（「黒羅紗地裾緋羅紗山形文様陣羽織」仙台市博物館蔵）

5. 江戸時代の武家服制

　江戸時代に入ると、徳川幕府による支配体制の確立に伴い新たな武家服飾の規範が形成され、幕府や大名家において服制が整えられました。

　幕府の儀式に参列する際の装束は、『青標紙』（大野広城編、天保11年〈1840〉）や『幕儀参考』（松平春嶽著、明治10年代）などによると、将軍宣下の儀に用いる束帯を最上とします。束帯は将軍家の重要な神事祭祀に用いる衣冠とともに、将軍以下五位諸大夫（一般大名と旗本の一部）以上が着用しました。これに次ぐのが、年頭の拝賀の儀など重要儀礼に用いた直垂系と狩衣系の装束です。直垂・狩衣・大紋・布衣・素襖という序列で、将軍以下お目見え以上が官位に応じて着用しました。これらの装束の内衣は、直垂・狩衣は白小袖（夏は白帷子）、大紋・布衣・素襖は熨斗目（夏は白帷子・紋付帷子）です。

　江戸時代に武士の一般的な礼服となったのは、肩衣袴を形式化した裃（上下）です。肩衣に長袴を組み合わせた長裃は、上級武士の直垂系・狩衣系の装束に次ぐ礼服として、五節句などの年中行事等に用いられました。半袴を組み合わせた半裃は、上級武士の公服として、また一般武士や庶民の礼服として着用されました。長裃、半裃ともに麻製で肩衣と袴が共裂のひとえ仕立てを正式とし、肩衣の背中央と両胸、袴の後腰に家紋をつけます。色柄は、黒・藍・茶などの地味な色の無地や小紋が用いられました。肩衣と袴がそろいでないものは本来は裃とは区別される略装でしたが、江戸後期には継裃と称され、公服としても広く着用されるようになりました。裃の内衣の小袖は、熨斗目（夏は浅黄などの紋付帷子）を正式とし、半裃の略式には無地紋付、継裃には無地紋付、小紋、縞、絣を用いました。

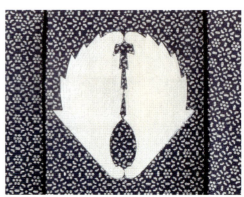

図6-1-14　藍麻地杏葉紋付小紋裃（江戸後期）

　佐賀藩十代藩主鍋島直正（1814-71）が着用した半裃。肩衣と袴が藍麻地小紋の共裂で、鍋島家の家紋である杏葉紋を表す。小紋とは微細な文様の型染めで、江戸時代には武家の裃の加飾技法として定着し、将軍家や有力大名家がそれぞれに用いた独自の専用柄である「留柄」も生み出された。この裃の小紋柄は、胡麻殻の断面と七曜を組みあわせた鍋島家の留柄である。（鍋島報效会蔵）

図6-1-15　**大名の長裃姿**（18世紀中期）

　宇和島藩五代藩主伊達村候（1725-94）の長裃姿の肖像画。肩衣と長袴は、濃鼠地に弧を描くように並べた丸い点を白く染め抜いた鮫小紋で、宇和島伊達家の家紋である竹に雀紋（仙台伊達家の家紋竹に雀紋とは葉の表現などが相違）があらわされている。下には、同じく宇和島伊達家の家紋である三引両紋を付けた黒の熨斗目を着用する。肩衣は、江戸時代に入ると肩を広く張らせて前身頃に規則的に襞を折りたたみ、胸より下を細長く平行に袴に着込める形となった。本肖像画は、肩幅が一層広くなった18世紀中期の肩衣の有様をよく伝えている。（「伊達村候画像」宝暦13年〈1763〉金剛山大隆寺蔵、宇和島市立伊達博物館提供）

図6-1-16　**熨斗目小袖**（江戸後期）

　熨斗目とは、上と下を無地とし、色違いとした腰の部分に縞、格子、絣を織り出した小袖を指す。本小袖は、福井藩十六代藩主松平慶永（春嶽、1828-90）所用と伝えられる熨斗目。越前松平家の家紋である三つ葉葵紋を、両胸、両後袖、背中央の5か所に縫取織であらわし、上と下は紺無地、腰の部分を白地とし、細かい横縞を織り出す。（文化学園服飾博物館蔵）

6. 羽織袴

袴に次ぐ江戸時代の武家男性の服装は、小袖の上に羽織と袴をつける羽織袴姿です。羽織袴姿は武士の日常着であり、下級武士には出仕の際の服装として、また、庶民にも改まった服装として用いられました。幕末の動乱期には、幕府が羽織袴を公服と定めるに至ります。

羽織は、戦国時代以来略装として着用された胴服などの外衣の後身で、江戸初期までは形も意匠もさまざまでした。しかし17世紀半ば以降はしだいに改まった装いとなり、地味な色や文様が一般的となって、黒紋付を正式とし、以下、無地、小紋、縞という順の格付けが生じます。形態は、脇に襠があり、前身丈いっぱいにつけた襟を外側に折り返す形式に定まりますが、丈の長短には時々の流行が見られました。通常の羽織のほか、背割れのある帯刀に適した仕立ての打裂羽織が、武士の屋外用・旅装用に用いられ、幕末には上級武士の公服としても着用され

るようになりました（『南紀徳川史』など）。

特殊な羽織に、火事羽織と陣羽織があります。火事羽織は、消火活動にあたる武士が用いた打裂羽織で、羅紗・ゴロフクレンなどの毛織物や革などの燃えにくい高級素材を用い、美麗に装飾したものも多く見られます。陣羽織は、戦さのない江戸時代にも甲冑とともに上級武士の備えとされ、羅紗などで仕立てた装飾性の高い陣羽織が野外での礼服として用いられました。

袴には、通常の襠の低い平袴のほか、乗馬用に襠を高くした馬乗袴や襠高袴、平袴と同形で裾に黒ビロードの縁をつけた旅装用や火事装束用の野袴、野袴の裾を細くした踏込袴があります。地質は、江戸中期以降は仙台平、唐桟、茶宇、小倉木綿などの縞が一般的で、上級武士の馬乗袴や野袴には緞子や錦なども用いました。

図6-1-17
火事羽織（江戸後期）
　仙台藩九代藩主伊達周宗（1796-1812）所用とされる火事羽織。揃いの胸当を伴う。生地には墨色のゴロフクレン（薄地の毛織物）を用い、背・両後袖・胸当に竹に雀紋（伊達家の家紋）を緑のビロード地に黄の絹糸の縁取りであらわしている。背割れの元には飾り紐がつき、襟には唐草文様の装飾が施されている。（「黒呉絽地竹に雀紋火事装束〈羽織〉」仙台市博物館蔵）

図6-1-18　火事装束（「明和九年目黒行人坂火事絵」安永年間〈1772-81〉初頭）

江戸の三大大火のひとつである目黒行人坂の大火（明和9年〈1772〉）で、消防活動のために集まった武士たち。指揮をとる騎馬の武士は、家紋の目立つ火事羽織・胸当とともに長い錣つきの兜頭巾をつけ、威儀を正している。（国立国会図書館蔵）

図6-1-19　羽織袴姿の仙台藩士（19世紀中期）

　江戸城内桜田門への大名の登城風景を描いた屏風のうちの仙台藩の行列。腰に大小の刀を差す供侍たちは、乗物脇の4人が半裃姿、他は羽織袴姿で、通常の羽織や打裂羽織と思われる羽織も見られる。いずれも袴を畳み上げ、下に着る小袖の裾を持ちあげて袴の紐に挟み脛をあらわしている。（「江戸城登城風景図屏風」弘化4年〈1847〉国立歴史民俗博物館蔵）

図6-1-20　大名の羽織袴姿（19世紀中期）

松代藩九代藩主真田幸教（1836-69）の羽織袴姿の肖像画。真田家の家紋である六文銭紋の付いた黒羽織に黒小袖を重ね、緑地の縞の袴を着用している。上級武士にとって羽織袴姿は略装であったが、その中でも黒紋付の羽織・小袖は最も格の高いものであった。文久2年（1862）には、幕府が継裃に代えて羽織・縞高袴を公服と定めている（「服制変革ノ令」）。（「真田幸教画像」真田宝物館蔵）

7. 武家女性の服制

　中世に簡略化の進んだ武家女性の服飾は、戦国時代には小袖のみで構成される打掛姿と腰巻姿が確立し、安土桃山時代にかけて正装として定着していきました。

　江戸時代に入ると、将軍家や大名家において服飾の規範が整えられ、季節や着用日ごとの服装形式、生地、意匠、加飾技法が身分や年齢などに応じて定められました。紀州藩の歴史書『南紀徳川史』（明治34年）や安政5年（1858）刊『奥女中袖鏡』などによると、江戸後期には、正月三が日・五節句などの年中行事、毎月1、15、28日などの式日の午前中に着用する上層武家女性の礼装は次のようなものでした。

　9月9日から3月末日は、間着に掛下帯をしめ打掛をはおる打掛姿です。ただし将軍家や御三家など有力大名家の正室は元旦には袿に長袴の袿姿、五節句には打掛に長袴の掻取袴姿でした。4月1日から5月4日と9月1日から8日は、袷小袖に幅の狭い附帯を左右に張らせて結びます。5月5日から8月末日は、単衣や帷子に附帯をしめます。将軍家や有力大名家の正室は附帯に腰巻を広げてかける腰巻姿でした。これらの礼装では、打掛や袷には白、黒、赤の綸子地に刺繍や染めで文様を全体に施したものや、これに次ぐ格式の縮緬の総模様を用いました。単衣や帷子には、辻やこれに次ぐ茶屋辻を用いました。辻とは、白、黒などの絹縮や晒麻に刺繍や染めで文様を全体に施したもの、茶屋辻は白地に藍で文様を染めた帷子です。

　平日の服装形式は基本的に礼装と同じですが、生地や装飾は簡素なものを用います。また、年中行事、式日、平日とも午後は打掛を省略した帯付と称される装いに改めるなど、午前より簡略な装いとなりました。

図6-1-21　腰巻姿（17世紀初期）
安土桃山時代から江戸初期の武将中川秀成の夫人洞仙院（1564-1610）の肖像。茶地に菱重ねと枝垂れ桜の文様をあらわした小袖に細い帯を前結びとし、唐織を思わせる多彩な桐唐草文様の小袖を腰に巻きつける。（「中川秀成夫人像」京都・大善寺蔵、京都国立博物館提供）

図6-1-22　附帯姿（19世紀前期）
流水に紅葉を取り合わせた龍田川（紅葉の名所）の意匠のひとえ仕立ての着物に、唐草と丸文様をあらわした附帯（提帯とも呼ばれる）を結ぶ。（歌川豊国筆「御殿女中図」文化年間〈1804-18〉奈良県立美術館蔵）

図6-1-23　打掛（19世紀中期）

備前福山藩七代藩主阿部正弘の夫人寛恭院（1822-52）の肖像。打掛は、黒地に桜・牡丹・藤・菊の花束を全体に配し、間に唐扇を散らす。このような意匠の打掛は、上層武家女性が五節句や式日の礼装として用いたものである（次項参照）。下に重ねる間着は、赤地に流水、藤、蔦文様を全体に散らし、間に露を置く。前結びにした萌黄地の帯には、阿部家の家紋「違い鷹の羽」に用いる鷹の羽を中心に、蝶、杜若などをあらわす。（「寛恭院画像」福山市教育委員会蔵）

8. 武家女性の小袖意匠

　江戸時代前期の小袖には、「地無し」のように武家女性が新しい好みを先導した意匠や、「寛文小袖」のように武家女性にも町人女性にも好まれた意匠が見られました（「江戸時代前期の小袖意匠」を参照）。しかし江戸中期以降、武家女性の好みは礼装を中心に町人層とは異なる方向に向かい、伝統を重んじた独自の意匠を確立していきます。

　江戸後期の武家女性の小袖の現存品や大名家伝来の肉筆小袖雛形（注文帖）には、上層武家女性の礼装として着用されたと考えられる二種の特徴的な意匠が見られます。ひとつは、花束や花の折枝を全体に配し、間に立涌や七宝繋など有職風の文様や唐扇を散らした意匠を、白・黒・赤地に刺繍や型鹿の子などであらわすもので、綸子の打掛や絹縮の単衣、晒麻の帷子に見られます（Ⅰ類）。もうひとつは、近代以降「御所解」と通称されるようになった意匠です。繊細な風景文様を白上がりに刺繍を加えてあらわしたもので、王朝文学や謡曲など文芸主題を暗示するモチーフを配する例が多く、縮緬の打掛や小袖、絹縮や絽の単衣、晒麻の帷子などに見られます（Ⅱ類）。Ⅱ類には、総模様と腰から下に文様を配するものがあります。これらの意匠のうち、Ⅰ類は最も格式が高く、五節句などの特別な式目に着用され、Ⅱ類は、総模様、腰から下のみに文様を配した意匠の順で、準礼装から略装として用いられました。

　このほか、藍染で白地に風景文様をあらわした帷子（茶屋辻）や、黒練緯地に吉祥文様などを隙間なく刺繍した腰巻など、細密な装飾を特徴とする武家女性特有の意匠が生み出されました。

　一方、平日午後の略装には縞、格子、絣など町人女性の好みにも通じる小袖が着用されました。

図6-1-24　立涌花卉模様打掛（江戸後期）
佐賀藩鍋島家伝来の打掛。紅綸子地に牡丹・菊・藤の花束文様と立涌文様を全体に配し、金糸入りの華やかな刺繍と型鹿の子であらわす。このような意匠の打掛は「地赤」と呼ばれ、格式の高い礼装として着用された。（鍋島報效会蔵）

図6-1-25　茅屋風景模様帷子（茶屋辻）（江戸中期から後期）
武家女性の夏の礼装用帷子（麻製ひとえ仕立ての小袖）。白麻地に糊防染による藍染めで、種々の花木でおおわれた水辺の風景を細密にあらわし、わずかの刺繍を加えている。（国立歴史民俗博物館蔵）

図6-1-26　御所車水辺模様小袖（江戸後期）
武家女性が着用した「御所解」と称される小袖。浅黄色の縮緬地に白上がりと色数をおさえた刺繍により、松、竹、梅に覆われた芦の茂る水辺の風景をあらわし、腰下に牛車と笠、茅屋を配している。芦、牛車、笠、茅屋の組み合わせにより謡曲『芦刈』のストーリーを暗示していると考えられる。（国立歴史民俗博物館蔵）

2 小袖の開花

1. 小袖の形態

　近世を通じて服飾の中心的位置をしめ、今日の着物へと連なる小袖は、身頃、衽、衿、袖から成る上下一部形式の衣服です。小袖は元来筒袖の衣で、古来、庶民の表着として着用され、平安時代以来、貴族の内衣として用いられるようになり、しだいに袖口の詰まった袂のある形に変化します。中世には公家装束の簡略化や武家独自の服飾の発展に伴って小袖の役割は大きくなり、戦国時代から安土桃山時代には、身分を問わず小袖を表着とすることが定着しました。表着化した小袖は丈長の全身衣となり装飾も充実し、江戸時代には小袖を中心とした多様な服飾文化が展開します。

　江戸時代初期までの小袖は、狭い袖幅に対して身幅が広く、対丈（足首までの長さ）で、男女ほぼ同形でした。その後、袖幅が広がるとともに細身で丈長の小袖姿に対する好尚があらわれ（『女鏡秘伝書』慶安3年〈1650〉）、しだいに身幅が狭く女物は裾を引く長さとなります。17世紀後期には袖幅と身幅がほぼ同寸の形が定着し、今日の着物の形に近くなりました。18世紀以降は、形に大きな変化はありませんでしたが、女性の振袖の袖丈はしだいに長さを増し、宝暦（1751-64）頃には2尺8、9寸（約106〜110センチ）にも達しました（喜田川季荘編『守貞謾稿』）。

　「小袖」は、近世には、絹製裏付きで薄く真綿を入れた小袖の呼称で、小袖の中でも絹製裏つきで中綿を入れないものは「袷」、裏地のつかないものは「単衣」（絹や木綿地）や「帷子」（おもに麻地）と呼んで区別されました。

図6-2-1　安土桃山末期から江戸初期の小袖姿
　身幅が広く全体にゆったりとした対丈の小袖を着用する女性たち。袖幅が狭く裄が短いために手首が見えている。帯は幅が狭く前や脇で結ぶ。（狩野長信筆「花下遊楽図屏風」東京国立博物館蔵、TNM Image Archives）

図6-2-2　抱え帯をしめた女性の外出姿（菱川師宣画『和国百女』元禄8年〈1695〉刊）
　小袖の身幅は細く身丈は長くなっている。裾をひく丈長の小袖は、本図に見られるように、外出時には裾をたくしあげて抱え帯をしめ丈を調節した。（国立国会図書館蔵）

図6-2-3　16世紀中期の「辻が花」の小袖

永禄9年（1566）の銘のある小袖。仕立て直しがなく、16世紀中頃の小袖の形態の特徴をうかがうことができる。後身幅が38.5センチ、前身幅が38センチであるのに対し、袖幅は21.5センチで、身幅は袖幅の約1.8倍である。衽幅（25センチ）も広く、裾回りは約200センチもある。数少ない「辻が花」（次項参照）の小袖としても貴重な作品で、肩と裾を紅色の洲浜形に縫い絞ってその中を白く染め残し、紅地には金銀摺箔等で、白地には描絵で花鳥文様を表現している。（「白練緯地花鳥模様辻が花染小袖」東京国立博物館蔵、TNM Image Archives）

2. 戦国・安土桃山時代の小袖意匠
～15世紀末から17世紀初頭～

　表着となった小袖には、多彩な意匠が凝らされるようになります。16世紀前期の絵巻物『真如堂縁起』に描かれる上流層の小袖には、片身替り、段替り、肩裾の構図が多く見られます。これらの構図は、鎌倉時代以来、武家の直垂や上流女性の裃に用いられていたものから受け継がれています。16世紀半ば以降も、風俗画や肖像画に描かれる男女の小袖や小袖遺品では、これらの構図が主流をなし、加えて総模様や散らし模様も目立つようになります。

　染織技法についても、平安時代以来の公家装束の伝統である織物尊重の意識が受け継がれました。中でも、刺繍のような風合いを特徴とする日本の紋織物である唐織は、上流層の男女に賞翫されました。その一方で、織りよりも自由に文様を表現できる刺繍や染めも盛んに用いられるようになります。15世紀末頃の将軍家に仕える女性の心得などを記した『簾中旧記』（16世紀初頭成立）には、織物のほか、刺繍、摺箔（金銀の箔を摺って文様を表す技法）、染め物などの小袖について記されています。その後、安土桃山時代にかけて、繍箔（刺繍と摺箔の併用）や絞り染めが小袖の加飾方法として好まれ発展していきます。16世紀半ば以降の小袖遺品には、多彩な刺繍を主体とし隙間を摺箔で埋めた繍箔の小袖が多く見られます。絞り染めでは、輪郭線を縫い締めて文様をあらわし、細部に描絵（墨や絵の具で直接文様を描く手法）や摺箔を加えた、現在「辻が花」（「辻が花染」）と称される文様染が16世紀後半に成熟期を迎え多様化します。

　技法の多様化とともに文様の題材も豊富になり、季節感にとらわれない植物文様の選択など、新しい表現が見られるようになりました。

図6-2-4　「辻が花」の小袖（16世紀中期）
　右の女性は、紫地に藤の花を白く染め抜いた辻が花と見られる小袖。右から3番目の女性は、身頃の左右で色や文様を変える片身替りの構図の「辻が花」と見られる小袖。片方は紅筋、もう片方は萌黄地に椿や菊の花を白くあらわし墨の輪郭線を加える。（狩野秀頼筆「高雄観楓図屏風」Heritage Images/TopFoto/amanaimages）

図6-2-5　春草と桐文様肩裾小袖（16世紀）
　肩と裾を洲浜形で区切り、中に文様を充填した繍箔小袖。右前身頃と左後身頃には、菫、たんぽぽ、土筆、梅、桜などの春草を、左前身頃と右後身頃には吉祥文様の桐を明るい色調の刺繍で表現し隙間に摺箔を施す。季節感との結びつきを大切にする伝統にのっとり、草花文様は春のモチーフで統一される。（「白練緯地桐桜土筆肩裾文様繍小袖」浦嶋神社蔵）

図6-2-6　四季草花文様小袖（16世紀中期から後期）

身頃を大きく四つに分けた段替り（四つ替り）の繍箔小袖。各区画に春の梅、夏の藤、秋の楓、冬の雪持ち笹をおおらかな刺繍であらわし、隙間に金箔と銀箔を摺り詰める。文様に季節の植物を用いるという伝統的なしきたりにとらわれず、本作品のように、異なる季節の草花を同時にあらわすことは、16世紀半ば以降の新しい文様表現であることが指摘されている（佐藤〈森〉理恵「小袖の文様とその変遷—十四‐十六世紀—」）。（京都国立博物館蔵）

3. 江戸時代の小袖意匠と
小袖雛形本

　江戸初期には男性の小袖にも大ぶりの文様が見られましたが、やがて成人男性の小袖の主流が無地や小紋となったのに対し、女性の小袖には多様な構図、題材、技法の文様が展開しました。

　小袖雛形本は小袖の意匠見本集です。木版出版の発達した江戸時代には小袖雛形本が多数刊行されました。現存最古とされる板本の小袖雛形本は寛文6年（1666）刊『新撰御ひいながた』です。これより先に呉服商雁金屋の「衣裳図案帳」のような肉筆雛形や、模様小袖の挿図を含んだ絵入り礼法書等がありますが、版本の小袖雛形本は新たな意匠がより広範囲に共有される可能性を開いたのです。小袖誂えの見本、眺めて楽しむ絵本の性格を兼ね備えたファッションブックであった小袖雛形本は、各時期の小袖意匠を今日に伝える貴重な資料です。菱川師宣、西川祐信ら著名絵師による例もありますが、主な担い手は染め物に精通した絵師であったと考えられ、版元は上方書肆が中心です。小袖雛形本は糊防染技法が発達した貞享から元禄期（1684-1704）にかけて増加し、正徳、享保期（1711-36）に頂点を迎えますが、その後次第に低調となり、実質的な新刊は寛政12年（1800）の『新雛形千歳袖』が最後です。18世紀半ば以降、小単位のモチーフを置いた定型的な構図の裾模様（裾付近にのみ文様を置く意匠）が増えたことや小紋や縞の流行は、小袖雛形本への要求を低下させ、出版文化の中心が江戸に移ったことも拍車をかけたと考えられます。絵画的モチーフに関しては、鑑賞用絵本や絵手本等の出版物も意匠参考書の役割を果たしました。なお、版元の小袖雛形本出版が低調となってからも誂えの参考とする肉筆雛形本は用いられました。

図6-2-7　小袖雛形本出版のはじまり（「月うみのうへにうさぎのもやう」『新撰御ひいながた』寛文7年〈1667〉）

版本の小袖雛形本、最初期のもの。袖を広げた小袖型に文様を示すのが雛形本の基本形式である。月、波に兎の文様は謡曲『竹生島』の一節をあらわしている。（国立国会図書館蔵）

図6-2-8　小袖雛形本と意匠の流行（「菊に琴」友尽斎清親画『友禅ひいながた』貞享5年〈1688〉複製版）

人気のあった扇絵師宮崎友禅斎の画風を小袖文様に展開した雛形本。繊細な描写、花鳥風景、古典文芸による題材を特徴とし、「糊置き」して「絵をかく」技法が言及されている。出版物は流行拡大を支えた。（国立国会図書館蔵）

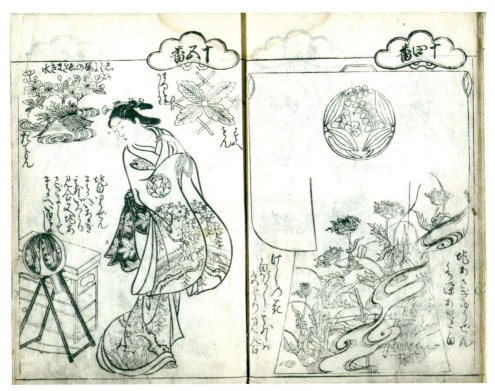

図6-2-9　浮世絵師による小袖雛形本（『雛形都風俗』正徳6年〈1716〉）
浮世絵師西川祐信あるいは祐信画風を得意とする浮世絵師によると見られる作品。着姿が描かれ、風俗絵本と雛形本との連続性がうかがわれる。18世紀初期に流行した大ぶりの伊達紋（家紋とは異なる装飾的な紋）、幅広い帯と調和する腰高の構図が見られる。（国立国会図書館蔵）

図6-2-10　小袖雛形本出版の終焉（「水にちとりのすそもやう」梅屋権蔵他画『新雛形千歳袖』寛政12年〈1800〉）
実質的に最後の新刊となった小袖雛形本。微細な裾模様、褄模様が大半である。（京都府立京都学・歴彩館蔵、京の記憶アーカイブより）

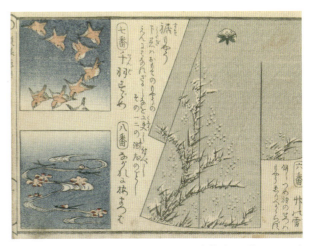

図6-2-11　多色刷り出版物が伝える小袖意匠（「裾もやう」梅丸友禅『手鑑模様節用』、享和から文政前期）
染色業者による小袖類誂えの手引き書。表着の裾模様に合わせて下着の意匠も示され、江戸後期の装いには表着だけでなく全体の取り合わせが重視されたこと、また人々が意匠を眺めて楽しむ上で多色刷り出版物が求められた様子がわかる。（国立国会図書館蔵）

4. 江戸時代前期の小袖意匠

～17世紀初期から中期～

　現存する江戸初期の小袖には、複雑な区画に縫い締め絞りで地色を染めわけ、刺繍や摺箔、鹿の子絞り（小さな白い粒模様を染め出した絞り染め）で細かな文様を表した「慶長小袖」と呼ばれる一群があります。細部の緻密さに対し全体の構図が大胆であり、地色に黒（黒紅）、紅、白の三色が多いこと、紗綾、綸子など柔らかな絹地が多く用いられることも「慶長小袖」の特徴です。文献資料には摺箔を一面に施し刺繍などを加えた「地無し」小袖が江戸前期に武家女性の礼装とされたこと（新見正朝『八十翁疇昔話』）、京の傾城町が六条にあった頃（寛永17年〈1640〉以前）に太夫が地無し縫箔の小袖を着たこと（藤本箕山『色道大鏡』）が伝えられています。「慶長小袖」には、これらに相当するような摺箔と刺繍で地を埋め尽くす表現が見られます。

　一方、17世紀前期に制作された遊楽風俗図に描かれた男女の小袖には、より多様な構図、題材の大ぶりな文様が描かれており、遊里や芸能周辺での闊達な意匠の試みがうかがわれます。

　元和6年（1620）に後水尾天皇へ入内した東福門院（1607～78）は、高級呉服商雁金屋で多くの小袖類を誂えました。その注文を記録した「衣裳図案帳」（万治4年〈1661〉『御畫帳』、寛文3年〈1663〉『御絵帳』等）には左脇を空白とし肩から右脇に流れるように文様を布置した構図が多く見られます。文様には大胆な菊や波、和歌や謡曲にちなむ文字が目立ち、金糸を含む繍い、鹿の子などで表現されています。これに通ずる右肩を中心に弧を描くような構図は、寛文7年刊の小袖雛形本『御ひいながた』にも多数見られます。寛文期頃に好まれた、このような特徴ある構図の小袖は「寛文小袖」と呼ばれています。

図6-2-12　『雁金屋御画帳』に見る東福門院の誂え（万治4年〈1661〉頃）

東福門院の注文を記した『雁金屋御画帳』（「衣裳図案帳」）のうち、万治4年の記録の一部である可能性が指摘されている資料である。左袖から右裾にかけて水の流れと大きな菊花が描かれている。綸子地を黒紅色とし、鹿の子、金糸刺繍を施すことなどが指定されている。（「衣裳図案帳」大阪市立美術館蔵）

図6-2-13　菊水模様小袖（江戸前期）

黒紅綸子地に不老長寿を意味する菊水の意匠を鹿の子絞りで大胆にあらわし、刺繍で波頭と小菊を加えた「寛文小袖」。文様の構図や題材、技法は図6-2-12に通ずるところがある。（国立歴史民俗博物館蔵）

図6-2-14　御所車花鳥模様小袖（桃山から江戸初期）

綸子地を黒紅、赤、白の複雑な不定形の区画に染め分け、微細な摺箔と刺繍で埋めている。「慶長小袖」の特色をよく備えた作品である。（J．フロント　リテイリング史料館蔵）

図6-2-15　遊楽風俗図に見る江戸初期の小袖意匠（17世紀前期）

男女間の文のやり取りを描いた屏風のうち、右扇（本図）の女性たちの小袖には、総鹿の子地に紋を散らす、大きな水車文様を非対称に置くなど、多様な意匠の試みが見られる。帯が細く、身幅の広い小袖が遮られることなく一続きの平面として捉えられたことも、大胆な意匠の前提にあると考えられる。（「風俗図屏風」〈伝本多平八郎姿絵〉右扇、徳川美術館蔵、徳川美術館イメージアーカイブ／DNPartcom）

5. 江戸時代中期から後期の 小袖意匠

○17世紀後期から18世紀前期、「友禅」の登場

　17世紀後期には、経済力を伸ばした町人層も担い手となった文化が上方を中心に花開きます。町人たちが装いに贅を凝らした様は、延宝（1673-81）末頃とされる京と江戸の富裕町人の女房による衣裳競べの挿話にも伝えられています（『武野燭談』）。天和3年（1683）には衣裳法度が出され「金紗、縫、惣鹿子」が禁じられますが、翌天和4年の小袖雛形本『当世早流雛形』では惣鹿子などは廃れて物好き（趣向）が変わり軽きを本とするようになったとし、「正平染」「さらさ」等の模様染が注目されています。

　17世紀末には「友禅風」が流行します。貞享3年（1686）『諸国御ひいなかた』に「此頃都にはやりしもやうゆふぜんふう」と見えるのをはじめ、「友禅風」は京で人気のあった扇絵師、宮崎友禅斎による扇絵のような意匠を意味しました。全冊友禅風を摸した小袖雛形本、貞享5年刊『友禅ひいながた』（図6-2-8）には、草花の丸文や和歌、物語、俗語等による繊細な絵画的意匠が並び、絵のような意匠を染めるのに適した、糊置き防染して文様に色挿しをする手法が言及され、後の友禅染につながる技法の確立過程がうかがわれます。やがて「友禅」は文様の輪郭に糸目糊（細く線描きをした防染糊）を置き色挿しをするのを基本とする染め技法として定着します。

　17世紀末頃から小袖雛形本中の文様の構図も変化し、腰の上下で文様が分かれ始め、18世紀前期には腰下のみに文様を置く構図が目立ってきます。女帯が幅広くなり文様が途切れるようになったこと、女性の小袖が丈長になり裾を曳く着装に変化し、視線の集まる下方への文様の集中を促したことと関係すると考えられます。

図6-2-16　流水に楓模様小袖（江戸中期）
綸子地に型鹿の子（摺り匹田）で楓の立木と橋をあらわし、流水文様を染め、刺繍を添えている。型紙を用いて染めた型鹿の子は鹿の子絞りの重厚さに較べ淡泊な印象である。（中村コレクション蔵）

図6-2-17　扇に柳堤模様小袖（江戸前期から中期）
初期の友禅染と位置づけられる作品。友禅風意匠の一典型である「花の丸」のモチーフが見られる。糸目糊の線は繊細であるが色数は少なく、ぼかしも見られない。腰の上下で文様が分かれる構図は、帯の幅が広くなってきたことと関係すると考えられる。（J. フロント リテイリング史料館蔵）

図6-2-18　近江八景模様小
袖（江戸中期）
　白縮緬地の腰から下は浅葱
色に染めて琵琶湖をあらわ
し「堅田落雁」「矢橋帰帆」
「瀬田夕照」「粟津晴嵐」「唐
崎夜雨」を、上部には「石
山秋月」「比良暮雪」「三井
晩鐘」を染めている。友禅
染の糸目糊置と色挿しに
よって各画題が明瞭に表現
されている。（女子美術大学
美術館蔵）

図6-2-19　武藤氏柳子他画『雛形菊の井』五十五　近江八景図文様（享保4年〈1719〉）
　中国絵画の画題、瀟湘八景を琵琶湖周辺の名所に置き換えた近江八景図は、正徳期
頃から小袖雛形本に見られる。「ゆうせん但白上りまたはすみ絵にても」とあり、友禅
染は白上がりや墨絵と並び、絵画性を再現する選択肢とされている。（京都府立京都学・
歴彩館蔵、京の記憶アーカイブより）

○18世紀中期以降、美意識の転換

越智久爲著『反古染』には18世紀半ばを境に女性服飾の好みが変化していった様子が記されています。従来の刺繍入り友禅染などに対し、元文（1736-41）頃には花色（はなだ色）に白上りが好まれ、従来は一般女性があまり着なかった縞や渋い色調も流行し始めます。「白上り」とは糊置きなどの方法で防染して地染めし、色挿しは控えて文様を白く染め残す手法で、地色には白が映える藍系や茶系などの濃色が多く選ばれます。華やかさを避け、控えめな美を敢えて求める選択には、多彩な刺繍や友禅染とは異なる新たな美意識の台頭がうかがわれます。

古典的な美を重んじる武家や上層町人の晴着には幕末期まで華麗な総模様の小袖類が用いられましたが、一般には文様自体がより繊細になり、18世紀中頃には細かな小単位の文様を小袖全体に散らす構図も目立ちます。18世紀半ば以降の模様小袖の構図は裾模様を基本とし、文様を、褄を中心に置く褄模様、裾から八寸、五寸の高さにのみ置く八寸模様、五寸模様、さらには裾の裏地にのみ文様を置く裏模様などが生まれました。森山高盛著『賤のをだ巻』（享和2年〈1802〉序）には、明和・安永（1764-81）頃から流行した、表は目立たない無地や縞にして裏模様をつける装いの好みが「底いたりとやらん心もち」と評されています。このような美意識は、抑えた外見の内にのぞく間着や下着、羽織の裏地、袋物などに贅沢な趣向を凝らす男性の趣味的な装いにも発揮されました。

18世紀半ば以降充実期を迎えた江戸町人文化の中では、抑制された美の追究はよりそぎ落とされた方向へ向かい、濃厚多彩、古典的な模様小袖を典型とする上方風に対し、渋い色の無地や小紋染め、縞の装いを男性も女性も着こなす江戸風の好みが確立されていきました。

図6-2-20　網干海松貝模様小袖（江戸中期から後期）
網干、波、芦など小単位の文様を白上げして全体に散らし、わずかの色挿しと刺繍を加えている。（女子美術大学美術館蔵）

図6-2-21　裾模様の小袖（19世紀中期）
黒地に稗蒔きの鉢と実桜を散らした裾模様の小袖を着た江戸の芸者。裏にも同じ文様が置かれ、裾を引く着装では自然と目に入る。（三代歌川豊国画「雪月花の内　花曇」国立国会図書館蔵）

図6-2-22　立花模様振袖（江戸後期から明治期）
　幕末期には若い女性の振袖にも、裾からわずかの高さにのみ文様を置く裾模様、褄模様が多く見られた。この作品では鼠色地に友禅染でさまざまな立花図を裾から左右の褄にかけて配置し、共布の裾回し（裾の裏地）にも立花図が染められている。写生的な植物図への関心もうかがわれる意匠である。（国立歴史民俗博物館蔵）

6. 帯の変遷

　近世の服飾では小袖が中心的位置をしめ、帯が表にあらわれるようになってその重要性が増します。中でも女帯は多様に展開しました。

　江戸初期までは、男女とも細い平絎の帯や組紐の両端に房をつけた名護屋帯を結びました。その後女帯は幅が広く長くなります。17世紀半ば頃には幅2寸5分ほどでしたが（『女鏡秘伝書』慶安3年〈1650〉）、寛文（1661-73）末頃からしだいに幅が広くなり、丈も、7尺5寸ほどであったものが、延宝（1673-81）頃には1丈2、3尺に及びました（『八十翁疇昔話』享保17年〈1732〉）。その後帯幅はさらに広くなり、18世紀中頃には「鯨尺にて八九寸（約30-34センチ）」（太宰春台『独語』）のものも現れ、19世紀には9寸幅の帯が流行しました。

　結び方も丈の伸長とともに装飾的になります。17世紀後期以降、吉弥結び（上村吉弥）、水木結び（水木辰之助）、路考結び（二代瀬川菊之丞）などが歌舞伎役者の舞台姿から流行し、また、文庫結び、やの字結び、一つ結びなどさまざまな結び方が登場し多様化しました。

　生地や装飾は、帯幅の拡大以前から上等なものには金襴・緞子・繻珍など華やかな紋織物が用いられ、その後、モール、天鵞絨、繻子、縮緬など多様化し、刺繍、鹿の子絞り、友禅染などによる装飾も行われました。18世紀後期以降は、これらに加え八丈縞や唐桟などの縞織物、更紗、厚板、博多織、ゴロフクレンなどの毛織物も用いられ、19世紀には表と裏を異なる生地で仕立てた鯨帯が、縞や渋い色合いの江戸風の装いに好まれ着用が広がりました。

　一方男帯は、江戸時代を通して幅2寸（約7.6センチ）前後のものを簡略に結び、帯地には繻子、縮緬、琥珀、緞子、博多織などを用いました。

図6-2-23　吉弥結びの帯（17世紀末期）

菊や桜を連ねた華やかな丸模様の振袖に、吉弥結びと思われる帯をしめる。吉弥結びは、延宝（1673-81）頃、歌舞伎役者上村吉弥が舞台で用い始め、流行した帯の結び方。吉弥結びの流行を契機に帯丈が長く、結び方も装飾的になったと伝えられている（『都風俗鑑』延宝9年、『都風俗化粧伝』）。（菱川師宣筆「見返り美人図」、元禄年間〈1688-1704〉前半、東京国立博物館蔵、TNM Image Archives）

図6-2-24　鯨帯（19世紀前期から
　　　　　中期）

　渋い色合いのひとえ仕立ての着
物に鯨帯（昼夜帯ともいう）を
一つ結びにしめる女性。鯨帯
は、片面は紺と浅黄の弁慶縞
（藍弁慶）、片面は鳳凰文様をあ
らわした生地を用いる。（渓斎
英泉筆「見立女三の宮図」天保年
間〈1830-44〉千葉市美術館蔵）

図6-2-25　幅広の帯をしめる女性たち（18世紀後期）
　　3人の女性の帯は、図6-2-29より一層幅・結びが拡大している。振袖の娘は後ろ
　　結び、母親は前で文庫結び、供の女性は後ろで一つ結びに締める。結び目の位置
　　は、江戸前期から若い女性は後ろ結びが多くなった。既婚の女性は前・後ともに
　　見られたが、19世紀には礼装を除きほとんどが後ろ結びとなった。（鳥居清長画
　　「風俗東之錦　袴着」天明3-4年〈1783-84〉山口県立萩美術館・浦上記念館蔵）

図6-2-26　江戸後期の帯結び（佐山半七丸著、速水暁齋画
　　　　　『都風俗化粧伝』文化10年〈1813〉刊）

　女性用の教養書である本書には、21種の帯結びの図が掲
載されるとともに、容姿を美しく見せるための帯の仕立
て方や結び方の工夫が紹介される。図は「引むすび」「路
考結び」。（国立国会図書館蔵）

3 衣生活のさまざまな側面

1. 下着（間着）と襦袢

　「下着」は男女の表着の小袖類と襦袢との間に重ねるきものです。喜田川季荘編『守貞謾稿』（1837-53年頃）によれば、江戸時代には冬場は三枚重ね、初冬中春には二枚重ねの着装が一般的でした。三枚重ねの二枚目は間着と呼びます。下着の基本形は表着の小袖と同じで地質、色、柄は着装の格に応じます。江戸後期の武家や上層市民男性の正装には羽二重の鼠無垢、浅黄無垢の間着下着が最も正式で、小紋がこれに次ぎました。御殿女中は正装、平常とも白絹の間着下着、一般女性も正装には白無垢の間着下着を正式とし小紋無垢がこれに次ぎました。一方、略装にはさまざまな柄物も用いられました。特に江戸後期には地味な表着に対し男女とも間着下着に趣味的なきれや、仕立てが工夫されました。

　「襦袢」は江戸時代以降、肌着として着られた衣服です。中世以来の肌着の小袖類を受け継ぐものと考えられますが、語源はポルトガル語jubãoまたはgibão（ジバン）にあると見られます。16世紀には南蛮風「ジバン」を着る人々も登場、やがて肌着の呼称に転化したと考えられています。形は半身丈の半襦袢と対丈の長襦袢に大別され、衽がなく広袖が一般的です。幕末まで男性と御殿女中は半襦袢のみで長襦袢を用いず、一般女性も日常は半襦袢でした。長襦袢は江戸後期、遊里周辺の女性が用い始め、一般女性も晴れ着に着るようになりました。色は男性には白、浅黄が正統的ですが、18世紀中後期の遊客には緋縮緬や紅絹が愛用されました。女性の襦袢には緋や紅色が多く、絞りや板締め等の模様染めで、密かな装飾性が楽しまれました。

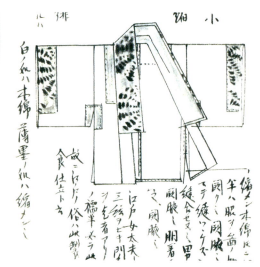

図6-3-1　女物木綿半襦袢（喜田川季荘編『守貞謾稿』巻之十六〈天保8- 嘉永6年、1837-53頃〉）
幕末期には女物襦袢には装飾的な半衿を掛けた。（国立国会図書館蔵）

図6-3-2　長襦袢（19世紀前期）
紅板締め風の長襦袢に、浅黄（薄い藍色）の半衿を掛けている。（歌川国貞画「時世江戸鹿子　茅場町旅宿」〈文政期頃〉慶応義塾図書館蔵）

図6-3-3 更紗寄せ裂下着（江戸末期から明治期）

ヨーロッパ産とみられる多種の舶来更紗を接ぎ合わせ額仕立てにした趣味的な男物下着である。舶来の縞や更紗など、趣味的なきれを用いた下着は通好みの人々、特に男性に愛好され、多種のきれを集め、はぎ合わせた寄せぎれ、胴と縁を別ぎれにした額仕立て等、きれを活かす仕立てが工夫された。額仕立ての場合、外から見える縁には目立たないきれを、華やかなきれは胴に使うのが通例である。（中村コレクション蔵）

2. さまざまな外衣

○半天

半天は庶民層が用いた外衣です。羽織に似ていますが、羽織と異なり襟を外に返さず、脇に襠がありません。19世紀初め文化期（1804-18）頃から江戸の町人男女が半天を用い始めました（『世のすがた』天保4年跋による）。通常の半天は縮緬や紬、木綿地ですが、江戸では寒風の日や火事場には革半天が着られました。職人や鳶の者の印半天は紺木綿地で背に大きく屋号や組の印を入れ、腰にも屋号等を染め抜きます。江戸の大店では出入り職人、鳶の者に毎冬仕着せ半天を与える風習がありました。印半天は、武家の従者に家紋を入れて着せた法被から分化したと考えられますが、法被と違い筒袖です。

○合羽、被布

合羽は雨具、道中着として着るものです。マント状の引廻し（坊主合羽）、袖合羽の2系統があります。前者は西洋のマントの影響を受けたと考えられ、呼称もポルトガル語カパ（capa）に由来するとされます。簡便な雨具としては桐油紙製、一般には布製が用いられました。町人男性の袖合羽着用は、17世紀半ば過ぎの寛文頃、富裕層が対丈の長合羽を用いたことに始まりますが、18世紀前期享保頃より武家出入町人が武家の供合羽に学び腰丈の半合羽を着用、町人には半合羽が多くなりました。女性の合羽着用は18世紀前期より広まり始め、19世紀に入ると裾まで続くたて襟がある女合羽が着られました。被布は袖合羽に似ていますが室内でも着用されます。幅広の襟を背に折り返し、襟元を組緒で留め、腰には紐をつけない等の点が合羽と異なります。文政頃には江戸で流行し町芸者たちが身につけました。幕末期には茶人、大名旗本の後家、隠居らが着用しました。

図6-3-4 印半天、長半天ほか（19世紀中期）
左上は刺し子の長半天に革羽織を重ねた鳶の頭、中央と右下は印半天を着た職人の姿。（三代歌川豊国画「一陽新玉宴」安政2年〈1855〉早稲田大学演劇博物館蔵）

図6-3-5 女合羽（19世紀前期）
江戸後期以降、広く用いられた女合羽。（歌川国貞画「江戸八景 木母寺暮雪」文政4年頃、北海道立近代美術館蔵）

図6-3-6 被布（19世紀前期から中期）
座敷で被布を着ている女性。（蓬莱山人等編、歌川国貞画『花容女職人鑑』国立国会図書館蔵）

図6-3-7　無双廻し合羽（引廻し）（江戸後期から明治初期）
　引廻し、坊主合羽とも呼ばれるこのようなマント状の合羽は主に旅行用に用いられた。表裏に別柄の縞木綿地を用い、リバーシブル（無双）仕立てになっている。（中村コレクション蔵）

図6-3-8　半合羽（江戸後期）
　男物の半合羽。後ろ身頃と襠の間に刀、脇差し用の明きがある。（中村コレクション蔵）

3. 浴衣

　浴衣は、主に木綿地、単仕立てのきものです。「ゆかた」の語は「湯帷子」に由来します。「ゆかたびら」は10世紀の漢和辞書『倭名類聚鈔』にも見られ、古くは沐浴の際に身につけ、浴後の身拭いともされたきものでした。江戸時代には湯屋、風呂屋の営業が盛んになり身拭いの浴衣が広い層に用いられて「ゆかた」の呼称が定着しました。浮世絵の描写を辿ると江戸で浴衣を夏の夕べの寛ぎ着とすることは18世紀後半に広がった様子で、19世紀に入ると江戸庶民の夏の日常着にも浴衣姿が見られます。ただし日中は浴衣での外出をはばかる意識もありました。盆踊りや祭礼に浴衣を着ることも江戸前期から見られ、旅装などで合羽代わりに浴衣を重ね汚れよけとすることもありました。

　桃山から江戸初期の徳川家康の遺品とされるものに麻地の型染め浴衣があります。木綿が普及した江戸時代には木綿地浴衣が一般化しました。小袖雛形本にも洒脱な浴衣文様が見えます。納涼などの遊び着としても定着した江戸後期には長板中形等の型染、鳴海絞等の絞り染、縞、格子など多様な意匠が展開しました。役者文様など遊び心のある意匠も浴衣に特徴的でした。中には総模様の贅沢なものや、濃淡二度染めなど凝った浴衣も作られました。喜田川季荘編『守貞謾稿』によれば江戸と上方では浴衣への意識が異なり、上方では主に大柄もの、小柄でも白地を浴衣とし、外出着の木綿単衣と区別しました。一方、江戸では木綿単衣と日常着の浴衣の別が曖昧でした。浴衣専用のものは袖口を広くあけた広袖仕立てですが、単衣代用には角袖に縫うこともありました。納涼などの女物浴衣は袖口下部をかがることがあり、江戸の女物には表から刺し縫いする仕立てもありました。

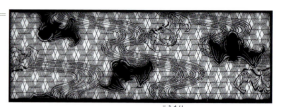

図6-3-9　「染色用型紙」中形　蝙蝠、流水、割付柄（江戸後期）

前橋の紺屋、大黒屋本店に伝来した中形染型紙。享和年間に江戸に進出した型屋「伊勢喜」の黒印が捺されている。長板中形は、このような型紙で白生地の両面に糊置きして染める両面染めの技法である。（国立歴史民俗博物館蔵）

図6-3-10　日常着としての浴衣（19世紀前期）

夏の日常着として木綿の単衣代わりに着られた絞り染めの浴衣。袖口下部は黒糸でかがられている。（歌川国貞画「江戸自慢　洲崎廿六夜」文政初期、千葉市美術館蔵）

図6-3-11　湯上がりの浴衣（19世紀中期）

湯屋には浴衣を持参し、湯上がりにまとって身体を拭った。団十郎好みの三筋に寿の字蝙蝠文様が目を引く広袖の浴衣が描かれている。（三代歌川豊国画「睦月わか湯乃図」弘化4年〈1847〉国立国会図書館蔵）

4. 江戸時代の衣生活

～ 17世紀から19世紀～

　江戸時代には織物の生産、流通が拡大し、呉服、太物商が発展しました。「呉服」は本来、絹織物を指し、麻、木綿は「太物」と呼ばれ区別されましたが、小売り呉服商は太物も扱うことが多くなりました。最大の消費地となった江戸には越後屋、大丸など大呉服商が進出しました。呉服商の扱う商品には「仕入物」（生産地で加工された既製の品）と「誂物」（色、柄を指定した別注品）があります。染め物、とりわけ無地や型染めの誂えは広く行われていました。

　さまざまな品物が再利用された江戸時代には古物を商う古手屋が発達し、古着は主要品目でした。特に木綿栽培ができない奥州向には庶民の衣料として古手木綿が流通しました。町方では呉服類を含む古手の需要があり、江戸には富沢町など古着屋街がありました。古着は仕立て直して、また解いた布片の状態で売られました。

　専門の仕立職人も存在しましたが、通常の衣服の仕立ては家庭で行いました。洗濯の際、木綿や麻の単衣は形のまま洗うこともありますが、きものは四角い布を縫い合わせた平面構成であるため、基本的には縫い目を解いて洗い、干す際には布目がゆがまぬように板張または伸子張にしました（洗張）。これを再び縫い上げる際に裏地の取り替えなども行います。家庭での衣服管理に「縫う」ことが欠かせず、一般女性にとって裁縫技能の習得は重要でした。裁縫は家庭内で教えるほか、地域によっては裁縫師匠に通わせる慣習があり、幕末期には少数ながら寺子屋で裁縫を教える例もありました。なお江戸時代には裁縫書も出版されましたが内容は布の裁ち方、積もり方の説明です。

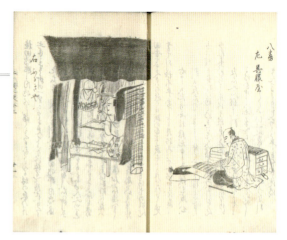

図6-3-12　古着屋（左）、呉服屋（右）（石原正明著『江戸職人歌合』文化5年〈1808〉序）
古着屋の店頭には、仕立てられた衣服のほか衣服を解いた布も見られる。一方呉服屋は反物を扱った。（国立国会図書館蔵）

図6-3-13　竹馬古着屋（19世紀中期）
江戸には竹の台に古着と解いた布を括り付け売り歩く「竹馬古着屋」と呼ばれる担い売りがあった。（三代豊国二代国久画「江戸名所百人美女　木場」安政4年〈1857〉国立国会図書館蔵）

図6-3-14　江戸の紺屋（19世紀初期）
　左から長板に張った白生地に型紙をあてて糊置きをする職人、紋を入れる職人、藍染めをする職人。風呂敷を下げた男は注文に来た呉服屋。（鍬形蕙斎原画、山東京傳他詞書、和田音五郎模写「職人尽絵詞」国立国会図書館蔵）

図6-3-15　洗張（18世紀末期）
　奥は板張、手前は解いた布を反物状に縫い継いで洗い、伸子で仕上げる伸子張。画面下端に見えるのが伸子。（歌川豊国画「洗張」〈寛政末期〉山口県立萩美術館・浦上記念館蔵）

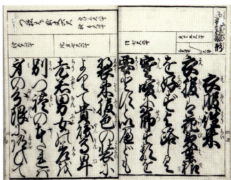

図6-3-16　裁縫の知識（蕉亭主人著『衣服往来』弘化5年〈1848〉）
　衣服を題材とした女子向け往来物。口絵には裁断に使う裁板、裁包丁を前にした女性たちが描かれ（上図）、本文上段には裁ち方図が示されている（下図）。（文化学園大学図書館蔵）

4 装いの美意識と流行

1. 文芸と意匠 ～17世紀から19世紀～

　平面の広がりを持つ小袖の形態は、文様に意味を込め読み解きを楽しむ文化を育みました。主要な題材とされたのが詩歌や物語、芸能です。平安時代の女房装束にも詩歌やその題材となる景物を装飾や色目で表現した例があり、桃山期には『源氏物語』や謡曲にちなむ意匠の小袖があることが知られています。江戸時代前期、17世紀半ばの東福門院による注文を記録した呉服商雁金屋の「衣裳図案帳」には、文字を文様の一部とするなどして和歌や謡曲の主題を示す例が見いだされます。これと近い寛文7年（1667）刊の小袖雛形本『御ひいながた』には物語や謡曲のほか浄瑠璃、諺など大衆的主題も登場します。大胆に示したキーワードから連想を広げる発想は、連句の付合とも通ずることが指摘されています。江戸時代には能は武家の式楽となり、美しい装本の『源氏物語』や『伊勢物語』は上流女性の嫁入り道具ともされました。古典の教養を共有する武家や上層町人女性の晴着には、物語や詩歌、謡曲に取材した意匠が幕末期まで見られます。一方、江戸後期には俗文芸も意匠に影響を与えています。とりわけ山東京伝が著した『小紋裁』（天明4年〈1784〉）以下の見立小紋集は注目されます。これらは戯作絵本であり実用の染織見本ではありませんが、江戸の名物当世風俗など従来染織意匠の範疇にはなかった題材や文字絵の趣向が浮世絵師でもある京伝により虚構の意匠として巧みに示されると、その一部が仲間内で遊びとして染められ、後年、類似の趣向が現実の意匠に波及していきます。

図6-4-1　『雁金屋御画帳』に見る和歌による意匠（万治4年‐寛文3年頃）

　山吹の花と「駒」の文字の取り合わせは『新古今和歌集』巻第二、藤原俊成の歌「駒とめてなほ水かはんやまぶきの花の露そふ井手の玉河」を示している。景物で歌枕を暗示し、文字を配して特定の古歌に思い至らせる趣向は平安時代の歌合の装束にも見られるものである。（「衣裳図案帳」大阪市立美術館蔵）

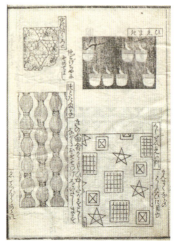

図6-4-2　戯作の世界から生まれた意匠（山東京伝作画『小紋裁』天明4年〈1784〉序、）

　『小紋裁』は読んで楽しむ見立絵本であるが、後年、同趣向の意匠が現実の染織に展開した例がある。江戸の初夏の風物詩「稗蒔き」をモチーフとした図右上の「ひえまき」もその一つ。（国立国会図書館蔵）

図6-4-3　謡曲による意匠　業平菱に杜若と冠模様打掛（江戸後期）

在原業平が東下りの途上、三河の国八橋に至り杜若に寄せて旅の思いを詠んだという『伊勢物語』第九段の挿話、謡曲『杜若』による意匠の打掛である。能における業平の装束を思わせる三重襷を八橋の板橋に見立てている。 緌 をつけた冠（初冠）も業平を象徴する装束であり、馬具の鞭とともに旅姿の業平を暗示している。（中村コレクション蔵）

2. 絵画と意匠 ～17世紀から19世紀～

四角い平面で構成される小袖は、全体が一続きの画面として鑑賞される点で絵画に通ずる性格を持っています。

墨や絵の具で直描きする「描絵」の技法は古くからありますが、江戸時代には小袖を画布とした絵画作品とも位置づけられる描絵小袖が制作されます。17世紀末の井原西鶴の作品には、描絵小袖を仕出し儲けた商人の挿話（『西鶴織留』巻二　元禄7年〈1694〉）のほか、狩野雪信に秋の野を書かせた掛軸さながらの小袖（『好色一代男』巻七　天和2年〈1682〉）などが登場します。現存する描絵小袖には尾形光琳筆「秋草模様描絵小袖」（18世紀前期）をはじめ、呉春、酒井抱一ら著名画人による作品があります。

18世紀前期、正徳から享保（1711-36）頃の小袖雛形本には「墨絵」が多出しますが、同時に糸目糊と色挿しにより絵画に近い表現が可能な「友禅」、色挿しをせず糸目糊などの線の表現を活かす「白上り」、もっぱら刺繍で文様を表す「素ぬい」等の技法が併記され、染めや刺繍による絵画的表現への指向が確かめられます。同時期、尾形光琳の略筆画風を模した「光琳模様」が流行します。「光琳模様」は紅葉や梅、流水など花鳥風景の題材を細部を略し手描きの筆勢を示す輪郭線でとらえたものです。

18世紀後期以降、絵画の世界に写生的な表現が広がると、精緻な染めや刺繍の技で写生的な花鳥、風景図を表した小袖が制作されます。絵師の画風を再現することへの関心も高まり、円山派下絵を伴う三井家伝来衣装などの遺品が伝存しています。天保（1830-44）期の人情本には文人画、浮世絵など多様な系統の絵師の画風を染めや刺繍で写す試みが描かれ、このような趣向と絵画への親しみとの関係を知ることができます。

図6-4-4 「湊取りに秋草千鳥模様小袖」（屏風貼り、江戸中期）
紫地には千鳥を絞り染めで白上げし、淡色地には抑えた色味の友禅染で肥痩を強調した輪郭線が特徴的な光琳風の秋草を表した小袖。元文5年（1740）寄進を示す墨書のある裂が屏風裏面に貼られており、この年以前の制作と考えられる。（国立歴史民俗博物館蔵）

図6-4-5 酒井抱一筆「梅樹下草模様小袖」（江戸後期）
白綸地に墨と絵の具で紅梅の立木と春草が描かれた酒井抱一による描絵小袖。（国立歴史民俗博物館蔵）

図6-4-6「竹尽し模様打掛」（江戸末期から明治前期）
竹図を刺繍で表現した打掛。南三井家旧蔵の作品で、円山派絵師による下絵が伝存している。制作の背景に三井家と円山派絵師との交流があることが知られている。（文化学園服飾博物館蔵）

3. 通の装い　18世紀後期

　男性の装いは17世紀半ばから抑えた色や文様が主流となりましたが、遊里通いなどの略装では地味ながら洒落た装いが吟味されました。

　18世紀後期の江戸の遊里では、「通」を理想とする遊客たちにより、洗練された服飾の好みが形成されます。「通」とは、遊里の事情や人情の機微、装いに通じていることを言い、洒落本『吉原大全』（明和5年〈1768〉）では、「心さつぱりといやみなく、伊達闊達にて洒落を表とし、風流をもつて遊ぶを真の通人」としています。遊里を題材とする洒落本などが伝える通人の装いは、羽織や小袖には、黒紋付や藍・茶・鼠の無地・小紋・縞などの、渋いながらもこだわりのあるものを用いるのに対し、内側に重ねる間着や下着、襦袢には、自らの趣向で凝ったものや、女物のような印象の艶のあるものを着こんでいます。内側に女性風を取り入れた装いは歌舞伎の助六の舞台姿の影響と考えられます。

　小紋は、生地を下染めするなど複雑な色合いのものが好まれ、自分で考案した小紋を誂えることも流行しました。縞は、縞縮緬、八丈縞、上田縞に続き結城縞や舶来の唐桟など特徴ある上質な縞が流行し、通人はそれぞれの縞の色柄の微妙な差異にこだわりました。

　間着や下着には、このような縞や小紋のほか、舶来の間道縞や更紗、役者好みの色や文様など趣味的なものが好まれ、襦袢には、緋縮緬やらせん絞りなど華やかなものを用いました。羽織の裏に描絵を施すことも通な好みでした。持ち物では、煙草入れや紙入れなど袋物に格別なこだわりがうかがわれます。

　このように「通」仕立てには、表着の趣向だけでなく、表から見えにくい衣服や持ち物など、細部も含めた全体の調和が重視されたのです。

図6-4-7　各種の遊里通いの姿（恋川春町画『当世風俗通』安永2年〈1773〉）

上は黒紋付の羽織に縦縞小袖を丈長に着る上之息子風、中央は頭巾をかぶり人目を忍ぶ上之息子風（右）と中之息子風（左）、下は簡略な服装の下之息子風。人前で顔を隠すことは本来女性の風習で、男性の場合、女性的な雰囲気の姿となった。（国立国会図書館蔵）

図6-4-8　小紋の小袖姿の遊客（18世紀後期）

羽織を脱ぎくつろいだ小袖姿で煙草を吸う遊客。黒裏地をつけた黒地小紋の小袖に黒の帯を締め、下着・襦袢ともに黒襟を掛ける。全体を黒でそろえた品格のある装いである。煙草盆の横に置かれる煙草入れと紙入れ（鼻紙や金銭などを入れる袋物）は、遊里通いに必携の袋物で、更紗や羅紗などの舶来裂や、唐織やビロードなどの高級絹織物を用いた凝った作りのものが好まれた。（鳥居清長筆「海辺楼上遊宴図」個人蔵）

図6-4-9　遊客の華やかな下着（18世紀後期）

黒紋付の羽織と藤色小袖（裏は竹を描いた墨絵）の下に重ねた下着は額仕立てで、胴の部分に華やかな緋色の裂を用い周辺に凝った縞の裂をつける。緋色の裂には遊女からの文を思わせる散らし書きの文字が染め抜かれる。（窪俊満画「由良之助　一力遊興」天明〈1781-89〉末頃　山口県立萩美術館・浦上記念館蔵）

4. 装いの好みの男女共有、「いき」の美意識 ～18世紀後期から19世紀～

江戸時代、18世紀初期頃までは京、大坂など上方が文化の中心でしたが、18世紀後期には新興都市江戸の文化が成熟し、服飾にも上方風とは異なる江戸町人風の好みが明確になります。具体的には藍、茶、鼠を基調とした渋い微妙な色彩、微細な小紋染め、上質な縞類があげられますが、これらは男女ともに好まれたことが注目されます。18世紀の服飾の変遷を述べた越智久為『反古染』によれば、元文（1736-41）頃から女性の装いが変化し、従来稀であった縞類がはやり始め、安永（1772-81）頃には縞縮緬、八丈縞などが男女ともに流行品となりました。縞や渋い色合い等が江戸で男女双方から好まれるに至ったのは、遊里周辺で男女の心の触れ合いから生まれた服飾の好みの共有、「男の女風への傾斜」「女の男風への傾斜」が定着し、一般に広がったことによるとし、そこに「いき」の成立をみる見解が示されています（小池三枝『服飾の表情』1991）。明和7年(1770)の洒落本『辰巳之園』には江戸深川の流行語として「いきな男　男にかきらすすいたと云事」と見え、「いき」が男女に通ずる美感であったことがうかがえます。

江戸町人文化の成熟を背景に登場した「いき」は流行を超え美のカテゴリーとして定着しました。天保期頃の深川芸者や市井の男女を描いた人情本には「いき」の美がたびたび語られ、町人社会への拡大も注目されます。大店の内儀について「質素なものばかり召しますけれども実に好風(かうとう)で御人品(ひとがら)が能(よう)ございます」（為永春水『玉都羽喜(たまつばき)』天保年間）等と見え、渋く目だたぬ中に洗練と一抹の華やぎを求める「いき」の美感は「ひとがら(上品)」等の概念とも近接し、江戸町人風の好みとして定着した様がうかがえます。

図6-4-10　縞や渋い色調の装いの男女（18世紀後期）
男性（歌舞伎役者松本幸四郎）は小紋の小袖に縞の羽織、芸者風の女性は黒地の小袖である。（鳥居清長「雪景柳下に立つ四代目松本幸四郎と美人」天明3-4年〈1783-84〉山口県立萩美術館・浦上記念館蔵）

図6-4-11　男性、女性の装いの好みの接近（為永春水作、歌川国直画『春色辰巳園』三編巻之八、天保6年〈1835〉序）
女性（普段着の深川芸者）は格子縞、男性は三筋縞の着物。（国立国会図書館蔵）

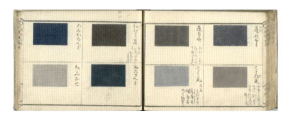

図6-4-12　江戸後期の染色見本（梅丸友禅著『手鑑模様節用』上巻24丁裏25丁表、享和から文政前期頃）
「藤ねずみ」「こび茶」「あゐおなんど」など複雑な色調が見られる。（国立国会図書館蔵）

図6-4-13　江戸風の装いの女性たち（18世紀後期）
左の女性は男物にも通ずる鼠色紗綾形小紋の小袖に黒羽織の装いである。特に羽織は本来男性用の衣服であったため男性風を取り入れた装いといえるが、襟元や袖口、裾からのぞく下着、襦袢の緋色が艶やかである。中央の女性はわずかな裾模様のある小袖に堆朱風意匠の凝った下着を重ねている。右の女性は黒襟を掛けた縦縞の小袖である。黒掛襟は普段着用であるが、少し良い着物にも掛け奢りとする感覚もあった。（鳥居清長画「雪のあした」天明後期、慶応義塾図書館蔵）

5. 歌舞伎と流行
～17世紀から19世紀中期～

　慶長8年（1603）、京で出雲の阿国が当世の傾き者の姿を模して「かぶき踊り」を演じたことに始まる歌舞伎は、同時代風俗と密に関わりながら発展しました。17世紀後期、貞享3年（1686）の『好色一代女』では既に歌舞伎が遊里と並ぶ流行の源とされています。舞台衣装や役者の好みに発する流行の例は多く、江戸前期、中期には上村吉弥の「吉弥結」（帯結び）、伊藤小太夫の「小太夫鹿子」、佐野川市松の「市松染」、市村亀蔵の「亀蔵小紋」等があげられます。

　主要な役者の衣装は原則として自前であり趣向が競われました。ことに町人社会に取材した世話物の衣装には同時代風俗に基づきながらも役柄の表現が追求され、新たな服飾美を切り開いた例が見られます。二代市川団十郎が正徳、寛延期に演じた「助六」の姿は、黒羽二重の小袖着流しに印籠、鮫鞘の脇差しの颯爽とした男らしさの中に、大奥女中からの拝領品に由来する杏葉牡丹の色挿紋、緋縮緬の襦袢など女性的な柔らかさを含み、ひいきの通人たちをはじめ遊客の装いに影響を与えました（『三升屋二三治戯場書留』天保末、ほか）。二代瀬川菊之丞が宝暦13年（1763）八百屋下女お杉役で着始め（『役者全書』安永3年）、明和期に流行した「路考茶」は女性男性ともに着られた渋い色目の一典型となりました。19世紀初め化政期（1804-30）には生活の隅々まで歌舞伎が浸透し、市川団十郎の「かまわぬ」「三筋格子」、尾上菊五郎の「キクゴロ格子」、岩井半四郎の「半四郎鹿子」（浅黄色麻の葉鹿子）ほか数々の役者文様が親しまれました。この背景にも趣向を凝らした役者文様を似顔とともに描いた錦絵や合巻の浸透、また熱心なひいきの人々の存在がありました。

図6-4-14　二代瀬川菊之丞と路考茶（一筆斎文調画「二代目瀬川菊之丞の柳屋お藤」明和6年〈1769〉）

路考茶色の着物で江戸の評判娘、柳屋お藤を演じる二代菊之丞（路考）。このような渋い色を着こなす姿が、身近な江戸の美人像と重なるものであったとわかる。また、明和期に確立された錦絵（多色摺木版画）は、微妙な色調を伝える媒体となったと考えられる。なお、談義本『当世穴さがし』（明和6年）には路考茶は女性だけでなく、男性の流行としても語られている。（東京都江戸東京博物館蔵／東京都歴史文化財団イメージアーカイブ）

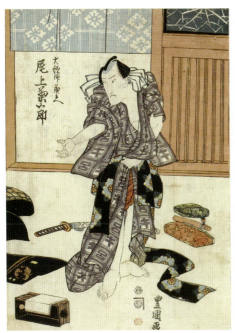

図6-4-15　錦絵にみる役者似顔表現と役者文様（歌川豊
　　　　国画「大経師茂兵衛へ　尾上菊五郎」文政7年〈1824〉）

キクゴロ格子（キの字、呂の字、4本、5本の格子でキ、ク、
ゴ、ロと読ませる）の着物を着た三代尾上菊五郎。19世
紀初期、文化後期頃以降の役者絵には、理想化された
似顔表現とともに多様な役者文様が表現され、鑑賞さ
れた。（早稲田大学演劇博物館蔵）

図6-4-16　合巻に見る役者文様（山東京伝作、歌川豊国画
　　　　『絵看板子持山姥』28丁表、文化12年〈1815〉）

「かまわぬ」（手拭い）、「福牡丹」（半天）、「三筋格子」（着
物）など好みの文様を纏った7代市川団十郎似顔の登場
人物が活躍する合巻である。ストーリー展開とともに
挿絵の人物と文様を読み解き、楽しまれたことがうか
がわれる。合巻は、文化4年（1807）頃から始まった草
双紙の一種であるが、歌舞伎の趣向が好まれ、化政期
には役者似顔、役者文様の描写が充実した。（東京都立
中央図書館特別文庫室蔵）

図6-4-17　贔屓と役者文様（天保期）

熱心なひいきの人々には趣向を凝らした役者好みの意匠が楽しまれ
た。団十郎好みの瓢箪と三升を菖蒲革小紋風に染めた着物、半衿ま
で三つ瓢箪の唐草文様とした服飾描写は、この女性が団十郎びいき
であることを示している。（渓斎英泉画「当世会席尽　深川土橋平清」太
田記念美術館蔵）

5 染織技術の発達

1. 西陣の発展と地方絹織物業の展開

近世の服飾文化の発展は、多様な染織技術の発達によって支えられていました。

16世紀以降、我が国の高級絹織物業の中心となったのは京の西陣です。応仁の乱で荒廃した京から貿易都市堺に避難した織部司の伝統を受け継ぐ織工たちが、乱後、絹織物生産を再開したのが西陣の地でした。職工たちは、堺を通じて伝わった中国明の染織技法を消化吸収し、16世紀後期から17世紀初期には、高機やより複雑な空引機を用いた新しい技術により、金襴・緞子・繻珍・綸子などの紋織物や縮緬・縮緬・紗綾・天鵞絨など、高級絹織物を織り出すようになります。その後西陣では、中国産白糸の優先割当など幕府の保護政策もあって生産量が拡大し、18世紀には織物の種類も一層豊富になり、中国製品に劣らない織物を製織するようになりました（『西陣天狗筆記』弘化2年〈1845〉ほか）。

一方地方でも、18世紀以降、織物産業の発展に力が注がれ、国産生糸の生産増加を背景に、西陣の技術の伝播による高級絹織物の生産が盛んになります。桐生では空引機織法などの導入によって各種の織物が製織されるようになり、その技術は足利や八王子へと伝わりました。縮緬織法は西陣から岐阜、丹後、さらに長浜や米沢へと広がりました。また、縞の流行とともに人々の好みに応じ工夫を凝らした地方独自の絹織物も発展します。筑前の博多織、伊豆八丈島の八丈縞は、それぞれ献上品や年貢として納められていたものが市場向けにも出され人気を博していきます。このほか、信濃の上田紬縞、下総の結城紬縞などが注目されました。

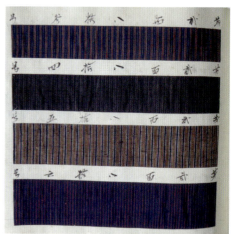

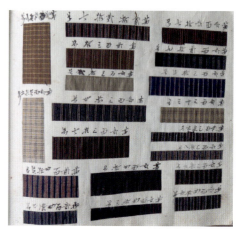

図6-5-1　結城紬の見本帳（「紬形手本」明治16年〈1883〉）
結城紬は18世紀前半までは無地が中心で、18世紀後半になり縞紬が江戸でも評判を得て流行するようになる。明治16年のこの見本帳には繊細な格子や縦縞の裂が多く、唐桟（インド産縞木綿）とよく似た縞柄も見られる。一方、幕末に始まり近代以降の結城紬を特徴づける絣の柄はまだ素朴である。（個人蔵）

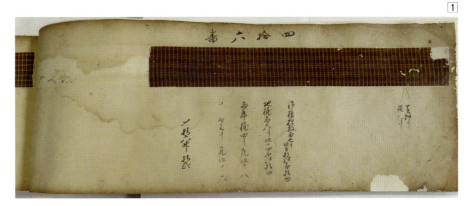

1

（表紙）

図6-5-2　八丈縞の見本帳（「永鑑帳」<ruby>永鑑帳<rt>えいかんちょう</rt></ruby> 弘化4年〈1847〉）

　八丈縞（現在「黄八丈」と称される）は八丈島産の絹織物で、島内の植物や泥を用い堅牢に染められた黄、樺（鳶）、黒の渋みのある色合いを特徴とする。『永鑑帳』は年貢として納める八丈縞の見本帳で、経糸の糸配りが細かく記される。見本裂の平織50種はほとんどが黒地に黄、または樺地に黄の縞柄でシンプルな色遣いながら変化に富み（①）、八丈八端<ruby>八丈八端<rt>はちじょうはったん</rt></ruby>と称された綾織6種は黒・樺・黄に白糸を加えた凝った縞柄（②）である。（八丈島歴史民俗資料館蔵、八丈町教育委員会提供）

2

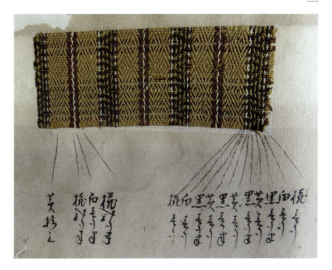

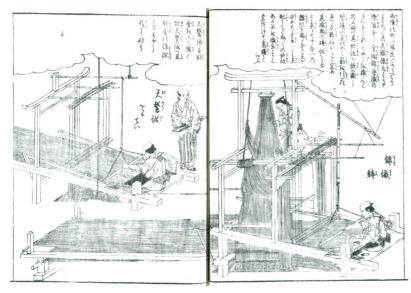

図6-5-3　西陣の機織（秋里籬島著、竹原春朝斎画『都名所図会』巻一 安永9年〈1780〉）

　左は高機で天鵞絨を織る姿。右は高機に空引き装置を備えた空引機で錦を織る姿で、空引き工が機の上の櫓にあがって経糸を上下させ、下の織手とともに作業を行っている。（国立国会図書館蔵）

2. 木綿の普及と木綿染織

木綿の伝来に関し、平安時代初期の延暦18年（799）に三河に漂着した崑崙人が綿種を伝えたことが『日本後紀』『類聚国史』に見えますが、これは根づかず、長い間日本では植物性の衣服材料は麻が中心でした。中世には中国、次いで朝鮮に木綿栽培が広がり、15世紀になると日本に朝鮮木綿が輸入されます。国内でも15世紀後期には木綿栽培が行われ、16世紀には三河、伊勢、摂津などをはじめ、関東以西に木綿栽培が広がっていきました。木綿は麻に比べ柔らかく、保温性、吸湿性に富み、生産効率も良いため、江戸時代には衣服材料として庶民層にも普及しました。百姓町人の衣服を「絹紬木綿麻布」の内で分限に応じ着用すべしとする天和2年（1682）の江戸町触等からも木綿の定着がわかります。貝原益軒『大和本草』（宝永6年〈1709〉）では、「近世綿ノ種ワタリテ（略）四民寒苦ヲマヌカル」と木綿を讃えています。

江戸時代、木綿は商品作物として栽培され、綿、糸、織物に加工され流通しました。他方、オランダ商船により長繊維の細糸で織られた上質のインド産縞木綿（唐桟）が舶載されて珍重され、国産木綿染織にも影響を与えました。西陣ではインドの縞木綿を模した桟留縞が18世紀前期には織られ、各地に縞木綿の製織が広がりました。18世紀後期には久留米絣など木綿絣も織られ始めています。白生地は無地、絞り、型染め、筒描などで染色加工され、衣服のほか、手拭い、風呂敷など多様な形で使われました。幕末期編纂の『尾張名所図会』には、木綿縞の織屋が織物を量産している様子が記されています。主要産地では幕末期には問屋制家内工業もしくは工場制手工業の形態で綿織物が生産され、近代産業に展開していきました。

図6-5-4 有松絞り（19世紀中期）
綿作地帯でもあった有松では尾張藩の特産品として保護を受け、有松絞りが生産された。図は竹谷佐兵衛という有松絞りの店の光景。店頭の賑わい、染め上がった各種絞り染めの反物などを描き、広告的性格もうかがわれる。（一立斎広重画「有松絞の図」国立国会図書館蔵）

図6-5-5 相撲の配り手拭い（安政3年〈1856〉頃）
相撲の富士嶋親方の配り物としてあつらえられた長板染めの手拭い。木綿手拭いは日常生活に欠かせないものとなり、記念や挨拶のため意匠を凝らした手拭いをあつらえ、配り物とする文化も生まれた。（豊田コレクション蔵）

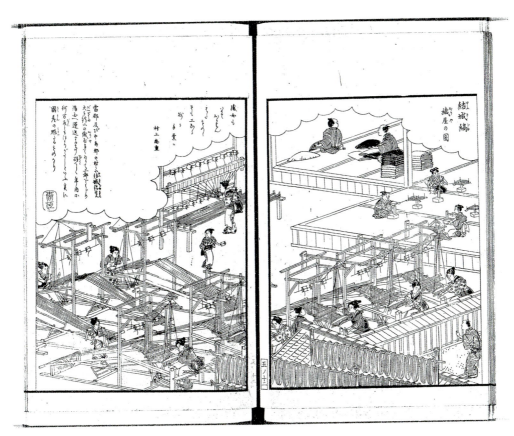

図6-5-6　工場制手工業の形態をとった木綿織物生産の例（19世紀中期）

　幕末期に編纂された『尾張名所図会』に見える葉栗郡の織屋。葉栗郡、中島郡には結城縞などの織屋が多くあり、三都諸国に向け大量の織物を生産している、と記されている。なお結城縞は木綿と絹の交織が一般的であった。（岡田啓、野口道直著、小田切春江画『尾張名所図会』天保12年〈1841〉序、後編巻五「結城縞織屋の図」、明治13年刊、国立国会図書館蔵）

 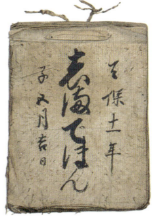

図6-5-7　「天保十一年　志満でほん」（天保11年〈1840〉頃）

　木綿縞の生産、売買には「縞帳」「縞本」等と称された見本帳が用いられた。図の木綿縞帳は表紙に「天保十一年　志満でほん」と墨書があり、多様な見本ぎれが貼り込まれている。（日本民芸館蔵）

第**7**章
洋装化の時代
〈明治〜昭和前半〉

1 洋装の導入と和装の変化
明治時代から第一次世界大戦まで

軍　服

　幕末の天保12年（1841）、我が国最初の西洋砲術の訓練披露の際に着用されたのが筒袖の着物にズボン風の細身の袴、筒袖の羽織に陣笠の組み合わせです。これは洋装とは程遠く、伝統的な農民の仕事着に近いものでしたが、男性の洋装の機能性に着目したところから生まれた我が国初の欧米型服装といえます。ペリー率いるアメリカ艦隊到着の翌安政元年（1854）のアメリカ、イギリス、ロシアとの和親条約の締結、安政5年（1858）の米、英、露、仏、蘭との通商条約の締結と、あわただしく鎖国から開国へと進む中で、欧米との軍事力上の大差に驚かされた幕府は、まず軍装の上での問題を認識しました。このため攘夷思想とは相反するものの、文久元年（1861）、欧米風の軍事訓練を受ける「調練伝習生」および「軍艦乗込御用方」に洋式の制服を定め、翌年には陸軍にも導入しました。しかし幕府はあくまでも攘夷の立場から、洋装は軍力増強のためにやむなく取り入れたものの、当初は調練以外の場での着用を堅く禁止しました。

　慶応3年（1867）の大政奉還後、西洋文化を積極的に導入する方針をとり、政府軍は黒羅紗製の詰襟形の洋服を軍服に採用しましたが、上着の上から兵児帯をしめて、刀をさすという特異なスタイルでした。

　明治元年（1868）に明治政府が樹立されると、ようやく本格的な洋服型軍服が制定されます。明治3年（1870）に兵部省が陸軍はフランス式、海軍はイギリス式を採用したのに伴い、軍服もそれぞれ両国にならった形が採用されました。

図7-1-1　明治初頭の軍装（1870年代）

　フェリーチェ・ベアト（Felice Beato, 1832-1909）は、イタリア生まれのイギリスの写真家で、文久3年（1863）から21年間横浜で暮らし、当時のさまざまな職業の日本人の姿を撮影した。明治維新後の軍装は洋服であるが、まだ刀を差し、髪も髷に結ったまま。（「中嶋三郎助」函館市中央図書館蔵）

図7-1-2　江戸末期の軍装（1860年代、フェリーチェ・ベアト撮影）

　武士（官軍）の記念撮影。この写真には兵児帯は見られないものの、羅紗地の洋服に日本刀を差した初期の軍装を示している。左側の人物の草履も独特である。（Archivi Alinari, Firenze）

図7-1-3　陸軍将校正装（大正時代）

明治時代半ばには、軍装は上着やズボンだけではなく、帽子、靴なども完全に洋装化された。写真は大正時代のものだが、明治時代半ばとほとんど変わらない形式を維持している。ラシャ地に金モールの肩章、袖飾り、房飾りつきの紅白のストライプのベルト、二列に並んだ金ボタン、ズボンの赤い装飾、また帽子の羽根飾りなど、華やかな雰囲気が見られるのは、軍の儀礼用にも用いられたからである。（東京家政大学博物館蔵）

制　服

　軍服に続いて洋装が導入されたのが制服の分野で、明治4年（1871）には郵便配達夫、邏卒（警察官）、明治5年（1872）には鉄道員に洋服が制服として定められ、続いて工場で働く人々の作業服、また開設相次ぐ企業に勤める男性たちの通勤服にも洋装化が進みました。図7-1-4は明治になって初めて登場した近代警察、取締の絵図です。袖に「POLICE」と印が入っている上着とズボンの洋装ですが、山笠に提灯、日本刀という組み合わせが特徴です。

　邏卒とは巡邏査察を行う兵士の意で、巡邏兵とも言います。明治時代初期の取締に代わって設置されました。その制服は軍服とほとんど同じ形式で、靴も帽子も洋風を取り入れた本格的な洋装です。この頃の制服は、常装（通常の勤務制服）と礼装（式典用制服）が一緒だったので、比較的に華やいだものでした。

　郵便制度は明治4年（1871）に発足し、翌年には全国の名主1100人に取次所を命じ、急速に発展しました。当時の郵便配達夫は洋服とショルダーバッグにまんじゅう笠と草履を組み合わせたスタイルであったことが描かれています。

　これら軍服を含む制服は男性向けであり、当時こうした職場のなかった女性では、洋服を身に着けた唯一の職業は看護婦（女性看護師の旧称）でした。明治20年（1887）頃に慈恵会医科大学病院、櫻井女学校、帝国大学医科大学附属医院、日本赤十字社に看護婦養成所が設立され、女性の専門職の礎が築かれました。看護婦の創始者フローレンス・ナイチンゲールが1854年にクリミア戦争に24名の看護婦を率いて従軍した際に制服を身に着けて以来、看護婦は女性が制服を着る数少ない職業でした。

図7-1-4　取締絵図（明治4年〈1871〉）
明治になって初めて登場した取締。上着とズボンの洋装であるが、山笠に日本刀という組み合わせ。（毎日新聞社提供）

図7-1-5　邏卒（明治4年〈1871〉）
邏卒とは、巡邏査察を行う兵士の意で、取締に代わって設置された邏卒課の兵卒のこと（後の巡査）。靴も帽子も洋風を取り入れた本格的な洋装だった。（毎日新聞社提供）

図7-1-6　看護服（裁縫雛形）（大正4年〈1915〉）
当時の制服は男性向けであり、洋服を身につ
けた唯一の職業は看護婦（女性看護師の旧称）
だけであった。（東京家政大学博物館蔵）

図7-1-7　郵便配達夫（明治20年〈1887〉）
この当時の郵便配達夫は、洋服とショルダーバッグに、まんじゅう笠と草履を組み
合わせたスタイルでだったようである。（郵政博物館蔵）

官服の改正

　明治2年（1868）の即位の大礼においては、天皇の礼服が廃止され、黄櫨染の袍の束帯に立纓冠が正服と定められ、簡略化の方向を示しました。明治3年（1870）には中世から山科・高倉両家に伝わる宮中での衣紋道が廃止され、さらに明治5年（1872）には文官の大礼服、通常礼服が洋服と定められました。大礼服はフランスのエンパイヤ時代（ナポレオン1世、1804-14）に成立し、第2帝政期（1852-70）まで引き継がれたスタイルにならったものです。金モール刺繍のある黒羅紗製の立ち襟の上着とヴェスト、および羅紗のズボンからなり、きらびやかなものです。

　通常礼服は燕尾服でした。長い上着の前裾を切り取り、後ろ裾が燕の尾を思わせる黒のこの上着は、19世紀ヨーロッパでは夜会用の服装とされてきたものです。ホワイト・タイ、白いドレスシャツなどを組み合わせ、一見地味ながら気品ある格式高い服装でした。

　明治10年（1877）には燕尾服をフロックコートで代用することとなります。フロックコートは19世紀の欧米の中流以上の階級の男性の日中の服装として一般的であった長い上着のことです。19世紀末から日常服としては次第に背広型上着に移行しましたが、20世紀初期にも一部には着用されていました。

　片山淳之助（福沢諭吉）は『西洋衣食住』（慶応3年〈1867〉）においてフロックコートを「割羽織」として紹介しています。

図7-1-8　文官大礼服（大正時代初期）
明治5年（1872）に、文官の大礼服が洋服と定められた。
（東京家政大学博物館蔵）

①

②

図7-1-9　燕尾服とフロックコートの裁縫雛形（明治38年〈1905〉）

①燕尾服　②フロックコート。フロックコートは19世紀の欧米の中流以上の階級の男性の日中の服装として一般的であった長い上着。（東京家政大学博物館蔵）

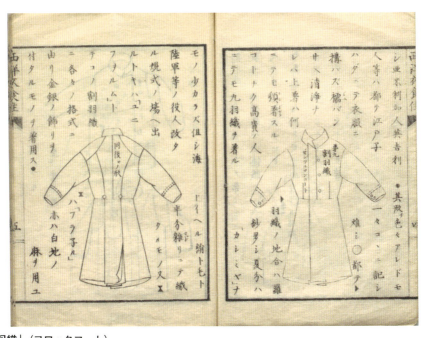

図7-1-10　「割羽織」（フロックコート）

『西洋衣食住』では、フロックコートが「割羽織」として紹介されている。（片山淳之助『西洋衣食住』慶応3年〈1867〉、個人蔵）

女性の礼装

　女性用の洋装の礼装は、男性より14年後の明治19年（1886）に皇后（昭憲皇太后）が着用したのが始まりです。皇后の洋装の導入の背景としては、明治時代に入って欧米風に皇后が天皇とともに公的な場に姿を見せる慣習が徐々に成立したことがあげられます。新時代の天皇皇后の洋装は、国民に対する新しい権威の体現者像の確立にも一役買いました。

　これに合わせて、皇族、大臣、高官等の夫人にも洋装の着用が奨励されました。そのスタイルは同時代のフランス式を模範とし、用語にもフランス語が取り入れられました。大礼服（マント・ドゥ・クール[1]）は新年の式用で、ヨーロッパの宮廷服にならってウエストの後ろ側に取りつけた長い引き裾（トレーン）、大きく開いた襟元と短い袖が特徴です。

　中礼服（ローブ・デコルテ[2]）は夜会・晩餐会用で、襟の大きく開いたドレスであり、小礼服（ローブ・ミデコルテ[3]）は夜会・晩餐会用で、中礼服より簡素なタイプのドレスです。

　通常礼服（ローブ・モンタント[4]）は昼間の儀式・昼の陪食など用で、襟が高く詰まり、スカートは床丈のドレスです。これらは現在でも宮中のしきたりとして引き継がれています。

　図7-1-12の大礼服は緋色のベルベットのボディス（ドレスのウエストより上の部分）とトレーン（引き裾）、および白のサテンのスカートからなります。日本刺繍で大輪の菊花が写実的に描き出され、西洋と日本双方の文化が見事に融合したデザインです。

1　manteau de cour（仏）元来は宮廷服の意
2　robe décolletée（仏）襟ぐりの大きいドレスの意
3　robe midécolletée（仏）襟ぐりのやや大きめのドレスの意
4　robe montante（仏）襟開きの詰まったドレスの意

図7-1-11　中礼服（明治23年〈1890〉）と通常礼服（明治40年代〈1900年代後半から1910年代半ば〉）

①中礼服（ローブ・デコルテ）。衿が大きく開き、袖も短いのが欧米の夜会服の特徴で、パフ・スリーブとコルセットで締めた細いウエスト、裾広がりのスカート等も、当時の欧米の流行をリアル・タイムで反映している。②通常礼服（ローブ・モンタント）。昭憲皇太后（1849-1914）着用の通常礼服。上の中礼服に比べて襟元が詰まり、袖が長いのが、日中に着用する通常礼服としての特徴。この時代の欧米のほっそりとしたシルエットを反映している。（文化学園大学蔵）

図7-1-12　大礼服（明治20年代〈1890年代半ば〉）

昭憲皇太后は明治天皇の皇后で、華族女学校（現・学習院女子大学）や東京女子師範学校（現・お茶の水女子大学）の開学、日本赤十字社の発展に貢献するなど、近代国家における女性の役割を促すことに深い理解を示した。黛（眉墨）、お歯黒の伝統的な化粧法を率先して廃し、洋装化にも積極的であったとされている。大礼服（マント・ドゥ・クール）はヨーロッパの宮廷服にならってウエストの後ろ側に取り付けた長い引き裾（トレーン）に特徴があり、大きく開いた襟元と短い袖はローブ・デコルテと同様である。写真の大礼服は緋色のベルベットのボディス（ドレスのウエストより上の部分）とトレーン、および白のサテンのスカートからなる。ドレスのシルエットから1890年代前半（明治20年代）に作られたと考えられる。（文化学園大学蔵）

政策としての洋装化

　洋装は、欧米社会との対等な外交関係の樹立のためにも重要視されました。いわゆるお雇い外国人の一人として政府高官に影響力を持っていたドイツ人医師ベルツは伊藤博文に、日本女性には、衛生面でも、文化的・美学的見地からも和装の方がはるかに適しているという旨の意見を述べると、伊藤は「あんたのいったことは、すべて正しいかもしれない。だが、我が国の婦人達が日本服で姿を見せると、『人間扱い』されないで、まるでおもちゃ飾り人形のように見られるんでね」（エルヴィン・ベルツ著、唐木順三編『ベルツの日記』筑摩書房、1978年）と答えたと回想しています。ここには西洋化することを必至としていた当時の政府の姿勢がうかがえます。

　こうした政府の意向のもと、外国賓客をもてなす場として明治16年（1883）に建てられた洋館、鹿鳴館（設計はお雇い外国人のジョサイア・コンドル、現在の千代田区内幸町に建設）では、西洋風舞踏会をはじめ、上流婦人による慈善バザーなども開かれました。出席者には洋装が求められ、政府主導の洋装化が積極的に進められたのです。男性は燕尾服、女性は当時欧米で流行していたスカートの後方を膨らませたバスル・スタイル（bustle style　欧米では1870年頃から始まり、80年代末期まで流行し、我が国では鹿鳴館スタイルとも呼ぶ）のドレスを身に着け、西洋音楽に合わせてダンスし、西洋料理を味わいました。しかし鹿鳴館の噂は必ずしも良いものばかりではなく、西洋かぶれを批判する声も高く、明治20年（1887）、欧風化推進派の外務大臣井上馨辞任後は急速に寂れました。

図7-1-13　バスル・スタイルのドレス
スカートの後方を膨らませたバスル・スタイルと呼ばれる当時の欧米の流行のシルエットを取り入れている。明治16年（1883）に開設された鹿鳴館に集った女性たちが身に着けたのが、この服装である。（楊州周延筆『秋園菊花の盛』明治20年〈1887〉、東京都江戸東京博物館蔵／東京都歴史文化財団イメージアーカイブ）

図7-1-14　バスル・スタイルのドレスの裁縫雛形

1 明治38年（1905）
2 明治34年（1901）
3 明治38年（1905）

裁縫雛形とは、裁縫教育の教材として、実際の寸法の3分の1〜5分の1程度の大きさで仕立てられた衣服の意。明治14年（1881）に和洋裁縫伝習所を開いた渡邉辰五郎が考案したとされる。制作された年代の服装を知る手がかりとなる資料である。

（東京家政大学博物館蔵）

髪　型

　明治元年（1868）には男性は、一般的には髷を結い、西洋風短髪は珍しく、髷と断髪の中間型のものなどが入り乱れていました。明治4年（1871）、太政官布告により、半ば欧米風断髪を強制する断髪令が出され、明治6年（1873）には明治天皇も散髪したことにより、断髪が急速に広まりました。地方農民に断髪が浸透するのはやや遅れましたが、明治22年（1889）の大日本帝国憲法発布の頃には、髷はほとんど見られなくなっていました。

　西洋型の理髪用はさみの国内製造も進み、また西洋から導入したバリカンの技術も徐々に加わり、カットのスタイルも豊富となり、次第に西洋風のひげも取り入れられていきました。

　しかし男性の髪型の速やかな洋風化に対して、女性では江戸時代の日本髪が一般的でした。

　洋髪の導入ではなく、日本髪の改良という発想から生まれたのが束髪です。明治18年（1885）、医師を含む2名の男性により発足した「婦人束髪会」（医師の渡邊鼎、石川暎作により設立）は、簡素で、女性が自分で簡便に結える改良型髪型、「束髪」を提唱しました。束髪は頭髪を頭頂に一つにまとめて結うもので、リボンや造花などを飾ることで西洋風にも演出できました。西洋上げ巻き、西洋下げ巻き、イギリス結び、まがれいと、などの種類が生まれて、日本髪と長く共存することになりました。

　リボンは明治27年（1894）、帽子製造業者岩橋謹次郎が東京谷中にリボン製織所を設立し、本格的リボンの国内製造が始まりました。女性の髪の装飾品として長く愛好されます。

　この後、明治30年（1897）頃、束髪の前髪部分を前方に張り出した庇髪に人気が集まり、「花月」「二百三高地」などの変種が生まれました。

図7-1-15　束髪

渡邊鼎、石川暎作により設立された「婦人束髪会」の説明と、上げ巻、下げ巻、イギリス結、マガレイトなどの束髪が描かれている。（安達吟光筆『大日本婦人束髪図解』明治18年〈1885〉、東京都江戸東京博物館蔵／東京都歴史文化財団イメージアーカイブ）

図7-1-16 明治期の男性
上等官吏、医師、法学博士、豪商紳士、代議士、若旦那などが描かれている。（水野年方「開化好男子」明治23年〈1890〉、東京都江戸東京博物館蔵／東京都歴史文化財団イメージアーカイブ）

化　粧

　西欧化を進める方針をとっていた政府は、伝統的な化粧の眉剃りやお歯黒の廃止を求めましたが、長く続いた慣習を急に中止することはできず、多くの女性が相変わらず辞めようとはしませんでした。明治6年（1872）、昭憲皇后がやめたのをきっかけに、ようやく一般の女性たちも白い歯と自然な眉へと切り替えたのです。

　明治の中頃には化粧水やクリームが販売されるようになり、輸入品だけではなく国産品も出回るようになります。クリームは肌の手入れとともにメイクアップの下地としても用いられ、その上に粉白粉をはたく薄化粧に人気があり、自然な太眉、唇の中央のみに紅を注す化粧法が特徴でした。当時の新聞記事や広告からは、色を白くするという宣伝文のある多様な石鹸や化粧水が市場に出回ったことがうかがえます。

　明治5年（1872）に洋風調剤薬局として創業した資生堂薬局が、化粧水「オイデルミン」を発売して化粧品業界に進出したのは、明治30年（1897）のことでした。明治39年（1906）に創業された化粧品雑貨卸業「中山太陽堂」は、明治36年（1903）に「クラブ洗粉」で驚異的な人気を博しました。明治43年（1910）には「クラブ白粉」を発売し、さらに明治44年（1911）には「英国式クラブ美身クリーム」を発売しました。

　白粉も粉白粉、水白粉、練白粉とあり、またそれまで白一色だった白粉に肉色、黄色といった色つきの白粉が登場しました。真っ白にべた塗りをして、自分自身を隠して作りかえる古い化粧法に慣れていた日本女性の、自分自身そのものを表現する欧米風の化粧法との出会いといえます。

図7-1-17　資生堂の化粧品
　1福原衛生歯磨石鹸　明治31年（1898）発売
　2資生堂オイデルミン（レプリカ）　明治30年（1897）発売

図7-1-18　中山太陽堂（現・クラブコスメチックス）の広告
「クラブおしろい（白粉）」「クラブはみがき（歯磨）」は、明治43年（1910）に発売された。

女学生の袴

　束髪と同様に、洋装に刺激を受けて、新時代の服装として考案されたのが女学生の袴です。明治5年（1872）の学制公布に先立つ明治4年（1871）に東京に官立女学校が開設されました。翌年には官立東京女学校と改称され、明治8年（1875）には入学資格を「小学校卒業の女子で年齢14歳以上」の者とし、修行年限は6年としました。この後、女子中等教育が盛んになっていきます。女学生というそれまでは存在しなかった社会の中の新しいグループの出現が、女学生ファッションを生み出しました。

　通学や学内での活動のために工夫されたのが袴でした。これは男性の袴と異なり、スカート式の、いわゆる行灯袴で、紫やえび茶色の丈夫なカシミヤ織物で仕立てられました。帯は半幅で、着付けも簡略であり、着物の裾の乱れや着崩れの心配も少なく、多くの女学校に広まりました。この女学生用袴の考案者は華族女学校教授下田歌子[1]とされ、おそらく年若い宮中の女性の濃袴をヒントに考案されたと言われています。

　着物に袴、束髪に大きなリボン、編み上げ靴という独特のスタイルは、その後女子高等師範学校[2]の学生に取り入れられて急速に広まり、女学生を指す「海老茶式部[3]」という新語が生まれました。大正期にセーラー服を導入するまで、多くの女学生の服装として存続しました。

図7-1-19　バイオリンを弾く女学生
涼やかな、おそらく麻の着物に袴を着け、束髪姿でバイオリンを弾くのは、女学生と思われる。（鏑木清方『秋宵』明治36年〈1903〉、鎌倉市鏑木清方記念美術館蔵／Akio Nemoto）

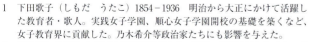

1　下田歌子（しもだ　うたこ）1854－1936　明治から大正にかけて活躍した教育者・歌人。実践女子学園、順心女子学園開校の基礎を築くなど、女子教育界に貢献した。乃木希介等政治家たちにも影響を与えた。
2　明治8年（1875）に東京女子師範学校として開校。明治18年（1885）、東京師範学校に合併されたため、東京師範学校女子部となる。明治23年（1890）、高等師範学校より分離独立し女子高等師範学校となる。明治41年（1908）、東京女子高等師範学校（女高師）へ改称、昭和24年（1949）、新制お茶の水女子大学となる。
3　海老茶式部は教養高い才女「紫式部」をもじった造語。

図7-1-20　女学校の卒業記念写真（明治37年〈1904〉）
　東京裁縫女学校（現在の東京家政大学の前身）高等科の卒業記念写真。中央は創立者渡邉辰五郎。（東京家政大学博物館蔵）

図7-1-21　女学生の袴姿
　女学生はこのような袴姿で通学した。（『婦人グラフ』大正
14年6月25日号）

裁縫教育

安政6年（1859）の横浜開港以来、横浜の外国人居留地には外国の商館が立ち並び、ここでの欧米人の生活様式は錦絵や冊子、新聞などに絵入で紹介されました。慶応3年（1867）に出版された『西洋衣食住』は洋服全般のみならず、帽子・外套・雨傘・ネクタイ・靴下・靴などのアクセサリー類をも紹介し、明治3年（1870）から明治5年（1875）にかけて『啓蒙智恵の輪』、『絵入開化往来』も刊行され、いずれも洋服の啓蒙に一役買いました。

明治5年（1872）に宮中の男性の礼装がすべて洋服と定められると、洋服の需要も増え、翌年『改服裁縫秘伝』が日本最初の洋服仕立書として刊行されました。

明治19年（1886）の小学校令では尋常小学校では裁縫は地域の自由裁量に任され、高等小学校では女児の裁縫が必修とされましたが、洋裁が教科書に本格的に掲載されるようになったのは明治30年代以降のことでした。教材には成人男性用シャツとズボン下、男女児用の西洋前掛け（エプロン）、よだれかけ、帽子が取り上げられています。明治40年（1907）の小学校令改訂により、尋常小学校から裁縫教育が始まり、女子の必修科目となったものの、小学校教育では、実際には和裁の方に重きが置かれていました。

明治32年（1899）の高等女学校の細目に子供服・エプロンが取り入れられる程度であったのに対して、明治36年（1903）には教員採用試験に洋裁が加えられるまでに洋裁が重視されてきました。もっとも現場では和裁教師が洋裁も教えるという状況でした。

図7-1-22　洋服を作る女官（明治20年〈1887〉）
（楊州周延筆『女官洋服裁縫之図』東京家政大学博物館蔵）

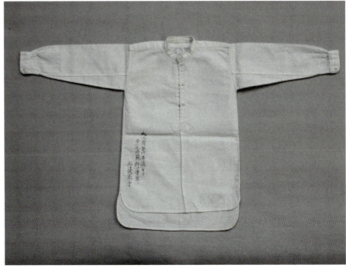

図7-1-23　和洋裁縫伝習所

　実業教育を目的とした各種の学校の一つとして明治14年（1881）に開校した和洋裁縫伝習所では、従来の個別授業に対し、効率の良い一斉授業のために掛図で説明し（①）、また実際の寸法の三分の一のサイズでの衣服（裁縫雛形）制作を導入した（②③）。（渡邊辰五郎『たちぬひのおしえ』明治18年〈1885〉東京家政大学博物館蔵）

染　織

　新時代を迎えた明治初期、欧風化への波が起こる中で、和装そのものには大きな変革は見られず、基本的には江戸時代末期からの伝統を受け継いでいました。しかし新しい染織品、およびその技術やデザインの導入の上では、近代化、欧風化が見られました。また幕末の開国以来生糸の輸出量が増大し、生産量を高めるため、明治5年（1872）に官営富岡製糸所が開設され、フランスから輸入した機械を用いるなどの技術革新が進められました。ヨーロッパの技術の導入は、染にしても織にしても、それまでは極めて稀少であり、高価であったさまざまな染織品の生産をスピードアップし、より広い層の衣生活を豊かなものにしました。

　染色技術としては、すでに幕末にはモーヴ（紫色の染料）やマゼンタ（赤の染料）が我が国に伝えられましたが、明治時代にはウィーンなどへの視察や研修者の派遣が行われ、化学染料やその使用技術、媒染剤なども導入されました。

　明治20年代頃には化学染料を用いたぼかし染めが現れ、曙染め、あるいは朧染めと名づけられました。曙の空に似せて、着物の上の部分を紅（茜）や紫に濃く染め、下に向って徐々に淡くぼかして染めたもので、明治後期の特徴的着物デザインの一つとなりました。

　模様染めでの革新的手法としては、明治12年（1879）頃に完成された型友禅があげられます。これは化学染料に糊を混ぜた色糊（写し糊）で、型紙を使って布に直接染め、蒸し上げて定着させるもので、手描き友禅というよりも、むしろ捺染に近い技法といえます。

（全体図）

（拡大図）

図7-1-24　曙染め（朧染め）振袖（明治時代末期）
化学染料特有の鮮やかな紅色地の裾をぼかしながら染残した中に、伝統的文様のひとつである貝桶に牡丹、菊、芙蓉などの季節の異なった花々を取りあわせて描き出した意匠。（東京家政大学博物館蔵）

図7-1-25　曙染め（朧染め）振袖（大正時代）
　赤紫地の裾を白くぼかしながら染め残した中に鮮やかな色彩で、バラ、チューリップ、洋ランなどの洋花を中心に描き出
した振袖には、女性の着物における大正時代特有の好みが見受けられる。明治時代半ばに成立した曙染めの流行が長く続
いたことがうかがえる。（東京家政大学博物館蔵）

デパート

　産業革命の結果としての豊富な商品と経済活性化の政策により、19世紀後期にヨーロッパで始まった百貨店は、正札、現金販売、見やすい商品の陳列、客が自由に手にとって商品を確かめられること、店への自由な出入り、そしてショーウィンドウによるウィンドウショッピングを特徴としました。ここでは買い物は一つの楽しみとなり、さらにはデパート自体がアミューズメント・センターの役割まで果たしました。明治30年代にはこの百貨店形式の商店が東京や京都などの都市に次々と出現しました。

　天保2年（1831）、京都に古着・木綿商として創業した高島屋は、明治21年（1888）、海外の博覧会に出品して受賞を重ね、明治29年（1896）に京都南店にショーウィンドウを設置しました。続いて明治36年（1903）には白木屋が座売りを廃止し、ショーウィンドウと女性店員を導入し、店内に初の食堂を設置するなど、百貨店としてのスタートを切りました。明治37年（1904）、三井呉服店から改名した三越呉服店の初代専務に就任した日比翁助は、翌明治38年（1905）の年頭に新聞一面広告、雑誌などに掲載し、デパートメントストア宣言を行いました。

　同店意匠部は西洋風のアール・ヌーヴォーなどのスタイルの模様を取り入れた斬新な和服デザインを打ち出し、和装のファッションリーダーとしての役割を果たしました。

　図7-1-26は三越のポスターです。着物と帯の流麗な文様には、欧米のアール・ヌーヴォー様式の反映が見られ、従来の和装デザインとは異なった新鮮味があふれています。

図7-1-26　三越のポスター（大正3年〈1914〉）
杉浦非水によるポスター。着物と帯の流麗な文様には、欧米のアール・ヌーヴォー様式の反映が見られ、従来の和装デザインとは異なった新鮮味があふれている。（株式会社三越伊勢丹蔵）

図7-1-27　日本橋三越の美術部門の情景

　右側の日本髪の2人の女性は芸者。パーマネントをかけた洋髪のほかの女性たちも含めて7人の華やかな装いは、デパートが買い物だけではなく、社交の場でもあったことを物語っている。（武藤嘉門『ショーウィンドウ』昭和12年〈1937〉、島根県立石見美術館蔵）

図7-1-28　日本橋三越

　大正3年（1914）の頃の日本橋三越。英国風で着実を主とするハロッズを理想とし、東洋のハロッズになることを指向したという（株式会社三越伊勢丹蔵）

2 洋装の普及:両大戦間と第二次世界大戦中

20世紀初頭の欧米女性ファッションの変革

　20世紀の初頭（明治40年代）の欧米女性のファッションは、大転換期を迎えました。それまで続いた窮屈なコルセットの習慣が廃れ、引きずる長いスカート丈も短くなり、シンプルでストレートなシルエットが人気を集め始めました。その背景には近代的医学の発達、女性解放運動や女子教育の普及、スポーツや旅行などの普及による生活様式の変化があげられます。また19世紀末葉にヨーロッパに広がった日本趣味（ジャポニスム）が、日本の着物の平面的裁断への関心を生んだことも背景の一要素とされています。さらには20世紀初頭に起きたフォーヴィスム（野獣派）やキュビスム（立体派）、これらの流れを汲んで20年代に形成されたアール・デコ様式などの新しい美術の傾向も反映し、シンプルで明快な感覚、身体の動きやすさが女性の服装の上の新しい美意識となったのです。

　コルセットを最初に取り去ったとされるデザイナー、ポール・ポワレの明治41年（1908）に発行された作品アルバム（図7-2-4）には、そうした雰囲気が描き出されています。

　日清戦争、日露戦争から第一次世界大戦にかけての国粋的ムードによって、明治後期から大正初期にかけて後退傾向にあった欧米文化の導入は、第一次世界大戦後に再び活気づきます。特に男性に比べて遅れていた女性の洋装化が進みました。また学校の制服などの影響もあり、子供服の洋装化も進み、第二次世界大戦を迎える頃には、子供服は洋装がほぼ中心となりました。

図7-2-1　1900年頃のレセプション用ドレス
19世紀の名残をとどめている。（東京家政大学蔵）

図7-2-2　着物のような模様配置のドレス
19世紀末にヨーロッパに広まったジャポニスムの一例。（『*Les Modes*』1906年3月号、東京家政大学蔵）

図7-2-3　ポール・ポワレのドレス
　ポール・ポワレは、20世紀初頭のフランスの
ファッションデザイナーで、コルセットを使用し
ないドレスを提案した。（1912年、神戸ファッション
美術館蔵）

図7-2-4　ポール・ポワレの作品アルバム（1 2）
　フランスの画家、ポール・イリブは、ポール・ポワ
レの作品のアルバムにより、ファッション・イラス
トレーション界にデビューした。（1908年、個人蔵）

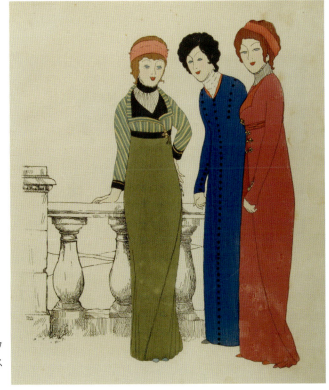

新しい女性像

　第一次世界大戦中、徴兵制により多くの男性の不在を抱えた社会において女性の活動が求められたことが、長い歴史をもつ女性解放運動にはずみをつけ、戦後の女性たちの生活様式や意識、価値観にまで影響を与えました。経済的・精神的自立の意志、男女平等の意識を抱き、古いモラルや束縛から逃れ、自由な生き方を求める女性たちは「モダンガール」「フラッパー」「ガルソンヌ」などと呼ばれました。

　服装ではそれまでの女性らしさの強調は衰退し、高級なイメージよりも、活動的で、ボーイッシュなスタイルが好まれるようになったのです。スカートは徐々に短縮され、胸やウエストを目立たなく演出する平面的な裁断法が取り入れられ、髪型も短く簡素な、日本の少女の「おかっぱ」のようなボブ・スタイルとなりました。また眉や唇をくっきりと描く化粧法が好まれ、携帯用の白粉の入ったコンパクトケースや棒紅を用いて、外出先で化粧直しをする習慣も生まれました。

　我が国で挿絵や写真を豊富に掲載した婦人雑誌が出版されるようになったのは明治末期からで、女性の教養、娯楽、流行、家事などの幅広い記事で読者を集め、流行の伝播の役割も果たしました。明治38年（1905）創刊の『婦人畫報』は現在も出版されている最古の婦人雑誌です。『婦人グラフ』（1924年創刊）には木版やオフセット印刷などを駆使した、当時は珍しかった色刷りのページが豊富に含まれ、同時期のフランスのファッション・ブックの影響がうかがえますが、特に表紙には同時代の『アール・グー・ボーテ（Art, Goût, Beauté）』誌の影響が色濃く見られます。

図7-2-5　『婦人グラフ』（表紙）
１1927年7月号表紙　２1928年7月号（東京家政大学蔵）

3

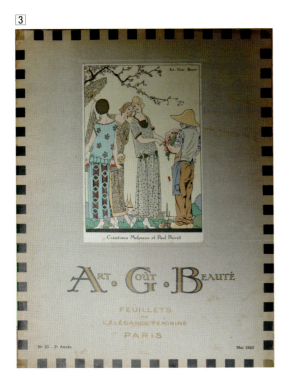

4

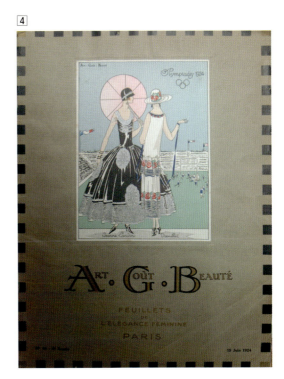

5

6

図7-2-6　『アール・グー・ボーテ』と『婦人グラフ』の表紙

大正末期から昭和初期の日本では、大正デモクラシー、モダニズムなどの風潮の中で、若い進歩的な意識や進取の気風を持った女性たちの間に、簡素化し、親しみやすくなった洋装が取り入れられた。竹久夢二の作品を使い、『アール・グー・ボーテ』のデザインを真似た『婦人クラブ』の装幀が、当時のモダン趣味を表している。③『アール・グー・ボーテ』1923年5月号　④『アール・グー・ボーテ』1924年6月号　⑤『婦人グラフ』1925年5月号　⑥『婦人グラフ』1926年4月号（東京家政大学蔵）

化　粧

　第一次世界大戦後、我が国においても働く女性の数が増えていきました。看護婦、バスの車掌、タイピスト、電話交換手、事務員、百貨店などの販売員、教員などの職業が女性に開かれ、職場における女性の身だしなみとしての化粧が求められるようになりました。明治時代にすでに国産の化粧水、石鹸、クリームが販売されていましたが、大正時代には値段も次第に手頃となり、一般庶民にも入手しやすくなりました。美白をうたう化粧水や石鹸も売り出されました。

　第一次世界大戦後、欧米で広まって我が国にも伝えられ、人気を集めた化粧品に、棒紅（リップスティック）、プレストパウダー、頬紅があげられます。棒紅は、それまではペースト状で、紅筆を使って塗ったのに対して、直接塗れるものであり、コンパクトケースに収納されたプレストパウダーは、従来の粉末状の白粉と異なって携帯可能であり、どちらも外出の機会の多くなった日本女性にも広がりました。コンパクトケースには洒落た欧米風のデザインが施された高級品も現れます。頬紅は血色を良く見せ、また顔に立体感を加える効果があり、健康的な女性美の演出を生み出したといえます。

　化粧品メーカーの資生堂は、商品そのものだけではなく、パッケージ、広告、店舗装飾に欧米の新しい趣味の傾向をいち早く反映させ、女性の文化を牽引し始めます。大正4年（1915）発売のヘアトニック「フローリン」のボトル（ 1 ）には同社のシンボルである椿の花をあしらったレーベル、大正10年（1921）発売の香水「梅」のモダンなカットのボトル（ 2 ）、大正7年（1918）発売の福原水白粉（ 3 右）、同オーデネージ水おしろい（ 3 左）のパッケージには、同時期の欧米のモダンな感覚があふれています。

図7-2-7　当時の資生堂の商品
1 資生堂フローリン（ヘアートニック）（大正4年〈1915〉）
2 練香油　梅（大正10年〈1921〉）
3 高等化粧水オイデルミン新聞広告（「東京朝日新聞」明治40年〈1907〉）

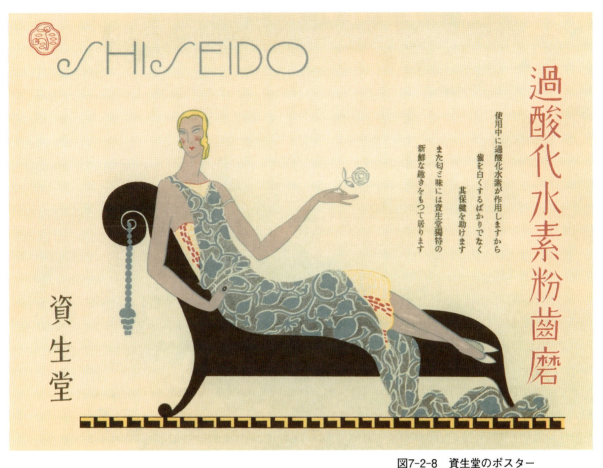

図7-2-8　資生堂のポスター
過酸化水素粉歯磨（昭和2年〈1927〉頃）

図7-2-9　資生堂のポスター
小型ウィンドウバックポスター（大正15年〈1926〉）

欧米女性ファッションの
移り変わりと我が国への影響

　欧米では1920年代半ばには膝のあたりにまで短縮したスカート丈は、20年代末には少しずつ長くなり、30年代にはくるぶしまで達します。20世紀初頭のような極端なウエストのくびれは復活しませんが、全体的にほっそりと丈長の、優美なシルエットが好まれます。スカートにはフレアやバイヤス裁断が用いられました。20年代のボーイッシュな中性的なスタイルに対して、女性らしさが求められてきた観があります。戦争直後の女性の自立や社会進出を認める風潮に対して、次第に女性は家に帰るべきとする思潮が高まってきた背景を思わせます。

　右図はフランスのファッション雑誌『フェミナ(Femina)』1930年6月号の挿絵です。どちらもイヴニング・ドレスですが、下図の方の説明にはpetite soir（略式の夜会）用との説明があります。襟元の開き方が下図の方がやや控えめです。

　上下ともにパーマネント・ウェーヴの短いボブ風髪型が描かれています。

　237ページの日本画『揚揚戯』に描かれた二人の女性が着ているのは衿開きが大きく、袖なしと短い袖で、床丈のイヴニング・ドレスです。ほっそりとした胴部に沿いながら、裾ではフリルやドレープがたっぷりと入ったシルエット、大きく開いた背中、フリルを重ねた短い袖、やや長い髪ではありますが、パーマネントらしきウェーヴが見られ、この時代の欧米ファッションをリアルタイムで反映しています。

　ファッションだけでなく、右奥に配されたクリスマスツリー、当時アメリカから伝えられたばかりの玩具、ヨーヨーなどのモチーフが描かれ、欧米文化を積極的に受け入れたこの時期の趣味がうかがえます。

図7-2-10　『フェミナ』の挿絵
『フェミナ』はフランスのファッション雑誌。イヴニング・ドレスを着た女性。（東京家政大学蔵）

図7-2-11　昭和初期のイヴニング・ドレス姿
　イヴニング・ドレス姿の日本の女性。（榎本千花俊『揚揚戯』昭和8年〈1933〉、島根県立石見美術館蔵）

スポーツとモダン・ガール

　日本画の世界では、伝統的な女性像に加えて、大きな変化を遂げた欧米の女性像を反映した、洋装の日本女性の姿をも描き出すようになりました。

　前のページではイヴニング・ドレスの女性を描いた榎本千花俊の作品を紹介しましたが、菊池華秋が描いたのは颯爽と斜面を滑降するスポーツ好きの若い女性です。ウェストをしぼった短いジャケットと緩やかなズボン、編み込み模様の入った毛糸のマフラー、同じく毛糸のキャップ、甲の長い手袋というスキー・ウェア一式は、当時の欧米のスキー・ファッションそのままです。

　スキーは明治末期（1910年頃）、オーストリアのレルヒ少佐により本格的に伝えられました。昭和10年代には男女に人気のあるスポーツとなり、スキー場は一種の社交の場ともなっていました。日常の服装には見られない、スポーツウェアならではの鮮烈な色彩とズボンが描かれています。

図7-2-12　スポーツとモダン・ガール
①ゴルフをする女性。手前の女性が手に取って見ているのはコンパクト・ケース。（絵葉書）　②スキーをする女性。最新のスキー・ウェアで斜面を滑走する女性。（菊池華秋『雪晴』昭和13年〈1938〉島根県立石見美術館蔵）

簡単服と子ども服

　第一次世界大戦後、欧米において簡略になった洋服は我が国の職業服や家庭着としても広まり始めました。職業服としては明治時代の看護師に続き、大正9年（1920）に登場したバスガールの制服も洋装となりました。

　成人女性の家庭着や少女用の衣服としては、ウエストやバストを強調しない平面的なつくりの新しい洋服を、ほぼ直線裁ちの和裁感覚で仕立てた洋服、「簡単服」が人気を集めました。当時の婦人雑誌には手ぬぐいや浴衣地を使って仕立てる方法などが紹介され、特に夏場の家庭着として広まったことがうかがえます。

　大正12年（1923）の関東大震災による多くの被災者の復興期の生活は、簡便な洋装を普及させる一要因となりました。この頃から上述の女性の簡単服の別名として「あっぱっぱ」という言葉が生まれました。語源は不明で、開放的な状態や雰囲気を表したとされています。

　他方、成人女性の家庭着としての洋装の導入に先駆けて、大正時代から昭和時代初期にかけて、都市部では子ども服に洋服が広がりました。婦人雑誌には比較的簡単な子ども服の仕立て方が製図入りで紹介され、フランスのファッション誌に見られるような洋服を着た少女の写真も掲載されています。昭和5年（1930）頃からは、幾分細めのウエストと裾広がりのスカートへと流行が変わりますが、日本の少女にもそれが反映されました。

　明治時代から昭和時代初期までには子どもたちのエプロン姿が見られました。エプロンは日本古来の前垂れ、前掛けとは異なり、胸当てつきで、フリルなどの装飾がついた欧米風のスタイルで、一般庶民や地方の住民の手に届いた、最初の洋装だったと考えられます。

図7-2-13
小学生の姉妹（大正末期）
　高知県に住んでいた姉妹。（個人蔵）

図7-2-14
和服にエプロン
　洋装の中のエプロンは子どもの洋装化の初期に、都会の上流家庭から始まり、昭和初期にも見られた。（山形県鶴岡市近郊の家族写真、昭和5年〈1930〉頃、個人蔵）

図7-2-15　子ども服とその簡単な裁断法
（『婦人グラフ』1927年6月号、東京家政大学蔵）

図7-2-16　橋本明治『荘園』（昭和9年〈1934〉）
　少女の洋服は当時のヨーロッパ・ファッションの新しい方向を反映し、自然なウエストライン
と、バイヤス裁ちのスカートが見られる。（島根県立石見美術館蔵）

女学生の制服

　明治時代に袴が女学生の間に広がりました
が、大正後期にはそれまで少年の服装として人
気のあったセーラー服が女学校の制服として導
入されました。セーラー服はもとはヨーロッパ
の海軍の制服であったことから19世紀半ば以
降、未来の国家を担う少年の服装として導入さ
れました。身体を締めつけない、柔らかなブラ
ウス型の作りと、平らな衿、しかもりりしい印
象のセーラー服は子どもたちにも好かれまし
た。19世紀後半になると、女学校の体育の制服
としても普及しました。

　日本では明治時代にまず少年用、そして大正
時代になって少女用の子ども服として取り入れ
られました。女学生の通学用としては大正9年
（1920）に、京都の平安女学院がセーラーカラ
ーのワンピース型を制服に定めたのが最初とさ
れています。また同年、福岡県の福岡女学院で
は上下に別れたセパレーツ型セーラー服を制服
と定めたとされています。

　またアメリカではセーラー服は、19世紀末に
は膝下丈の裾をすぼめた緩やかなズボン、ブル
マーと組み合わせて女学校の体操服にも用いら
れていました 。この体操服は明治36年（1903）
頃には我が国の一部の女学生の体操服として、
用いられました。陸軍の制服を模した男子中学
生の詰衿服と、海軍の制服に由来する女学生の
セーラー服は一種の調和を成しながら、若い世
代の洋装化を進めていったといえます。

四十八　水兵形ミッディー

水兵形はいつでも、どのお子にも適します。スカートが別になって居ます。二十四を参照して下さい。上衣の裾を絞るものもあります。裁ち方をこっちにデ……さない……も御分け……になるで……せう。……八歳から……十四歳。

四十九　水兵形男児服

夏は白の木綿、薄いセルなど、冬は紺サージ、フランネルなど、可愛い服です。

図7-2-17　『愛らしい子ども服』（大正11年
〈1922〉）より

① 水兵形ミディー、② 水兵形男児服（個人蔵）

井口阿くり（1871-1931）

私立毛利高等女学校教員井口阿くりは明治32年（1899）から明治36年（1903）まで、文部省の命によりアメリカに留学して女子体育教育を学んだ。その際にアメリカ女子体育教育の場で着用されていたのがセーラー服型の上着とブルマーであり、井口は帰国後、これを女子高等師範学校の体育教育の場で制服とした。ブルマーは1851年、アメリカの女性解放運動機関誌に編集者アミリヤ・ブルマーが紹介した足首をしぼったゆるやかなズボンのこと。当時は受け入れられなかったが、世紀末葉、短縮されてスポーツ用に欧米で導入された。

図7-2-18　高知県の女学校の生徒たち
　上の写真は昭和元年（1926）頃、下の写真は昭和3年（1928）頃で、この2枚の写真からこの地方ではわずか2年間でセーラー服が広がったことがうかがえる。（個人蔵）

和装の流行

　大正時代から昭和初期にかけてはヨーロッパの文芸や美術・音楽などに憧れを抱く風潮が強まり、後にこれを「大正ロマン」「大正モダニズム」と名づけました。まだ和装が中心でしたが、デザインにはヨーロッパの装飾美術のモチーフや様式を取り入れたものが現れます。

　着物そのものの形には大きな変化は見られませんが、特に若い女性では帯を高い位置に、いわゆる「胸高に」結ぶ傾向が生まれてきました。おそらく洋服のプロポーションの影響や、帯の下を長く見せたときに生じるアールヌーヴォー風の優雅に流れるようなラインへの憧れが背景にあったと考えられます。

　帯では胴に巻く部分を半幅に仕立て、結ぶ部分は並幅に仕立てた名古屋帯が考案されました。1918, 19（大正7, 8）年頃、名古屋女学校（名古屋女子大学の前身）の創設者、越原春子が服装改良運動の一環として発表したもので、これを京都の帯屋が大量生産して京都や名古屋で売り出しました。結びやすく、軽いために、その後全国に広まったとされています。

　大正時代には、和装の中での新発明としての割烹着が登場します。割烹着は和装の女性の家事用エプロン式の仕事着で、和洋混合様式の一例です。大正時代に『婦人の友』の読者が考案して投書したものを編集部がとりあげて広まりました。白いブロード、キャラコなどの綿布を用い、直線裁断の身頃にゆったりとした筒型の袖がつき、後明きで、衿ぐりはV字、U字型で、レースを飾る例も多く見られます。

　着物の袂は家事には邪魔になり、たすきをかけることが多かったのですが、割烹着の袖はその袂をすっぽり包み、ゴムで絞った袖口から出てこず、その便利さから急速に広まりました。

図7-2-19　新しい和様の一案
この時代、服装の上では斬新な洋装を取り入れる女性が現れたが、数の上ではまだ和装が多く、特に既婚女性は和装が中心だった。しかしその着物のデザインに、ヨーロッパの装飾美術のモチーフや様式を取り入れたものも現れた。（斎藤佳三画『婦人グラフ』昭和2年〈1927〉6月号、東京家政大学蔵）

図7-2-20　洋装の影響を受ける着物
　左は洋風の建物の中、右は高層ビルの立ち並ぶ街中を背景として描か
れ、モダン志向をうかがわせる。パーマネントのウェーブを見せた髪
型、高い位置に結んだ帯は洋装の影響を感じさせる。右図の振袖の波
打つ表現は大正時代から昭和初期の竹久夢二の絵画作品にも共通して
見られる。（『婦人グラフ』昭和3年〈1928〉9月号、東京家政大学蔵）

図7-2-21　割烹着
　袖口がゴムで絞られており、作業がしやすくなっ
ている。（『婦人グラフ』昭和2年〈1927〉12月号、東
京家政大学蔵）

染織品の流行

ヨーロッパの20世紀初頭の美意識の変化は、1920年代にはより明瞭となり、シンプルで、幾何学的な表現を中心とした美術や建築上の様式、アール・デコが生まれました。縞・格子、絣や麻の葉模様など、我が国の伝統的染織品に見られる幾何学的意匠は、アール・デコ様式の背景を成したジャポニスム（日本趣味）の要素でした。この時期の我が国の着物には、より明快で大胆にアレンジされた伝統模様が見られます。

この時代を特徴づける織物の一つが銘仙です。銘仙は経糸に玉糸、緯糸に熨斗糸などのくず糸を用いた江戸時代末期からの太織りの一種で、当初は縞柄が中心でした。明治26年（1893）に伊勢崎で経糸に生糸、緯糸に玉糸を用いるようになり、紬のような節があるのが特徴で、これを秩父、桐生、足利、八王子などの産地がならいました。その後明治末期に力織機が普及すると、玉糸は使用されなくなり、節は消え、同時にさまざまな染色技術が開発されて多様な模様が織り出され、絹物でありながら気軽に着用できる比較的手頃な値段の普段着用、布団用の反物として、幅広い層の人気を集めました。

模様は本来は縞、あるいは絣の地味なものでしたが、やがて、大柄で華やかな自由な模様表現がなされるようになり、女学生などの若い女性向けに、華やかで多様な模様の銘仙が開発されていきました。大正時代末期から昭和時代にかけては、欧米のアール・デコ調の大胆な感覚を取り入れた明るい色彩・図柄が売り出され、このことも銘仙の人気を高めました。このように、当時の欧米のデザインは洋装化だけでなく和装の染織にも影響を与えたのです。

図7-2-22　アール・デコ風模様の着物
黒地に2色の扇面模様を散らしただけの簡潔な模様、背景の椅子の緑、壁のオレンジ色、テーブルかけの黒など、明快な原色使いにはフォーヴィスムの影響が感じられる。（石原玉吉『婦人グラフ』1927〈昭和2〉2月号、東京家政大学蔵）

図7-2-24　伝統的模様の着物

　蓮の花の開く音に耳を澄ますという画題から、7月から8月にかけての早朝の情景と思われる。涼しげな白地に大きな麻の葉模様と、淡い生成りにこれも大まかな十字絣という、どちらも伝統的でありながら、それぞれモチーフの大きさが大胆で、簡潔な色彩と合わせてアール・デコに通じる新鮮な印象を与える。（橋本明治『蓮を聴く』昭和11年〈1926〉、島根県立石見美術館蔵）

図7-2-23　銘仙

　牡丹の花をモチーフにした大ぶりな模様は、この時代の銘仙の新しい特徴。銘仙では普段着にもこのような華やかなものが流行した。（山川秀峰『美人図』〈足利銘仙ポスター原画〉昭和9年〈1934〉足利市立美術館蔵）

下着の洋装化

　洋装化が進む中で、下着にも洋服型が取り入れられていきました。日本の伝統的な下穿きとしては男性の褌、女性の腰巻がありましたが、昭和に入ると男性はパンツ、女性はズロースを徐々に取り入れていきました。ズロースとは英語のドロワーズ（drawers）の意味で、柔らかな薄手綿布（ブロード、キャラコなど）で仕立てられた短いズボン型の下着のことです。すでに大正時代には裁縫の教材に取り上げられています。

　昭和3年（1928）の『婦人グラフ』で、「パンタロン（ショーツ）の作り方」（9月号）「シュミーズ、ブラジャー、ショーツを付けた図」（7月号）が紹介されましたが、当時は女性が身に着けるのには抵抗が大きく、本格的に広まったのは1950年代以降でした。

　昭和7年（1932）12月に起こった東京・日本橋のデパート、白木屋での火災の折に、腰巻しか身につけていない女店員が屋上から梯子（一説にはロープ）を伝って降りる際に、野次馬から乱れた裾をのぞかれるのを気遣って裾を押さえたために片手を取られて、落下し、命を落としたと語り継がれました。実際にはこのような形での死亡者はいなかったのですが、報道によって広まったのです。これがきっかけで活動的・機能的な下着としてズロースへの関心が高まりましたが、実際に普及したのは第二次世界大戦後です。

　昭和3年（1928）の『婦人グラフ』にはシュミーズ（現在のスリップ）、スチアンゴルジュ（同ブラジャー）、パンタロン（同ショーツ）、ガードル、コンビネゾン（キャミソルとショーツを連結した下着）などが英仏語で紹介され、製図法も掲載されています。市販品はほとんどなく、仕立てることが多かったことが推測されます。

図7-2-25　裁縫雛形
上　シミーズ（大正4年〈1915〉）
下左　ペティコート（大正4年〈1915〉）
下右　ドロワース（大正8年〈1919〉）
（東京家政大学博物館蔵）

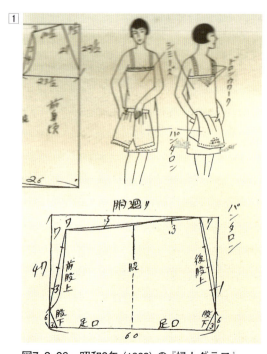

図7-2-26　昭和3年（1928）の『婦人グラフ』
「パンタロン（ショーツ）の作り方（1）」と「一通りは心得ておきたい婦人洋装についての知識」（2）。（東京家政大学蔵）

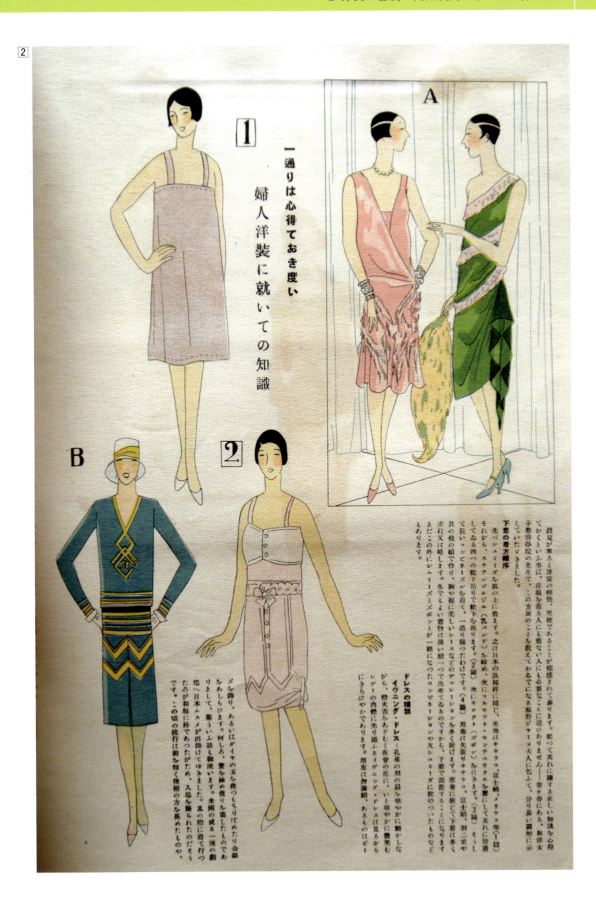

一通りは心得ておき度い

婦人洋装に就いての知識

護叔が来ると洋装の軽快、便利であることが痛感されて居ります。従つて其れに関する正しい知識を心得ておくといふ事は、洋服を着る人にも着ない人にも敵ない事に違ひありません——市ヶ谷あたりにある女子整容院の発生で、この方面のことを教えておきでにとになる瀧野びヤ子夫人に乞ふて、分り易い順序に示していただきました。

下着の着方順序

先づシュミーズを肌の上に着ます。之は日本の肌襦袢に同じ、生地はキャラコ（京士絹、ダイヤス等）〜一同）それから、スチアンゴルジュ（乳バンド）か締め、次にコルセット・センチ（ウオル》して〜）膝下吊りで靴下を吊ります（2図）。次にキャット（ズボン）かけさます。（3図）そうして乳ひコンビネーズンか着て、一通り揃つたわけです。（4図）用布は矢張りキャラコ、富士絹、羽二重や其の他の絹の類で作り、胸や裾には美しいレースなどのデコレーションを多く付けます。家庭に應じて下着は多く頂れ又は略しいるのでれから、下着に縫つ〜まだこの外にシュミーズとズボンとか一緒になつたコンビネーションや又はシュミーズに脱ひのついたものなどもあります。

ドレスの種類

イヴニング・ドレス—孔雀の羽の扇を華やかに動かしながら、燈火眩めざく夜会の席に、いと華やかに嬉笑むレデーの内輪に光り遡ふイヴニング・ドレスは見るからにさらびやかでありまるす。用布は勿論絹、あるいはビ

《を飾り、あるいはダイヤの玉を残つたちゝりゝゃばめ〜金銀かもしらひひ。何しろ、賀を締り倣りか識したもので〜りまして、新らしいふ話も行けてゆきました。其国の成る一流の劇場へ、日本スメが出掛けて行きました。其の際に着て行つたのが和服に待でありつたがため、入場を謝られたのだそうです。この頃の流行は前々短く後裾の方を長くしたものや、

髪　型

　明治時代にいち早く洋風に切り替わった男性の髪型は、日清戦争の兵士の勇ましい様子の影響から、しばらくは丸刈りに人気が集まりました。その後は、チャン刈りと呼ばれる、前髪は長く後頭部を短く刈るスタイルも一般的になりました。少年用には坊ちゃん刈りも人気がありました。

　女性の間では日本髪、束髪、洋髪が共存しました。束髪では油もつけずに前髪を七三に分け、自然にまとめた女優髷が登場しました。新劇の女優が始めたのがこの名称の由来とされます。

　洋髪ではモダンガールのショートヘアが我が国の女性の髪型史上最初の断髪となりました。

　1920年代初期にはマーセルウェーブ（パーマネントウェーブ）が導入され、熱を加えて作ったウェーブで左右の耳を隠した髪型、「耳隠し」が洋装・和装両用に流行し、モダンガールたちのボブにもウェーブが施されました。結い上げる髪型から、カットとウェーブの髪型への移行が始まったのです。

　『婦人グラフ』1927年1月号では、「近ごろではここにもあそこにも雨後の筍の様に何々美容院のハイカラな看板を見受くるのである」（現代婦人職業百態其の十三　美容術師の巻）として、美容院の盛況ぶりをまず報じています。美容師志望者も増え、旧来の髪結いまでもが美容師に転向する傾向や、技術などの水準保持のための美容師組合の結成などについても触れ、美容師の草分け、花嫁の着付けの第一人者として遠藤波津子、アメリカ仕込みの華やかさを特徴とする丸の内美容院の山野千枝子、知識階級やハイクラスの職業婦人に人気の銀座美容院の早見君子、ハリウッド美容室のメイ・ウシヤマなど、何人かの名高い美容師をあげています。

図7-2-27　女性たちの新しい髪型
パーマネントウェーブの流行により、結い上げる髪型からカットとウェーブの髪型へと変わっていった様子がうかがえる。（『婦人グラフ』1925年〈大正14年〉6月号、1928年〈昭和3年〉9月号、東京家政大学蔵）

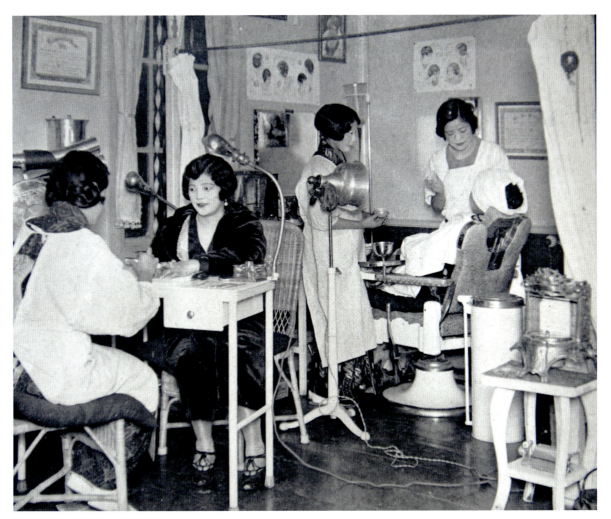

図7-2-28　ハリウッド美容室
左手前、小卓に座っている洋装の女性はマニキュア中、右奥ではリクライニングの椅子に座ったメイクアップ中の女性が見られる。（「現代婦人職業百態其の十三　美容術師の巻」『婦人グラフ』昭和2年〈1927〉1月号、東京家政大学蔵）

マーセルウェーブ
マーセルウェーブ（パーマネントウェーブ）とは、フランスのマルセル・グラトー（またはフランソワ・マルセル）が1872年に発明した機械による長期的に維持できるウェーブのこと。当初はガスなどで熱したが、20世紀には電熱を用いたため、我が国では電髪とも呼ばれた。1938年には熱を用いず、薬品で化学的にウェーブを固定するコールド・パーマが発明された。

太平洋戦争中の衣生活
国民服と標準服

　1929年（昭和5）、世界的な経済恐慌が広がると、日本にも経済・社会不安が広まり、昭和6年（1931）の満州事変以降、国中に軍国的ムードが高まり、国民の生活は次第に切り詰めの方向に向かい、「贅沢は敵」として、厳しい統制の時代へと進みました。

　昭和15年（1940）11月2日、政府は「国民服令」を発布して、男性の標準服を定め、日常生活での無駄を省き、特に和洋2種類からなる衣生活の不合理を廃し、日常的に軍服に近い服装をすることで、戦時下としての意識を強めることなどを目指しました。上衣、中衣、ズボン、帽子、外套、手袋、靴で構成され、色は国防色（カーキ色）、素材はウールなどで、開襟型の甲型と、詰まった折襟の乙型がありました。戦局が厳しさを増した昭和18年（1943）以後は軍服に近い乙型が中心となりました。国民服は強制ではなかったにもかかわらず、昭和19年（1944）頃には広く普及しました。

　他方、女性用には昭和17年（1942）に厚生省が中心となり、スカート式の甲号、和服式の乙号、もんぺ式の活動衣の3種の標準服が定められました。もんぺとは古くから農村、主に寒冷地で労働用に用いられた裾をしぼった一種の細身の袴のことで、これに袂を短く切り、裾も短縮した着物を組み合わせました。もんぺについては当初、ズボン型の衣服を女性が着装することへの批判的声もありましたが、空襲が激しさを増す中で、3種の中で最も広く普及しました。多くの女性が家庭で古い着物を解くなどして、比較的手軽に仕立てられたことと、活動的であったことが理由と考えられます。

図7-2-29　日常の服装
（『戦時下盛夏の服装』婦人画報社、昭和18年〈1943〉7月、個人蔵）

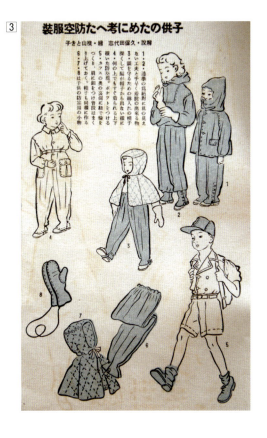

図7-2-30　戦時中の服装

①男性用国民服（『主婦の友』昭和15年〈1940〉12月号付録）

②女性用標準服

③防災用子ども服（『戦時下盛夏の服装』婦人画報社、昭和18年
〈1943〉7月、個人蔵）

第 8 章

ファッションの国際化の時代
〈昭和後半～現代〉

1 洋装化の波の中で
終戦〜1950年代

洋裁ブーム

　昭和20年（1945）の終戦直後は、戦中と同様衣料品は乏しく、さらに昭和22年（1947）には「衣料配給規則」「衣料品切符規則」が復活、衣生活の厳しさは一層増大しました。多くの人々は戦時中の国民服やもんぺ姿、更生服（古布、残り布などでを利用して仕立てた衣服）、あるいは復員服と呼ばれた軍服のままでした。

　しかし早くも昭和21年（1946）からは、ファッション雑誌の復刊や新たな刊行、洋裁学校の再開などが相次ぎました。多くの女性たちが戦争で、また戦後の竹の子生活で和服を失ったこと、戦時中の活動的な服装に慣れていたこと、戦後の混乱の中でも活動的な服装が求められていたこと、戦後アメリカ式の生活文化の影響が大きかったことなどを背景に、和装から洋装への本格的な移行が始まったのです。

　とはいえ、当時既製服の製造は未熟な状況にあり、洋服を入手する手段は昔ながらの洋装店での注文仕立てか、家庭洋裁しかありませんでした。和服、寝具、古い洋服などを解いて、家族の洋服を仕立てることは、主婦にとっても不可欠な技能となりました。また洋裁技術は、女性の自立のための職業や、家庭内で副収入を得る内職にも役立ちました。

　ミシンの製造は、戦時中は軍用に限られていましたが、戦争直後は経済立て直しを担った繊維製品輸出のために工業用として製造され、その後は家庭用に向けられて、昭和22年（1947）には規格が統一されて供給が安定しました。このことは洋裁と洋装の普及を後押ししました。

図8-1-1　①『装苑』創刊号〈戦後復刊第1号〉昭和21年〈1946〉7月号

図8-1-1　②洋服の作り方（『装苑』戦後復刊第1号）
表紙イラストと対応したドレス。

図8-1-1 ③『装苑』戦後復刊第2号 昭和22年
〈1947〉1月号

図8-1-2 家庭洋裁（昭和22年〈1947〉）
ミシンを使っての家庭洋裁は家事とし
て、また内職としても普及した。（Asahi
Shimbun/amanaimages）

8-1-1 ①〜③
　戦後復刊第1号は、B5判44ページ、オフセット
2色刷りの口絵11ページを含み、残りは1色刷
りで図版はすべてイラストという、ごく質素な
構成。内容は、女性の洋装としてブラウスとス
カート、シャツ、ドレス、男性用のシャツなど
のデザインと製図、着物1枚から2枚の洋服を
作る、あるいは残り布を何種類かあわせて作る
更生服、子供服のデザイン、ミシンの扱い方か
らエッセイまで多彩であった。

ファッション雑誌

　衣料品不足を家庭内で補う手段として、また女性の副収入源として洋裁が広まると、洋裁学校の入学者が急増しました。ファッション雑誌は教材や家庭裁縫の参考資料として需要を増して行きました。昭和21年（1946）、戦時中に休刊していたファッション雑誌、『装苑』（昭和11年（1936）創刊）が復刊となり、『ドレスメーキング』が昭和24年（1949）に創刊されました。『装苑』は、大正8年（1919）に並木伊三郎が創立した洋裁学校・文化服装学院（現・文化学園）が創刊したもので、『ドレスメーキング』は、昭和9年（1934）に田中千代が創立したドレスメーカー女学院（現・田中千代学園専門学校）が創刊したものです。両者はその後、読者数を伸ばし、我が国の二大ファッション雑誌と称されるようになります。

　デザイナーの宇野千代が昭和11年（1936）に創刊し、昭和19年（1944）から休刊していた『スタイル』は昭和21年（1946）5月に復刊となりました。また、戦前からの『婦人画報』（明治38年〈1905〉創刊）、『主婦の友』（大正6年〈1917〉創刊）や新たに創刊された『主婦と生活』『婦人生活』などの婦人総合雑誌でも、新デザインの紹介や裁断用製図法や仕立て方ページや、別冊付録も増えていきます。

　10代半ばから後半までの世代向けの雑誌、いわゆる少女雑誌の分野では、戦前からファッションイラストレーションや人形制作で知られていた中原淳一（1913-83）が、雑誌『それいゆ』（1946年）、『ひまわり』（1947年）、『ジュニアそれいゆ』（1954年）を編集・発行し、十代の少女たちに、贅沢ではなく、身近な品々を工夫して、若々しく、清楚で、賢いおしゃれを生み出す方法や、モダンなセンスを伝えました。

図8-1-3 『スタイル』昭和21年6.7月合併号
編集者、着物デザイナーの顔ももつ宇野千代の創刊。

図8-1-4 『Dress』昭和21年（1946）東京ドレス研究所

図8-1-5　１『それいゆ』昭和27年（1952）春号
　　　　　　（第20号）表紙
　　　　　２『ジュニアそれいゆ』昭和33年（1958）
　　　　　　（第23号）表紙

欧米ファッションの影響

　戦後日本のファッションは、敗戦直後に進駐していたアメリカの影響を強く受けました。戦後間もない昭和22年（1947）春、パリ・オートクチュールのクリスチャン・ディオール（1905-57）のデビュー作、「ニュールック」も、1年遅れてアメリカ経由で我が国に伝えられました。このスタイルは戦時中のいかつい軍服調や、無装飾的・経済的な服装とは別世界のような、ほっそりとした上半身と、広い裾広がりのスカートを組み合わせた優雅で女性的なスタイルで、欧米でたちまち人気を集め、ディオールの名声を一躍有名にしたものです。その後、新しいスタイルの流行が相次ぎますが、60年代まで、特にドレッシィな装いでは人気を維持しました。

　ディオールは昭和28年（1953）にはファッション・ショーを開催しています。帝国ホテル、東京会館、文化服装学院校舎、名古屋、京都、大阪など各地を巡回しました。大卒者の初任給が公務員8700円、銀行員6000円程度であったこの時代に、1000〜4000円の入場券がたちまち売り切れるほどの人気で、日本人のファッションへの憧れをはぐくむきっかけになりました。

　50年代のディオールは、急死する昭和32年（1957）まで、チューリップ・ライン、クーポール・ライン、Yライン、Hライン、Iライン、Aラインなどを次々と発表し、この時期はライン時代、あるいはアルファベット・レター時代と呼ばれました。これらのスタイルはアメリカを経由せず、フランスから直接我が国伝えられるようになります。

図8-1-6　ニュー・ルック（クリスチャン・ディオール、昭和22年〈1947〉）

（The Granger Collection/amanaimages）

図8-1-7　Hライン（クリスチャン・ディオール、昭和29年〈1954〉）

（bridgeman/amanaimages）

図8-1-8 1 3 『装苑』に載ったニュールック
（『装苑』昭和25年（1950）6月号口絵）

2 Iライン、Yライン（『装苑』昭和25年
（1950）12月号）

ディオールが発表したニュールックやその後の
ラインが、我が国のファッション界に影響を与
えたことは、当時のファッション雑誌からもう
かがえる。

和製洋装ファッション

　戦後の国産ファッション第一号は、長いストールを頭からかけて首に廻す「真知子巻き」です。昭和27年（1952）から29年まで放送された菊田一夫原作の人気連続ラジオ・ドラマ『君の名は』は昭和28年（1953）に映画化され、佐田啓二、岸恵子が主演しました。この映画の中の岸恵子扮する真知子のスタイルから広まったものです。

　洋装が普及する中で、おしゃれには整った体型が大切とする意識が芽生え、ファウンデーション下着への関心が芽生えてきました。先に述べたクリスチャン・ディオールのニュールックではウェストの細さが強調され、また当時日本で上映された欧米の女優たちのグラマラスな体型にも刺激を受けて、ブラジャー、ガードル、ウェストニッパー（ウェスト部分を抑える幅広のベルト状の下着）などにも目が向けられました。現在我が国屈指の下着メーカー、ワコール社の前身・和江商事が、ブラジャーや、ヒット商品となった「ブラ・パッド」（螺旋状の針金を綿でくるみ、さらに布で包んだパッド状のもので、胸の形状やサイズを調整するためのもの。大阪の洋裁学校教員の要望で作成された）の販売に着手したのが昭和24年（1949）のことでした。同社は昭和27年（1952）に初めての下着ショーを開催しています。

　昭和28年（1953）にアメリカ、ロングビーチで開催されたミス・ユニバース・コンテストにおける日本の伊藤絹子の3位入賞のニュースは、戦後の復興途上にあった日本人に希望を与えました。世界に日本女性の美しさが認められたことは、本格的な洋装化の進む中で、多くの日本女性に自信を抱かせたのです。「八頭身美人」という言葉が流行しました。

図8-1-9　映画『君の名は』の岸恵子の真知子巻
（『君の名は』大場秀雄監督、昭和28年〈1953〉松竹提供）

図8-1-10　街にあふれる真知子巻（東京・銀座の数寄屋橋、昭和28年〈1953〉）
　長いストールを頭と首に巻き、端を肩にかけたファッションが流行した。
（Asahi Shimbun/amanaimages）

図8-1-11　八頭身美人（昭和28年〈1953〉）
　ミス・ユニバース世界大会で3位となった伊藤絹子（kyodo news/amanaimages）

図8-1-12　①ブラ・パッド
　　　　　②ブラジャー
　（株式会社ワコール提供）

1950、60年代初期
パリ・モードの影響

　1950、60年代、世界のファッションをリードしたのはパリ・オートクチュールでした。ディオール店のほかにもクリストバル・バレンシアガ、ガブリエル・シャネル、ニナ・リッチ、ジャンヌ・ランヴァン、マダム・グレ店などの戦前からの店とともに、ジャック・ファト、ルイ・フェローなど50年代開店の店、さらに60年代に入るとイヴ・サン-ローラン、ピエール・カルダンなどの新しい世代も加わり、パリ・オートクチュールの黄金期を迎えました。

　昭和32年（1957）、パリ・オートクチュール界ではディオールのニュールック以来続いたウェストをマークしたシルエットに対して、ウェストを絞らないストレートなスタイルが主流となり、サックドレスの流行が伝えられました。ディオール店もこれをアレンジした裾広がりのテント型、別名Aライン（トラペーゼ・ライン）を発表しました。パリの顧客たちは、これらをあまり上品ではないとして、批判をこめて「サックドレス（袋みたいなドレス）」と呼んだのですが、このシルエットは、洋服にようやく慣れ始めた我が国の女性たちにはむしろなじみやすく、翌年夏にはたちまち流行となりました。ファッション雑誌には海外の写真とともに、オリジナルのデザイン画や作品の写真が掲載されました。

　戦後、流行はアメリカからのものを多く受け入れてきましたが、この年をきっかけに、パリ・モードへの関心が高まることになりました。

図8-1-13　トラペーゼ・ライン（Aライン）（昭和33年〈1958〉）

（TopFoto/amanaimages）

図8-1-14　サック・ドレス（昭和33年〈1958〉）

（Everett Collection/amanaimages）

図8-1-15　日本でのサック・ドレス
　「サック・ドレス」は、当時の我が国のファッション雑誌に数多く取り上げられた。
　[1]『それいゆ』昭和33年（1958）
　[2]『装苑』昭和33年（1958）4月号
　[3]『装苑』昭和33年（1958）4月号
　[4]『装苑』昭和33年（1958）4月号付録

ヘア・スタイルと化粧

　戦時中には禁止されていた女性のパーマネント・ウェーブが、戦後まもなく美容院で再開されました。当初は電熱でウェーブを固定する電気パーマでしたが、やがてアメリカで人気のあったコールド・パーマが、アメリカ駐留軍家庭の女性から伝えられ、昭和26年（1951）頃にはほとんどの美容院に普及しました。

　戦時中翼賛型に統一されていた男性の髪型では、昭和23年（1948）頃から戦前に見られたリーゼント・スタイルが復活しました。三七に分けた前髪をポマードで固めて前に張り出す形です。また若いアメリカ兵の髪型をまねたGI刈や、昭和31年（1956）に芥川賞を受賞した石原慎太郎風の慎太郎刈など、短い髪型も若者層に人気を集めました。

　50年代半ば以降の髪型には映画の影響が現れ、昭和29年（1954）の『ローマの休日』はヘップバーン・カット、30年の『月蒼くして』はポニーテール、31年の『悲しみよ、こんにちは』ではセシール・カットが流行しました。ヘップバーン・カットとセシール・カットは手入れが容易で活動的で、就学・就業の増えた女性たちに受け容れやすく、以後、美容師の技術では長い髪のセットよりカットの重要度が高まります。

　昭和25年（1950）頃、戦時中は入手困難であった化粧品が市場に出回りました。戦前からのクリーム、化粧水、乳液などに加えて、パンケーキ、ドーランなどのベース・メークが登場しました。ハリウッド映画の撮影用にマックスファクター社が開発したもので、長時間崩れず、携帯も可能で、自分の肌の色に合わせて選べるなどの便利さから普及しました。ポイントは赤い口紅で、明るい表情を生み出すくっきりと輪郭を描いた鮮やかな唇に人気が集まりました。

図8-1-16　セシール・カット（昭和33年〈1958〉）
「悲しみよこんにちは」のジーン・セバーグ
（Everett Collection/amanaimages）

図8-1-17　ヘップバーン・カット（昭和28年〈1953〉）

「ローマの休日」のオードリー・ヘップバーン。エレガントな王女が旅先のローマの宿泊先をこっそり抜け出し、自由な一日を楽しむというストーリー。「ローマの休日」の中で、ショートヘアは女性の自由をあらわした。（Everett Collection/amanaimages）

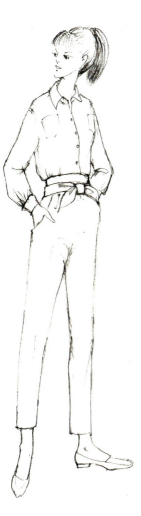

図8-1-18　ポニーテール

長い髪の毛の簡単なアレンジ方法として、ポニーテールは若い女性の人気を集めた。

科学・工業と衣生活

【合成繊維】1950年代に入ると産業界の活発化により衣料品不足が解消されていき、昭和25年（1950）6月には配給制度や切符制度が解除され、商品の生産・流通が自由化されました。これで既製服業界は自由な製造・販売が可能になり、繊維産業界では石油系合成繊維の生産が始まりました。

昭和27年（1952）、透き通るナイロン生地を使った「ナイロン・ブラウス」が流行し、アメリカへも輸出されました。同年、ナイロンのフルファッション（足部、脚部の形にそって編みたてた）・ストッキングが発売され、靴下の消耗品化が始まり、「戦後強くなったのは靴下と女性」という言葉が流行りました。輪状に編みたてた縫い目ののないシームレス・ストッキングの本格的生産開始は昭和36年（1961）でした。

その後、昭和31年（1956）にはアクリル繊維（カネカロン）、昭和33年（1958）にはポリエステル繊維（テトロン）の量産が始まりました。カネカロンは鐘淵科学製造のアクリル繊維の商品名で、翌年には旭化成のカシミロン、東洋紡績のエクスラン、さらにその翌年の三菱レイヨンのボンネルが続きました。テトロンは帝人と東レ2社協同で開発したものです。

アクリル繊維はウールに似て、軽く柔らかく、温か味のある肌触りを特徴とし、単独で、あるいはウールや綿と混紡して用いられました。ポリエステルはしわになりにくく、洗ってもアイロン不要、乾きが早いなどの利点により、ワイシャツ、ブラウスなどの材料として話題になりました。

合成繊維の普及は戦後の衣料品不足を急速に解消し、日常生活の上で、ある程度の満足を多くの人々にもたらしたのです。

図8-1-19　ナイロン生地を使ったドレス
（『それいゆ』昭和29年〈1954〉夏号）

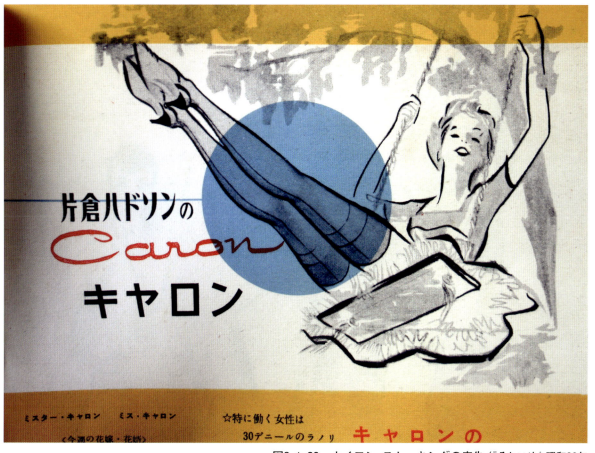

図8-1-20　ナイロン・ストッキングの広告（『それいゆ』昭和30年
秋号／協力：株式会社ひまわりや、片倉工業株式会社）
「特に働く女性は30デニールの～」とあり、やや厚目のタイプを
紹介している。ストッキングは、左右別々に作られ、ガーター
ベルトで留めるか、ガードルにとりつけた留め具で吊り上げ
た。脚の後中心にはたてに縫い目が見える。

【洗濯機と洗剤】衣料品が豊富になるとともに、衣にかかわる生活技術も大幅に進歩しました。世界初の電気洗濯機は明治41年（1908）にアメリカで発明され、我が国でも芝浦製作所（現・東芝）が、昭和5年（1930）にアメリカの技術を導入して製造販売で製作しました。しかし当時の銀行員の初任給約70円に対して、370円という高額で、一般には広がりませんでした。

戦後同社は昭和27年（1952）に小型撹拌式洗濯機を発売、続いて昭和28年（1953）には三洋電機が洗濯物の生地の損傷が少ない噴流式洗濯機を発売し、ヒットしました。当時の洗濯機では、脱水は手回し式ローラーで行われ、昭和40年代以降の脱水機付二槽式洗濯機に比べるとまだ不十分ではありましたが、それでもたらいでの手洗いに比べれば、家事は大幅に軽減されました。評論家大宅壮一はこの昭和28年（1953）を「電化元年」と命名しました。洗濯機、冷蔵庫、白黒テレビが「三種の神器」と称されたのもこの頃からです。

洗濯機の普及は洗剤にも変化をもたらしました。固形石鹸から粉石鹸、そして従来の石鹸から合成洗剤への移行が始まりました。合成洗剤はすでに戦前の昭和12年（1937）、ウール用中性洗剤「モノゲン」（第一工業製薬）が販売されましたが、戦後は昭和26年（1951）、弱アルカリ性合成洗剤「花王粉せんたく」（昭和28年〈1953〉にワンダフルと改称、花王株式会社）、ライオン粉石鹸（ライオン石鹸株式会社）、31年の「トップ」（同）などの消費が伸び、1950年代末期には合成洗剤中心の時代となります。

図8-1-21　国産初の電気洗濯機（昭和5年〈1930〉）
（東芝未来科学館提供）

図8-1-22　電気洗濯機と合成洗剤の広告（『それいゆ』昭和28年秋号／
協力：株式会社ひまわりや、株式会社東芝、花王株式会社）

電気洗濯機と合成洗剤とを合わせた雑誌の広告では、手間のかかる
家事労働という、従来の洗濯のイメージを、「楽しい夏の日課」へと
変えようとしている。洗濯の科学の発達は、この後、衣生活におけ
る清潔意識を高めていく。

和服の方向性

　明治時代以来、男性にとっての和服は紋付羽織袴の礼装や特殊な職業を除くと、家庭内での寛ぎ用の服装となり、職場には背広で出勤し、帰宅すると和服に着替えるという習慣も生まれました。他方、戦後世代の女性の場合は、和装は七五三、成人式、婚礼などの儀礼用やおしゃれ着として残り続けますが、日常着や家庭着として洋装が一般化しました。

　このように和服が衰退する中で、昭和30年代半ばの『それいゆ』には、三岸節子、東郷青児、猪熊弦一郎などの画家の描いた着物や、丈を短く、ウェストを帯できりっと締めた、洋服感覚の着物が掲載されました。

　昭和30年代半ばから新しい和装を提唱したのが大塚末子（1902-98）です。直線裁ちの着物の美しさや伝統的織物の魅力を活かしながら、時には洋服の要素も細部に取り入れ、現代生活にも適応できる着やすさ、仕立てやすさ、機能性を工夫し、ツーピース型や戦時中に広まったもんぺ式などのスタイルをモダンにアレンジした彼女の作品は話題を生みました。中でもかつて茶人が好んだ茶羽織の丈を短く仕立てたお末羽織は、衰退傾向にあった和服の中の稀少なファッションの一つとなりました。

　和服の不便さ、現代生活とのミスマッチの要因の一つである洗濯の不便さを解消する、丸洗いできる着物が、合繊メーカーによって開発されたのも60年代です。

　しかし日常的な衣生活への本格的な和服の復興は見られず、晴れ着としての着物の位置づけはその後も固定化され、それは一人では和服を着付けられない人口の増加をもたらしました。

図8-1-23

図8-1-24

図8-1-23　着物の新しい着方の提案
　中原淳一による新しい着物スタイルの提案。短い袖、おはしょりなしの短い着丈、細く短い帯など、着つけも簡単で、活動的な衣服への工夫が見られる。（それいゆジュニア号昭和28年〈1953〉8月1日発行）

図8-1-24　三岸節子デザインの着物
（『それいゆ』昭和27年〈1952〉4月臨時増刊）

図8-1-25　お末羽織（大塚末子）
　身丈、袖丈の短い、洋服のジャケットのような軽快な印象の「お末羽織」。ポケットがついているのも斬新。（Asahi Shimbun /amanaimages）

図8-1-25

豊かさの時代へ

　昭和31年（1956）、政府は『経済白書』において「もはや戦後ではない」としました。昭和33年（1958）は「岩戸景気」と呼ばれた好景気を迎え、「電化元年」から6年目を迎えた昭和34年（1959）の皇太子ご成婚は国中に明るいムードを漂わせ、これにあわせて白黒テレビ受像機が本格的に普及しました。このことは昭和35年（1960）以降の、ファッションの伝達のスピードアップの上で、大きな意味を持つことになります。また『週刊女性』（1957年）、『女性自身』（1958年）などの女性週刊誌が発刊されたのもおよそこの時期で、ファッション雑誌と並んで、ファッション関係の情報をも伝える新しいメディアとなりました。

　衣生活の上では、物資不足から始まった戦後の十余年の間に、産業の活性化、近代的石油工業、家電の発達を背景として、豊かさの時代へと近づいたのです。

　昭和33年（1958）の流行語となった「レジャー」は、服装にも新しい分野をもたらしました。日常生活から離れた空間での服装として、活動的なパンツや機能的なショート・コートなどが導入されました。こうしたカジュアルな場面の増えた影響で、街に女性のパンツ・スタイルが見られるようになりました。

　また同年、皇太子との婚約が発表された正田美智子さん（現・皇后）の人気は美智子さんに似せた人形や塗り絵などを出現させ、ミッチー・ブームと名づけられました。ファッションではディオールのニュールック型のドレスや大型のストールが注目されました。

図8-1-26　ミッチー・ブーム（昭和34年〈1959〉）
美智子妃に似せた人形が登場した。（1 Asahi Shimbun/amanaimages、2 kyodo news/amanaimages）

図8-1-27　レジャー・ブームにあわせた旅行スタイル（昭和35年〈1960〉）
　　　　（Asahi Shimbun／amanaimages）

図8-1-28　銀座を歩く女性たち（昭和37年〈1962〉）
　　　　（Asahi Shimbun／amanaimages）

2 国際化したファッションの中で
1960年から現在

家庭洋裁から既製服

　社会全体の機械化・合理化の進む中で、時間のかかる家庭洋裁ではなく、手っ取り早く入手できる既製服へのニーズが高まりました。戦後の日本経済復興に寄与した繊維業は、60年代には海外輸出量も頭打ちとなり、国内需要の拡大へと目を向け初めていました。昭和35年（1960）の池田勇人内閣の「所得倍増」計画により、国民生活は全体的に向上し、消費意欲も高まり、服装では、単なる実用品ではなく、おしゃれな要素への潜在的欲求が生まれつつありました。

　こうした欲求にこたえ、大手合繊メーカーや百貨店などの協同の大規模なキャンペーンを通して、流行の発生を促しました。昭和30年代後半の「ホンコン・シャツ」（帝人株式会社が開発した半そでワイシャツの商標名）、1960年代半ばの「カラー・シャツ」がその例です。白が中心であった当時、カラー・バリエーションをそろえたワイシャツは、消費の拡大とファッションの多様化現象を促しました。

　他方、1960年代後半に立体裁断用の工業用ボディが登場し、明治以来の平面製図によるパターン作成に、より立体的で合理的な裁断法が加わったのです。昭和45年（1970）には既製衣料品サイズの日本工業規格（JIS）が制定されました。我が国における既製服産業（アパレル産業）の技術面での基礎が形成されたのです。

　経済産業省生活産業局が昭和51年（1976）に発表した繊維ビジョン「明日のアパレル産業　その現況と課題を探る」で、既製服を「アパレル」としてから我が国にも定着しました。

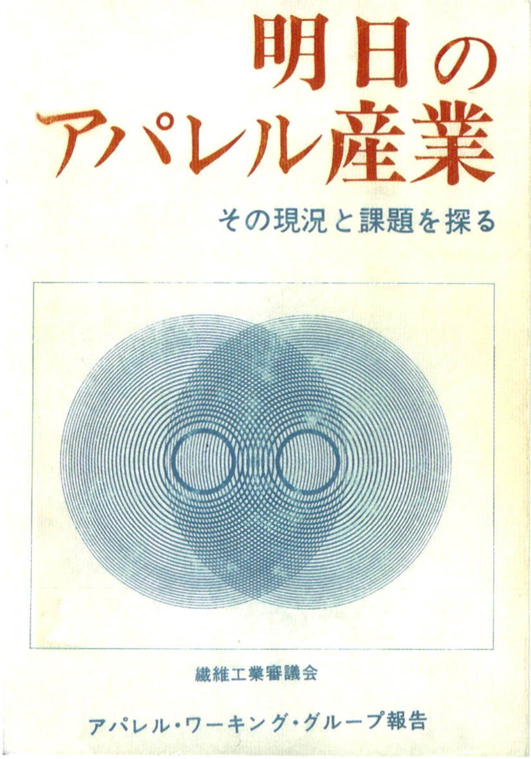

図8-2-1　通商産業省生活産業局『明日のアパレル産業──その現況と課題を探る』日本繊維新聞社、1977年

図8-2-2　ホンコン・シャツ（昭和40年〈1965〉）
　ロックのリズムにあわせて踊る人もホンコン・シャツ姿だった。（Asahi Shimbun/amanaimages）

プレタポルテ

　昭和40〜45年頃（1960年代後半）、大量生産型の、実用性を主眼とした既製服とは異なって、自己の個性や創造性を表現した既製服を製造・販売するデザイナーたちが増えてきます。この現象は、既製服の役割が増大し、ファッション・デザイナーの関心が、注文服から既製服へと移ってきたことを意味しています。彼らの扱うファッション性、品質ともに高い商品はプレタポルテと呼ばれました。これまで注文服を扱ってきたパリ・オートクチュールでも、プレタポルテ部門を展開するようになります。

　この現象はただちに我が国にも導入され、プレタポルテという言葉はメーカーやデパート、専門店などでも盛んに使われ、またパリのオートクチュールや名の通ったメーカーやデザイナーのライセンス提携商品も人気を集めました。ファッションは既製服においていち早く生み出され、多くの消費者層にスピーディーに伝達されるようになったのです。

　同時期の日本でもこうした動きを反映し、コシノジュンコ、松田光弘、菊池武夫、稲葉賀恵等がブティックや既製服メーカーを開き、個性的な既製服を世に送り出しました。また高田賢三、三宅一生等は、国外にも拠点を置いて活動を開始しました。その後、昭和55年（1980）頃から、こうしたデザイナー名を冠したブランドが相次いで現れ、DCブランド（デザイナーズ・アンド・キャラクターズのブランド）と呼ばれました。この時期、特に世界的に知られたデザイナーに川久保玲、山本耀司があげられます。こうした既製服の質的向上は既製服の需要を伸ばしましたが、反面、家庭洋裁と注文仕立ての衰退をもたらしたとも言えます。

図8-2-3　高田賢三（昭和57年〈1982〉）

昭和45年（1970）春にパリで初のコレクションを発表した高田賢三は、その後のプレタポルテ・ファッションを率いる存在として、世界から注目され続けた。日本をはじめとして、世界の民族衣装を洋服に見事に取り込んだデザイン、明るい色彩にも人気があった（288、289ページ参照）。（Sipa Press/amanaimages）

図8-2-4　山本耀司（平成15年〈2003〉）
昭和47年（1972）、国内にプレタポルテ会社ワイズを設立した山本耀司は、昭和56年（1981）にパリ・コレクションに初参
加し、その黒の扱い方は当時「黒の衝撃」と評された。（Sipa Press/amanaimages）

60年代の男性ファッション

　1960年代、若い男性たちの間に起こった本格的なファッション、アイビー・ルックは、アメリカ東海岸の名門8大学連盟、アイビーリーグ（伝統ある校舎にツタが茂っていたことに由来する名称）内でのスタイルを取り入れたものです。我が国には株式会社ヴァンヂャケット（石津謙介創設）のブランド、「VAN」が紹介し、スポーティで品のよい、オーソドックスなスタイルとして人気を集め、若い男性がおしゃれに関心を抱くきっかけになったといわれています。

　石津謙介は「T・P・O」という造語で、「時・場所柄・場合（time,place,occasion）」にふさわしい服装を提唱し、この後、背広一辺倒であった日本の男性の洋服にバラエティが求められるようになりました。

　また、アイビー・ルックをやや崩したスタイルの「みゆき族」もあらわれました。

　男性用化粧品へも関心が高まり、昭和37年（1962）には、従来のポマードや髪油などの整髪料に代わり、液状のさらっとした自然な仕上がりを特徴とする整髪料「バイタリス」（ライオン）が、翌年には「MG5」（資生堂）が発売され、ハンドドライヤーとこれら液状整髪料を用いて毎朝髪型を整えることが、男性の新しいおしゃれとなりました。また昭和42年（1967）には複数の会社がシェービング・クリーム、アフターシェーブ・ローションなどの男性用化粧品を発売し、シェアを競い合いました。

　昭和40年代には反体制を標榜した学生運動や反戦運動、現実社会から離れて理想的共同体での生活を目指したヒッピー族などの影響から、男性の間に「長髪」が登場します。「長髪」には反体制的なイメージが抱かれましたが、次第に男性の髪型の一つとして定着しました。

図8-2-5　銀座を歩くカップル（昭和41年〈1976〉）
（kyodo news/amanaimages）

図8-2-6　流行を追う若者（昭和41年〈1976〉）
（kyodo news/amanaimages）

図8-2-7　銀座を歩く「みゆき族」（昭和41年〈1976〉）

アメリカ・アイビーリーグの学生をイメージさせるファッション「アイビー
ルック」に身を包んだ流行に敏感な若者たちが、銀座みゆき通りに集まっ
た。（kyodo news/amanaimages）

ミニ・スカート

　昭和42年（1967）頃から、ひざよりも短い丈のスカート、ミニ・スカートが話題を呼びました。1960年代初頭、ロンドンの下町に集まるティーンエイジャーたちの間で、膝よりも短い丈のスカートが流行りだし、これを駆け出しの既製服デザイナー、メアリー・クアント（Quant, Mary　1934-　）が自社の製品に取り入れて大流行させたものです。さらには65年、パリ・オートクチュールのアンドレ・クレージュ（Courrége, André　1923-2016）がコレクションに取り入れ、以後日本も含めて、世界的なファッションとなりました。ミニとはミニマム（最小）の略です。この流行は、世界中の女性たちを一気に若返らせました。またミニ・スカートはスカートの下に隠されていた女性の脚を露出し、従来の女性らしさよりも活動性やそれを暗示するようなスタイルが世界的に好まれるようになったといえます。

　1920年代半ばに、膝上丈に短縮された「ショート・スカート」が流行しましたが、60年代の場合はさらに短く、また20年代のショート・スカートは30年代末期にはもう廃れ始めたのに対して、60年代のミニ・スカートは一時的に影を潜めながらも、その後も女性ファッションの一つのアイテムとして存続していきます。　スカートの短縮は、二つの副産物を生みました。パンティ・ストッキングとブーツです。それまでは2本の長い靴下に過ぎなかったストッキングの上端が、短いスカートの裾からのぞくのを避けるため、パンティ・ストッキングが現れました。また歴史上常に長いスカートをはいていた女性は、くるぶしまでの丈のブーツしか履かず、従来男性の専用であった長いブーツが、このとき初めて女性に採用されたのです。

図8-2-8　ミニ・スカートの女王ツイギー（昭和42年〈1967〉）

昭和40年（1965）にファッションモデルとしてデビューしたツイギーは、少女のような痩身と童顔で、世界的に人気を集めた。昭和42年（1967）に初来日。（MPTV/amanaimages）

図8-2-9　街を歩くミニ・スカートの女性たち
東京・数寄屋橋にて。（Asahi Shimbun/amanaimages）

ロンゲットとパンタロン

　ミニ・スカート・ファッションが飽和状態に達した昭和44年（1969）後半から、足首が隠れる丈のマキシ、くるぶしが見え隠れするほどの丈のミディ、ふくらはぎの中ほどの丈のミモレやミドカーフなどのさまざまな長さのスカートがファッション界に現れました。ミニ・スタイルの単一化されたイメージに対して、多様性が求められたと見ることができます。これらの多様な長さすべてを指す「ロンゲット」という造語も生まれました。同時期のもう一つの新しい流行がパンタロンです。昭和43年（1968）にパリのオートクチュールのイヴ・サン・ローランが発表した裾広がりのソフトなイメージのズボン、シティ・パンツによってパンタロン人気が高まり、我が国にもほどなく導入されました。

　フランス語のパンタロン（pantaloons）は、本来は長いズボンの総称ですが、裾が広がりのタイプとともにこの言葉が日本に伝えられたため、このタイプのみをパンタロンと呼ぶものと誤解され、当時は従来のタイプのものはズボン、スラックスなどと呼んで区別しました。

　腰や脚を包みながらもその形を表出するズボン型の衣服がその後も女性の服装に定着したのは、社会進出の機会が増えた女性の機能性重視の生活様式の広がりと関わりがあると言えます。この後、男女の服装上の差が狭まり、ファッションにおけるユニセックスの傾向が強まっていきます。ミニ・スカートとパンタロンの感性をあわせ持つ極めて短いパンツが、ホット・パンツと呼ばれて登場したのは昭和45年（1970）のことです。

　他方、カジュアル・ファッションとしてのジーンズの流行も、このパンタロンと並行して女性のパンツ型衣服の浸透を進めました。

図8-2-10　1 ミディ丈のドレス（昭和45年〈1970〉）
（TopFoto/amanaimages）
2 マキシ丈のドレス（昭和45年〈1970〉）
（kyodo news/amanaimages）
3 パンタロン　コザック風デザイン（昭和49年〈1974〉）
（kyodo news/amanaimages）
4 ミディ丈のコート（昭和46年〈1971〉）
（kyodo news/amanaimages）

ジーンズ、
カジュアル・ファッションの拡大

　1960年代を特徴づけた流行の一つがジーンズです。ジーンズとはジーン（デニム）製の衣服の総称ですが、特にジーン製のパンツを指します。デニムとは太番手の綿糸（縦糸はインディゴ染、横糸は生成り）の綾織物のことです。アメリカ西部で、この丈夫な布を使った労働者用の作業ズボンが、商社リーバイ・ストラウス社によって1873年に発売されました。

　1930年代の映画の普及の時代に西部劇のカウボーイの服装として全米に伝わり、30年代後半に子どもの遊び着として広まりました。1950年代にはジェームス・ディーンやマーロン・ブランドなどの映画俳優の服装によって若者ファッションとして世界中に伝えられました。日本ではGパンと呼ばれて、1960年頃に出現したとされています。1960年代にはアメリカをはじめとして、世界の国々の学生たちが政治や社会体制に抗議をする運動が広まりました。当時これら

の学生運動に参加した学生たちの多くはジーンズをはき、ジーンズは反体制の意識の合言葉の意味まで持つに至りました。70年代には学生運動は終息しますが、ジーンズは、反体制という意味は失いながらも、一般社会の中で、日常着として定着したのです。ジーンズをきっかけに、この後ファッションのカジュアル化が急速に進みました。

　ジーンズとともに60年代後期から流行したのがTシャツです。元来は衿なし、丸首の袖つきの、綿ジャージィの下着で、昭和25年（1950）頃、俳優のマーロン・ブランドが舞台の中で着こなしていたところから、次第にアウターとして広まり、70年代に本格的な流行となりました。

　これらのカジュアル・ファッションの広がりは、ファッションや衣服における従来の価値観の多様化をも意味しました。

図8-2-11　1968年のアメリカ・バークレーキャンパス
当時のアメリカ学生運動の拠点の一つ。（Dennis Stock / Magnum Photos/amanaimages）

図8-2-12　ジェームス・ディーン
（昭和31年〈1956〉）
「Giant」（Mary Evans／amanaimages）

図8-2-13　マーロン・ブランド（昭和29年〈1954〉）
「The wild one」（Everett Collection／amanaimages）

女性のスーツとミニ・スカート

　昭和61年（1981）頃から平成3年（1991）頃まで
での我が国は、円高の影響によるバブル景気に
湧きました。また昭和55年（1980）に改正、翌
56年に施行された『雇用の分野における男女の
均等な機会及び待遇の確保等女子労働者の福祉
の増進に関する法律』（平成11年〈1999〉からは『男
女雇用機会均等法』と改称）に後押しされて、女
性の社会進出が進みました。欧米でもキャリア・
ウーマンが話題となり、イタリアの、ジョルジ
オ・アルマーニのように、キャリア・ウーマン
に人気のスーツを得意とするファッション・デ
ザイナーも登場しました。この状況の中で、我
が国の女性の服装でも、テーラード・スーツや
ジャケット姿が目立つようになり、同時にパン
ツ姿も増えました。かつて「職場の花」と言わ
れ、職場においても女性らしさが求められたの
に対して、女性の男性と同質の実質的な能力の
発揮が求められ、女性にもそうした自覚が確立
したと見ることができます。

　パンツのシルエットは多様化し、裾広がりの
ベルボトム型や逆に足首に向かって細くなるシ
ルエットなどが見られます。上着はジャケット、
ブラウス、セーターなどの種類を問わず、肩に
パッドを入れて、広く張らせたスタイルが流行
したのもこの時期の特徴です。

　他方でミニ・スカートの流行も再燃しました。
その極端なものはマイクロ・ミニなどとも呼ば
れました。中性的な印象を特徴とした60年代後
半のミニ・スカートとは異なり、リバイバルし
たミニ・スカートはウェストとヒップを強調し、
女性らしさを表現した点で対照的でした。「ボ
ディ・コンシャス」という言葉が流行し、キャ
リア・ウーマンのイメージとは対照的ながら、
女性のエネルギーを感じさせました。

図8-2-14　①肩幅を強調したコート（昭和60年
〈1985〉）
肩幅を強調したスタイル。（Mary Evans Picture
Library/amanaimages）

2

3

図8-2-14　**2**ラルフローレン（平成4年〈1992〉）
ピンストライプのスーツ。
（Press Association／amanaimages）
3ボディコンシャスなミニ・スカート（昭和63年〈1988〉）
東京・渋谷駅前の路上。（kyodo news／amanaimages）

日本人ファッション・デザイナー群像

森英恵（もり　はなえ）

　明治時代以降、我が国は、両世界大戦中の停滞期を除くと、おおよそ欧米ファッション導入の歴史を歩みつづけ、1970年頃には、ほぼ国際化を成し遂げました。その間に洋裁技術の水準は高まりましたが、デザインの上でも大きな進歩を遂げました。そのことは、日本人デザイナーが海外で注目され、世界的な流行を発信する例が増えたことからもうかがえます。

　1960年代にニューヨークでコレクションを開催して成功を収めた森英恵（1926-　）は、海外進出を果たした我が国最初のファッション・デザイナーと言えます。昭和26年（1951）に新宿に洋裁店ひよしやを開店し、昭和29年（1954）以降7年間日活映画の衣装を担当した彼女は昭和40年（1965）のニューヨークにおける最初のコレクションにおいて、日本の伝統的生地や文様、着物のような構造や細部を用いた作品を発表し、「東西の出会い」と高く評価されました。昭和52年（1977）にはパリに出店し、パリ・オートクチュール協会の唯一の東洋人として加盟が認められました。デザインやカッティング技術とともに、日本の伝統的な文様、色彩、着物を思わせる細部も大きな魅力とされています。

　国内的には華やかなオートクチュール的なイヴニング・ドレスよりも、昭和38年（1963）に設立されたプレタポルテ・ブランド「ヴィヴィッド」の、センスのよい、しゃれた、幾分華やかな、質の良い既製服によって、幅広い年齢層の女性たちの人気を集めました。70年代の華やかな、プリントを施したポリエステル・ジャージィ素材のドレス、80年代の中国産刺繍のシルクのブラウスやカシミヤ・セーターなどがその例です。

図8-2-15　帯のドレスとコート（昭和39年〈1964〉春夏）

（島根県立石見美術館蔵）

図8-2-16　ホステス・ガウン「菊のパジャマ・ドレス」（昭和41年〈1966〉）
　（島根県立石見美術館蔵）

高田賢三 (たかだ　けんぞう)

　森英恵より早くパリに開店した日本人デザイナーが、高田賢三 (1939-) です。彼は文化服装学院を男子生徒2期生として卒業し、アパレル・メーカーのデザイナーを経て昭和40年 (1965) にパリに渡りました。フリー・デザイナーとして数年過ごした後、昭和45年 (1970) に既製服店「ジャングル・ジャップ」を開店しました。雑誌『エル (Elle)』に作品が掲載されたのを契機に名声を確立し、プレタ・ポルテ分野の先駆けとして、カール・ラガーフェルドとともにパリ・モード界の「二人のK」と称されました。

　昭和46年 (1971) の自身のデザインについて、彼は「反抗裁ち」と名づけていますが、それはヨーロッパの伝統的な立体的裁断法ではなく、和服のような直線的な裁断法を取り入れたものでした。また和服柄を洋服に導入するという点では森英恵とも共通していますが、高田の場合は友禅などの晴れ着ではなく、庶民の普段着や仕事着の柄や形をアイディアとしています。明治以降、日本の高級な絹織物がヨーロッパに伝えられ、ジャポニスムの一端を担いましたが、高田が呼び起こした日本趣味は明治のそれとは性質の異なるものでした。

　その後、日本人の好むゆとりを表現したビッグ・ルック、重ねの面白さを取り入れたレイヤード・ルック、中国・ロシア・韓国・インドなどの民族衣裳をイメージしたエスニック・スタイルなど、若々しく新鮮なスタイルを発表し続けました。

図8-2-17　アラブ・ルック (昭和59年〈1984〉)
　民族衣装を取り入れたデザインの一つ (Sipa Press／amanaimages)

図8-2-18　プレタポルテ1983春夏 (昭和57年〈1982〉10月、パリ)
　さまざまな民族衣装をヒントにした作品。鮮やかな色彩は高田の特徴の一つ。(Sipa Press／amanaimages)

図8-2-19 プレタポルテ1983春夏（昭和57年〈1982〉10月、パリ）
民族衣装を取り入れたデザインの一つ。日本の農民の服装からの作品。（Sipa Press/amanaimages）

三宅一生 <small>（みやけ　いっせい）</small>

　三宅一生（1938- ）は昭和45年（1970）、東京に三宅デザイン事務所を設立し、翌年、ニューヨークで第一回コレクション発表しました。以後、前衛的かつ実用的ファッションの創造者として国際的活動を続けています。

　1990年代に完成したポリエステル地で仕立てた服全体にプリーツを施した「プリーツ・プリーズ」は、ほとんど直線だけの裁断で、人間の人体をなぞりながら、独特の立体を構成するユニークな服です。これは20世紀初頭にヴェネツィアの芸術家、マリアノ・フォルチュニィが創作した衣装、デルフォスをヒントとしていますが、合成繊維を用いたことで、より実用性が高くなりました。着やすく、運動を妨げないなどの長所により、以後、長期にわたって、生産され続けています。

　平成12年（2000）のニット地に特殊な手法を施し、消費者が自分で好みのアイテムを切り抜く「A-poc」などの試みは話題を呼びました。彼は常に「一枚の布」という服の原点に立ちながら、最先端のテクノロジーを使い、工業生産形式によって作られる服の造形美を引き出すという試みを繰り返しています。

図8-2-20　プリーツ・プリーズ（平成6年〈1994〉頃）

（Asahi Shimbun／amanaimages）

図8-2-21　タトゥーのように見えるボディ・ストッキングとプリーツ・プリーズ（平成元-2年〈1989-90〉）

（Asahi Shimbun／amanaimages）

図8-2-22　プリーツ・プリーズのバリエーション（1994春夏コレクション）
（bridgeman／amanaimages）

川久保玲（かわくぼ　れい）
山本耀司（やまもと　ようじ）

　80年代には新しい日本人の名前が世界的注目を集めました。川久保玲（1942-　）は昭和44年（1969）に設立したプレタポルテメーカー「コム・デ・ギャルソン」のパリでの昭和56年（1981）の初コレクションで、その一見いかにも貧相とも称されるようなスタイルに賛否両論が起こり、話題を呼びました。以後、不規則に穴の開いたセーター（レースセーター）、黒の使用など、常に話題を生み、伝統的な女性らしさの概念やエレガンスの価値観に縛られない、自由で前衛的な創造性を持つデザイナーとして、国際的に高い評価を維持しています。

　川久保とほぼ同時期に世界的注目を集めたのが山本耀司（1943-　）です。自然なままの身体を基本とする点では三宅、川久保と共通しており、欧米風の女性らしさの強調に無関心であること、身体を覆いながらも個性を表現する点では特に川久保に近いといえます。欧米ではしばしば日本の着物の精神の現代的表現者として捉えられています。

　川久保と山本はともに80年代初頭にパリで話題を集め、特に二人が好んだ黒は、「黒の衝撃」と称され、当時の経済的不況の中で、時代の色として流行となりました。90年代以降は多様な新しい試みを展開し、前衛ファッションの代表的旗手として、世界的名声を維持しています。

　高田賢三から山本耀司にいたるこれら日本人デザイナーたちは、いずれもその創造性の底に、日本の着物の非立体的な構造、布本来の性格の重視、欧米風とは異なった女性の身体表現を特徴としながら、洋服、和服の隔たりを越えた、全く新しい「服」の概念を抱えている点が、世界的な関心を集めた理由と考えられます。

図8-2-23　川久保玲（平成25-26年〈2013-14〉）
「インフィニティ・オブ・テイラリング（無限なるテイラリング）」と命名されたコレクションの中の一作品。服の基本はメンズ・ファッションにあるとする川久保の、テイラーへのオマージュのように見受けられる。（Sipa USA/amanaimages）

図8-2-24　川久保玲（平成27-28年〈2015-16〉）
「セレモニイ・オブ・セパレーション（別れの儀式）」と命名されたコレクションの中の一作品。（Albin Lohr-Jones/Polaris/amanaimages）

ファッションにおける身体

昭和35年（1960）を迎えるまでに、洗濯機や洗剤が発展し、合繊の発達により衣類は豊富になり、その結果、衣生活全体の清潔の度合いが高まりました。他方、身体の清潔の方に目を向けると、洗髪の回数も増えて、戦前にすでに我が国に紹介されていたシャンプーの生産が本格化します。昭和28年（1953）、粉末の「オリーブシャンプー」、29年には液体の「リキッドシャンプー」がどちらも資生堂から発売され、昭和30年（1955）には粉末の「フェザーシャンプー」が花王から発売されました。1回分ずつの小袋入りで、広告には「ムチャです。大切な髪を…石鹸や洗剤で洗うのは」というコピーが使われました。その後粉末から液体シャンプーへと移行し、昭和34年（1959）のチューブ入りのフェザーシャンプーの新聞広告文は、「5日に一度はシャンプーを」というものでした。昭和39年（1964）にはリンスも登場し、シャンプーとリンスはテレビコマーシャルに頻繁に登場するようになります。

昭和50年代（1975）以降、内風呂が普及し、入浴の回数が増えていき、特に若者の間ではほとんど毎日洗髪するのが習慣となりました。昭和62（1987）の資生堂のテレビコマーシャルの中で使われたフレーズ、「朝のシャンプー」から「朝シャン」という言葉が流行りました。

髪の清潔への関心の次に起こったのが、髪の色でした。80年代、暴走族などの間から始まった黒髪を脱色し、明るい色に染めることが一般の若者にも流行し、「茶髪」という言葉が生まれました。90年代にはサーファー、サッカー・リーガーの影響、また「コギャル」ブームなどにより、茶髪は一層広まります。

ミニ・スカートをきっかけに、肌の露出も増大の傾向を見せました。平成5年（1990）〜6年頃からはキャミソール型、タンクトップ型などの袖なし系の衣服が広まると、顔だけではなく手足の肌も大切なファッション要素となりました。60年代後半から70年代にかけてはメイクアップへの関心が高く、アイシャドウ、アイライン、付けまつげなどが流行しましたが、70年代半ば以降は、メイクアップは自然な方向に向かい、90年代以降、全身の素肌へと関心の対象が移ったのです。家庭での肌の手入れだけでなく、専門家によるマッサージなどの施術もさかんとなり、日本語では「エステ」という言葉も生まれました。と同時に、産毛を処理し、肌の手入れをして、ストッキングをはかないスタイルを指す「生足」という造語も生まれました。

90年代には髪や皮膚を思うがままに創り変える可能性は、「ヤマンバ」「ガングロ」と呼ばれる、人工的に日焼けした褐色の肌に、脱色した淡い色の髪を組み合わせた特異なスタイルを若者たちの間に流行らせましたが、平成17年（2005）頃には衰退しました。

他方、Tシャツをきっかけとして普及した伸縮性に富む編地の衣服類は、身体のラインをはっきりと表現するようになり、体型への意識も高まってきました。80年代にはブラジャーなどの下着に用いられていたポリウレタン系弾性繊維がアウターウェアにも用いるようになったのは、こうした傾向の表れといえます。健康への配慮と同時に起こったファッションの上からのダイエット・ブームは、摂食障害の危険まで誘発しました。

このように髪、肌、体型などあらゆる面で、身体そのものがおしゃれの重要な素材となりましたが、マスコミによって増幅され、商業化されているのも20世紀後期以降の現象の一つといえます。

図8-2-25　①キャミソール
（Asahi Shimbun/amanaimages）

②ガングロ＋茶髪（平成12年〈2000〉）
東京・渋谷でポーズをとるガングロ女子高生。
（kyodo news/amanaimages）

③ルーズ・ソックス
いわゆる「プリクラ」を手にするルーズ・ソック
スの女子高生。（kyodo news/amanaimages）

ファッション文化としての
コレクションと展覧会

　洋装が完全に定着し、欧米の物まねから脱却してゆく過程で、ヨーロッパファッションの歴史に対する関心も芽生え、明治末期に創業され、日本の生活文化をリードしてきた百貨店やファッション関係の団体などの主催で、1970年代以降、欧米の服飾博物館所蔵品の展覧会が催されています。その中でも昭和50年（1975）に京都国立近代美術館において京都商工会議所主催で開催された『現代衣服の源流展　1909-1939』は、20世紀初頭ヨーロッパで活躍した創造性豊かなデザイナーたちの実物作品を紹介する初めての試みであり、大きなインパクトを与えました。

　これをきっかけとして昭和53年（1978）に下着メーカーのワコール社によって京都服飾文化研究財団（通称KCI）が設立されました。17世紀から現代までの膨大な量のヨーロッパの衣装コレクションによる大規模な展覧会の質の高さは海外でも知られるところとなっています。

　平成9年（1997）に開館した神戸ファッション美術館は、17世紀から現代までの欧米の衣装と世界の民族衣装のコレクションを、平成17年（2005）開館の石見美術館は特に20世紀以降の衣装に重点を置いたコレクションを擁し、毎年学術的にも鑑賞の上でも優れた企画展を数多く開催しています。このほかにも服飾のコレクションを有する大学や企業も少なくありません。これらの博物館の展示は、服を鑑賞の対象として捉え、またそれを生み出した時代や社会固有の文化に対する考察を促し、提示するものです。洋装の受容の始まりから150年余の時を経て、国際化するファッションの文化への真の関心、理解の時期に至り、そして新たなファッションの発信の時期を迎えたと言えます。

図8-2-26　京都服飾文化財団の巡回展覧会

（「Japonism et mode」パリ市立バレガリエラ衣裳美術館、1996）

図8-2-27　島根県立岩見美術館における20世紀ファッションの展示風景
（島根県立石見美術館蔵）

図8-2-28　神戸ファッション美術館における18世紀フランスの衣裳の展示風景
（神戸ファッション美術館蔵）

主要参考文献

【第1章】

猪熊兼繁『古代の服飾』至文堂、1962年

岡村吉右衛門『日本原始織物の研究』文化出版局、1977年

沢田むつ代『日本の美術263　染織(原始・古代)』至文堂、1988年

柏原精一『図説邪馬台国物産帳』河出書房新社、1993年

原田昌幸『日本の美術345　土偶』至文堂、1995年

尾関清子『縄文の衣』学生社、1996年

土肥孝『日本の美術369　縄文時代の装身具』至文堂、1997年

岩永省三『日本の美術370　弥生時代の装身具』至文堂、1997年

小林謙一『上黒岩岩陰遺跡と考古学』愛媛県久万高原町教育委員会、2011年

【第2章】

三木文雄『日本の美術19　埴輪』至文堂、1967年

原田淑人『漢六朝の服飾』東洋文庫、1967年

群馬県教育委員会編『塚廻り古墳群』1980年

牟田口章人『蘇った古代の木乃伊—藤原鎌足—』小学館、1988年

奈良県立橿原考古学研究所附属博物館編『大和考古資料目録第一五集—石見遺跡資料—』1988年

奈良県立橿原考古学研究所編『斑鳩藤ノ木古墳概報』吉川弘文館、1989年

金井塚良一『人物埴輪を語る』さきたま出版会、1991年

芝山はにわ博物館編『はにわ人の服飾』1992年

亀井正道『日本の美術346　人物・動物はにわ』至文堂、1995年

町田章『日本の美術371　古墳時代の装身具』至文堂、1997年

群馬県教育委員会編『綿貫観音山古墳I　墳丘・埴輪編』1998年

群馬県立歴史博物館編『武人ハニワ、群馬へ帰る!』2009年

高槻市立今城塚古代歴史館編『阿武山古墳と牽牛子塚—飛鳥を生きた貴人たち—』2012年

【第3章】

関根真隆『奈良朝服飾の研究』(本文編・図版編)吉川弘文館、1974年

高松塚古墳総合学術調査会『高松塚古墳壁画調査報告書』便利堂、1974年

松本包夫『日本の美術102　正倉院の染織』至文堂、1974年

井上光貞等校注『日本思想体系3　律令』岩波書店、1976年

増田美子『古代服飾の研究』源流社、1995年

虎尾俊哉『訳注日本史料　延喜式』集英社、2000年

【第4章】

鈴木敬三『初期絵巻物の風俗史的研究』吉川弘文館、1960年

安谷ふじゑ『枕草子の婦人服飾』思文閣出版、1974年

近藤富枝『服装から見た源氏物語』文化出版局、1983年

河上繁樹『日本の美術339　公家の服飾』至文堂、1994年

西野悠紀子「桓武朝と後宮—女性叙位による一考察」(『日本女性史論集2　政治と女性』)吉川弘文館、1997年

小嶋菜温子・長谷川範彰編『源氏物語と儀礼』武蔵野書院、2012年

【第5章】

潮田鉄雄『はきもの』(ものと人間の文化史)法政大学出版局、1973年

宮本常一『絵巻物にみる日本常民生活誌』(中公新書)中央公論社、1981年

澁澤敬三・神奈川大学日本常民文化研究所編『絵巻物による日本常民生活絵引』平凡社、1985年

丸山伸彦『日本の美術340　武家の服飾』至文堂、1994年

高田倭男『服装の歴史』(中公文庫)中央公論社、1995年

鈴木敬三『有識故実大辞典』吉川弘文館、1996年

高橋昌明『武士の成立　武士像の創出』東京大学出版会、1999年

二木謙一『中世武家の作法』吉川弘文館、1999年

藤本正行『鎧をまとう人々—合戦・甲冑・絵画の手びき—』吉川弘文館、2000年

近藤好和『騎兵と歩兵の中世史』吉川弘文館、2005年

近藤好和『装束の日本史』(平凡社新書357)平凡社、2007年

本郷恵子『全集日本の歴史6　京・鎌倉　ふたつの王権』小学館、2008年

安田次郎『全集日本の歴史7　走る悪党、蜂起する土民』小学館、2008年

増田美子編『日本衣服史』吉川弘文館、2010年

山岸裕美子「室町時代盛期における直垂の着用からみた公武関係—『満済准后日記』を中心として—」『国際服飾学会誌』NO.44、2013年

【第6章】(梅谷担当)

佐々木信三郎『西陣史』芸艸堂、1932年

山辺知行・神谷栄子『上杉家伝来衣裳』講談社、1969年

『西陣—美と伝統』西陣五百年記念事業協議会、1969年

神谷栄子『日本の美術第23号　小袖』至文堂、1971年

丹野郁『南蛮服飾の研究』雄山閣出版、1976年

荒関哲嗣『黄八丈—その歴史と製法』翠楊社、1978年

神谷栄子『紀州東照宮の染織品』芸艸堂、1980年

宮崎隆旨編『戦国変り兜』角川書店、1984年

谷田閲次・小池三枝『日本服飾史』光生館、1989年

佐藤(森)理恵「小袖の文様とその変遷——一四—一六世紀—」(『服飾美学第18号』)服飾美学会、1989年

坂本満編『人間の美術8　黄金とクルス』学習研究社、1990年

小池三枝『服飾の表情』勁草書房、1991年

丸山伸彦『日本の美術第340号　武家の服飾』至文堂、1994年

貫秀高『日本近世染織業発達史の研究』思文閣出版、1994年

森理恵「『真如堂縁起』にみる十六世紀初期の服飾の諸問題」(『仏教芸術222号』)仏教芸術学会、1995年

河上繁樹「小野藩一柳家伝来の衣服と刀剣　衣服」(『小野市史別巻　文化財編』)小野市、1996年

河原由紀子「元秀筆織田信長像の着衣の解釈」(『美術史』142号)美術史学会、1997年

河上繁樹・藤井健三『織りと染めの歴史　日本編』昭和堂、1999年

小池三枝・野口ひろみ・吉村佳子『概説日本服飾史』光生館、2000年

京都国立博物館編『花洛のモード:きものの時代』思文閣出版、2001年

小池三枝『小紋いまむかし』(『時は過ぎ行く』)光生館、2001年

長崎巌『日本の美術第435号　小袖からきものへ』至文堂、2002年

吉川美穂「幕末期における公武の女性の服制について—新出の染織資料を中心に—」(『金鯱叢書』第32輯)徳川黎明会、2005年

森理恵『桃山・江戸のファッションリーダー　—描かれた流行の変遷—』塙書房、2007年

河上繁樹『江戸のダンディズム・男の美学』青幻舎、2007年

丸山伸彦『江戸のきものと衣生活』小学館、2007年

丸山伸彦『江戸モードの誕生』角川学芸出版、2008年

柳川真由美「肩衣についての一考察」(『史学研究』259号)広島史学研究会、2008年

長崎巌『日本の美術第514号　帯』至文堂、2009年

柳川真由美「室町時代後期における武家の露頂と服飾」(『服飾美学』第48号)服飾美学会、2009年

小山弓弦葉『「辻が花」の誕生　〈ことば〉と〈染織技法〉をめぐる文化資源学』東京大学出版会、2012年

■図録

『辻が花—英雄を彩った華麗な絞り染め—』徳川美術館、1990年

『三井家のきもの』文化学園服飾博物館、2006年

『戦国ファッション—武将の美学』徳川美術館、2009年

『国立歴史民俗博物館資料図録10　野村コレクション　服飾「」国立歴史民俗博物館、2014年

『仙台市博物館収蔵資料図録2　服飾　改訂版』仙台市博物館、2016年

【第6章】(大久保担当)

瀬川如皐等『世のすがた』『未刊随筆百種10』臨川書店、1969年

喜田川守貞著　朝倉治彦編『守貞謾稿』東京堂出版、1973年、1974年

加藤玄亀『我衣』『燕石十種1』中央公論社、1979年

森山孝盛『賤のをだ巻』『燕石十種1』中央公論社、1979年

切畑健「近世染織における文芸意匠」『工芸にみる古典文学意匠』紫紅社、1980年

喜田有順『親子草』『新燕石十種1』中央公論社、1980年

柳亭種彦『柳亭遺稿』『続燕石十種3』中央公論社、1980年

柴村盛方『飛鳥川』『新燕石十種1』中央公論社、1980年

越智久為『反古染』『続燕石十種1』中央公論社、1980年

切畑健「雛形本に見る光琳文様--「粉本」としての雛形」『大手前女子大学論集』29(1995)長崎巌「染織資料としての小袖模様雛形本--小袖模様との関係を中心に」『Museum』373、1982年

『近世風俗図譜、第六巻、遊里』小学館、1982年

『寛保延享江府風俗志』『続日本随筆大成別巻8』吉川弘文館、1982

河上繁樹「慶長小袖の系譜--その成立と展開」『Museum』383　東京国立博物館、1983年

長崎巌「江戸時代中期の小袖意匠--小袖意匠における元禄期の意味」『Museum』417、1985年

遠藤武著『遠藤武著作集第1巻服飾編』文化出版局、1985年

長崎巌「初期「友禅染」に関する一考察」『東京国立博物館紀要』24、1989年

谷田閲次・小池三枝著『日本服飾史』光生館、1989年

永原慶二『新木綿以前のこと』中央公論社、1990年

長崎巌『江戸時代後期の染織一技巧と絵画性の追求』『日本美術全集20』講談社、1991年

小池三枝著『服飾の表情』「第二部近世日本の服飾」（勁草書房、1991年

生川春明『近世女風俗考』『日本随筆大成第1期3』吉川弘文館、1993年

河上繁樹「研究資料　繡箔2題--室町・桃山時代の在銘遺例」『國華』1181　國華社、1994年

長崎巌『町人の服飾、日本の美術341』至文堂、1994年

新見正朗『八十翁壽昔話』『日本随筆大成第2期4』吉川弘文館、1994年

服部幸雄『江戸歌舞伎の美意識』平凡社、1996年

河上繁樹『織りと染めの歴史、日本編』昭和堂、1999年

吉田伸之『商いの場と社会』吉川弘文館、2000年

喜多村信節『嬉遊笑覧1』岩波書店、2002年

丸山伸彦『江戸モードの誕生、文様の流行とスター絵師』角川学芸出版、2008年

河上繁樹「小袖雛形本にみる源氏模様の展開」『人文論究』59（1）関西学院大学人文学会、2009年

河上繁樹「小袖にみられる『伊勢物語』の模様について」『伊勢物語、享受の展開』竹林舎、2010年

塚本瑞代『雁金屋御画帳の研究』中央公論美術出版、2011年

大久保尚子『江戸の服飾意匠―文芸、美術、芸能との交流と近代への波及』中央公論美術出版、2015年

■図録

『近世着物万華鏡　小袖屏風展』朝日新聞社、1994年

『江戸モード大図鑑』NHKプロモーション、1999年

『花洛のモード』京都国立博物館、1999年

『KIMONO　小袖にみる華・デザインの世界』女子美術大学美術館、2006年

『大名から侯爵へ―鍋島家の華－』泉屋博古館、2007年

『西のみやこ東のみやこ：描かれた中・近世都市』国立歴史民俗博物館、2007年

『小袖　江戸のオートクチュール』日本経済新聞社、2008年

『三井家のきものと下絵』文化学園服飾博物館、2009年

『松坂屋コレクション　技を極め、美を装う』松坂屋美術館、2011年

『国立歴史民俗博物館史料図録9　野村コレクション服飾II』国立歴史民俗博物館、2013年

『着物と装身具にみる江戸のいい女・いい男　徴古裳・中村コレクションを中心に』たばこと塩の博物館、2017年

【第7章】

太田臨一郎『日本近代軍服史』雄山閣、1972年

遠藤武・石山彰『写真にみる日本洋装史』文化出版局、1980年

家永三郎『日本人の洋装観の変遷』ドメス出版、1982年

資生堂編『資生堂宣伝史』資生堂、1992年

広澤栄『黒髪と化粧の昭和史』岩波書店、1993年

石井研堂『明治事物起源』1、7巻（初版明治41／ちくま学芸文庫）筑摩書房、1997年

若桑みどり『皇后の肖像――昭憲皇太后の表象と女性の国民化』筑摩書房、2001年

島根県立石見美術館編『美しさへの挑戦―ヘアモード・メイクアップの300年』同美術館、2006年

稲垣恭子『女学校と女学生：教養・たしなみ・モダン文化』（中公新書）2007年

島根県立石見美術館編『モダンガールズあらわる。昭和初期の美人画展』（図録）同美術館、2008年

「美少女の美術史」展実行委員会編『美少女の美術史』（図録）青幻舎　2014年

小山直子『フロックコートと羽織袴　―礼装規範の形成と近代日本―』勁草書房　2016年

能澤慧子監修　南目美揮・八巻香澄編『こどもとファッション』（図録）島根県立石見美術館・神戸ファッション美術館・東京都庭園美術館・読売新聞社・美術館連絡協議会、2016年

【第8章】

森英恵『あしたのデザイン』朝日新聞社、1979年

村上兵衛［ほか］『ワコールあの日あのころ』株式会社ワコール、1979年

高田賢三『Kenzo：高田賢三作品集』文化出版局、1985年

ポーラ文化研究所編『モダン化粧史：粧いの80年』（化粧文化シリーズ）同研究所、1986年

森英恵『ファッション：蝶は国境を越える』岩波新書、1993年

アクロス編集室編『ストリートファッション　1945―1995』PARCO出版、1995年

ローランス・ベナイム著；今泉敦子訳『ISSEY MIYAKE』光琳社、1997年

清水早苗, NHK番組制作班編　『アンリミテッド：コムデギャルソン』平凡社、2005年

週刊朝日編　『週刊昭和』朝日新聞社、2009年

『SWINGING LONDON 50's-60'S Design and Culture Revolution』2011年

索　引

【執筆者紹介】 ＊本書執筆部分

増田美子（ますだ・よしこ）　＊第1章〜第4章

山岸裕美子（やまぎし・ゆみこ）　＊第5章
1985年、お茶の水女子大学大学院家政学研究科被服学専攻修士課程修了。
2016年、お茶の水女子大学人間文化創成科学研究科比較社会文化学専攻修了。博士（人文科学）。
現在、群馬医療福祉大学社会福祉学部教授。
「室町時代盛期における直垂の着用からみた公武関係―『満済准后日記』を中心として―」（『国際服飾学会誌』44）2013年
「「白直垂」の装いからみる武家の意識―鎌倉時代から室町時代へ―」（『お茶の水史学』59）2015年
『日本衣服史』（共著）吉川弘文館、2010年
『日本服飾史』（共著）東京堂出版、2013年

梅谷知世（うめたに・ともよ）　＊第6章
1991年、お茶の水女子大学大学院家政学研究科被服学専攻修士課程修了。
現在、学習院女子大学非常勤講師、東京家政大学非常勤講師。
『花嫁はなぜ顔を隠すのか』（共著）悠書館、2010年
『日本衣服史』（共著）吉川弘文館、2010年
『日本服飾史』（共著）東京堂出版、2013年

大久保尚子（おおくぼ・なおこ）　＊第6章
1995年、お茶の水女子大学大学院人間文化研究科比較文化学専攻単位取得退学。
2014年、お茶の水女子大学大学院にて学位取得　博士（人文科学）。
現在、宮城学院女子大学生活科学部生活文化デザイン学科教授
「京伝作小紋図案と江戸の意匠―戯作、浮世絵の世界からの広がり―」（『服飾美学』34）2002年
「江戸時代における絵本類の染織意匠への影響に関する一考察」（『美学』245）2014年
『江戸の服飾意匠―文芸、美術、芸能との交流と近代への波及』中央公論美術出版、2015年
「「装い」の中の「風景」、「風景」の中の「装い」―江戸名所景物としての「都鳥」意匠の位置―」（『文化における〈風景〉』）翰林書房、2016年
「豊田コレクションにみる戦時体制と手拭い制作―物資統制の意匠と制作への影響」（『宮城学院女子大学人文社会科学論叢』25）2016年

能澤慧子（のうざわ・けいこ）　＊第7章、第8章
1970年、お茶の水女子大学家政学部被服学科卒業。
現在、東京家政大学家政学部教授。
『モードの社会史―西洋近代服の誕生と展開』有斐閣、1991年
『20世紀モード―肉体の開放と表出―』講談社、1994年
『ジェイン・オースティン　ファッション』（共訳）テクノレヴュー、2007年
『史上最強カラー図解　世界服飾史のすべてがわかる本』（監修）ナツメ社、2012年
『早引きファッション・アパレル用語辞典』ナツメ社、2013年
『子供服の歴史』（共訳）東京堂出版、2016年

〔編者略歴〕　増田美子（ますだ・よしこ）
1968年、お茶の水女子大学大学院家政学研究科被服学専攻修士課程修了。
現在、学習院女子大学名誉教授。
〔主要著書〕
『古代服飾の研究—縄文時代から奈良時代—』源流社、1995年
『日本喪服史　古代編—葬送儀礼と装い—』源流社、2002年
『日本衣服史』（編著）吉川弘文館、2010年
『花嫁はなぜ顔を隠すのか』（編著）悠書館、2010年
『日本服飾史』（編著）東京堂出版、2013年　　　　　　　ほか

図説　日本服飾史事典

2017年9月20日　初版印刷
2017年9月30日　初版発行

© Yoshiko Masuda, 2017
Printed in Japan
ISBN978-4-490-10868-2 C3039

編　者　増田美子
執　筆　梅谷知世　大久保尚子
　　　　能澤慧子　増田美子
　　　　山岸裕美子
発行者　大橋信夫
本文DTP　西田久美 ＋ 株式会社あおく企画
印刷・製本　図書印刷株式会社
発行所　株式会社東京堂出版
　　　　http://www.tokyodoshuppan.com/
〒101-0051 東京都千代田区神田神保町1-17
電話03-3233-3741 振替00130-7-270